Die verborgene Sprache der

SYMBOLE

Die verborgene Sprache der

SYMBOLE

Ein illustrierter Führer durch die Welt der Symbole

von

David Fontana

Illustrationen von Hannah Firmin

BERTELSMANN LEXIKON VERLAG

Layout: Jeniffer Harte

Illustrationen: Hannah Firmin

Bildauswahl: Julia Brown

Übersetzung aus dem Englischen: Gabriele Gockel und Rita Seuß
(Kollektiv Druck-Reif, München)

Redaktion der deutschen Ausgabe: Angelika Geese-Heinemann

Satz: Typographischer Betrieb Walter Biering, Hans Numberger,
München

Die Originalausgabe erschien unter dem Titel:
The Secret Language of Symbols

ISBN 3-570-10527-X

Printed in Singapore

»Die Wahrheit kam nicht nackt zur Welt, sondern sie ist gekommen
in Symbolen und Bildern. Die Welt kann sie nicht anders empfangen ...
Der Bräutigam muß durch das Abbild eingehen in die Wahrheit.«

Philippus-Evangelium

Inhalt

8
EINFÜHRUNG

11
Die Sichtweise C.G. Jungs

13
Die Archetypen

18
Kulturgeschichtliche Perspektive

20
DIE KRAFT DER SYMBOLE

22
Symbole aus vorgeschichtlicher Zeit

26
Götter und Mythen

30
Ritual, Magie und Gebet

32
Männlich und weiblich

34
Gegensatz und Einheit

36
Gegenströmungen

38
DER GEBRAUCH VON SYMBOLEN

40
Symbole in der Kunst

44
Die Suche nach tieferer Weisheit

46
Traumsymbole

50
DIE WELT DER SYMBOLE
Ein Führer durch das Repertoire

52
Formen und Farben

54
Göttliche Geometrie

60
Mandalas und Yantras

62
Irrgärten, Labyrinthe

64
Zahlen und Klänge

66
Farben

68
Gegenstände

70
Königswürde, Amt, Weihe

72
Krieg und Frieden

74
Musikinstrumente

75
Knoten, Kordeln, Ringe

76
Bauwerke

78
Tiere

80
Drachen und Schlangen

83
Wappentiere

84
Hunde und Wölfe

85
Katzen

86
Vögel, Flügel, Federn

88
Fische und Muscheln

90 Affen und Elefanten
91 Schafe und Ziegen
92 Stiere, Hirsche, Bären
93 Schweine
94 Niedere Wesen
95 Mischwesen
98 **Die Welt der Natur**
100 Bäume
104 Blumen und Pflanzen
106 Speise und Trank
108 Die Elemente
109 Luft
110 Feuer
112 Wasser
114 Erde
115 Regenbogen
116 Donner und Blitz
117 Tag und Nacht
118 Edelsteine, Gold und Silber
120 Sonne, Mond und Sterne
122 **Körper und Geist**
124 Sexualität und Fruchtbarkeit
126 Körper, Jugend und Alter
129 Gut und böse
130 Heiligenschein, Maske und Schatten
132 Götter und Göttinnen
136 Hexen, Priester, Magier
137 Himmel und Hölle
140 **SYMBOLSYSTEME**
144 Geheimlehren
146 Alchemie
152 Kabbala
156 Astrologie
168 Tarot
180 Tantra
182 Chakren
184 I Ging

186 Glossar, Weitere Literatur
188 Abbildungsnachweis
190 Register

Einführung

Symbole sind tiefster Ausdruck des menschlichen Wesens. Sie tauchen in allen Kulturen auf und haben, angefangen bei den steinzeitlichen Höhlenzeichnungen, die Entwicklung der menschlichen Zivilisation begleitet. Doch Symbole sind mehr als nur kulturelle Relikte; im richtigen Zusammenhang betrachtet, sind sie bis heute wirksam und sprechen uns intellektuell, emotional und spirituell an. In ihnen stellt sich die Menschheit selbst dar.

Menschliche Kommunikation basiert großenteils auf Zeichen in Form geschriebener oder gesprochener Worte, von Bildern oder Gesten. Diese Zeichen sind bloß Repräsentanten der Wirklichkeit – bewußt hergestellte und leicht erkennbare Widerspiegelung von Dingen, Geschehnissen und Gedanken in der Welt, die uns umgibt. Sie sollen eine präzise festgelegte Bedeutung transportieren: Landkarten, Straßenschilder, die Wörter in einem Lehrbuch und die Laute, die uns als Anweisungen dienen – all dies soll verknappt und unzweideutig Information übermitteln. Doch es gibt einen zweiten bedeutenden, wenn auch weniger offensichtlichen Aspekt der Symbole: ihre Verbindung zu unserer inneren psychischen und spirituellen Welt. Ein Symbol kann eine tiefe innere Wahrheit zum Ausdruck bringen, die sich einer unmittelbaren Wiedergabe verschließt.

Frühere Kulturen erkannten die Kraft von Symbolen und machten in Kunst, Religion, Mythos und Ritus ausgiebig von ihnen Gebrauch. Auch wenn durch den westlichen Rationalismus häufig abgetan: Symbole wirken unvermindert – in Kunst und Literatur, im Film und in jenen Geschichten, an denen jede Kindergeneration Gefallen findet. Tief eingeprägte Symbole werden auf unterschwellige und zynische Weise in der Werbung, ja sogar in den Bildern und der Rhetorik politischer Kampagnen verwendet. Den eindringlichsten Symbolen begegnen die meisten Menschen im Traum; außerdem sind sie in den spontanen Malereien und Zeichnungen von Kindern und Patienten der Psychotherapie zu finden.

Der schweizerische Psychologe und Psychotherapeut Carl Gustav Jung, der die Bedeutung von Symbolen für unsere Psyche erforscht hat, unterschied Symbole von den bewußt erdachten Zeichen des Alltags, die er als »Ausdruck, Name oder auch Bild« bezeichnete, »das uns im täglichen Leben vertraut sein kann, das aber zusätzlich zu seinem konventionellen Sinn noch besondere Nebenbedeutungen hat. Es enthält etwas Unbestimmtes, Unbekanntes oder für uns Unsichtbares«. Ein Symbol entsteht aus dem Unbewußten als spontaner Ausdruck einer tiefen inneren Kraft, derer wir uns bewußt sein können, die aber begrifflich nicht ganz genau erfaßt werden kann. Als solches wird das Symbol, wie Jung sagt,

»zur ständigen Herausforderung an unser Denken und Fühlen. Dies erklärt vielleicht, weshalb ein symbolisches Gebilde so anregend ist, weshalb es uns so tief ergreift...«. Bestimmte Arten von Symbolen stellen eine Universalsprache dar, da die Bilder und ihre Bedeutung in allen Kulturen und Jahrhunderten in ähnlicher Form auftauchen – und ähnliche Kraft besitzen. Die Symbole dieser Universalsprache sind der natürliche Ausdruck innerer psychischer Kräfte.

Vielleicht aufgrund einer intuitiven Wahrnehmung der Rolle, die sie in unserem inneren Leben spielen, und aufgrund ihrer emotionalen Wirkung fühlen sich viele Menschen zu Symbolen hingezogen. Ziel dieses Buches ist es, diesem Interesse entgegenzukommen, es weiter anzuregen und unter Berücksichtigung der Erkenntnisse von Psychologie, östlichen und westlichen Weisheitslehren, der Anthropologie und Geschichte den Zugang zur Welt der Symbole zu erleichtern.

Hieroglyphen
Die Hieroglyphenschrift, die früheste Form der ägyptischen Schrift, ist eine faszinierende Mischung aus Zeichen und Symbolen; manche der stilisierten, aber erkennbaren Bilder natürlicher oder menschlicher Objekte haben eine Bedeutung, andere besitzen eine rein phonetische Funktion. Die Hieroglyphen mögen primitiv erscheinen, drücken aber dieselbe Bedeutungsvielfalt wie unsere eigene Sprache aus. Die Schrift wurde als heilig betrachtet und nur in religiösem und rituellem Kontext verwendet.

Embleme
Symbole können Zeichen oder Emblemen einverleibt werden, deren Zweck hauptsächlich identifikatorischer Art ist. In dieser Abbildung aus dem 15. Jahrhundert erscheint das christliche Symbol der drei Fische (siehe S. 88) als ein heraldisches Emblem.

Die Sichtweise C.G. Jungs

Moderne Theorien über die Bedeutung und den Gebrauch der Symbole basieren größtenteils auf den bahnbrechenden Arbeiten Carl Gustav Jungs. Bei der Analyse der Träume seiner – teils normalen, teils neurotischen und teils psychotischen – Patienten fiel Jung auf, daß bestimmte zutiefst symbolische Bilder, etwa das »offensichtlich universelle Symbol ... des Mandala« (siehe S. 60) immer wieder auftauchten. Auch verblüffte ihn die Ähnlichkeit zwischen den Bildern, die während einer Analyse zutage treten, und jenen der östlichen und westlichen Religionen, Mythen, Legenden und Ritualen, insbesondere der esoterischen Richtung, wie der Alchemie (siehe S. 146). Jung zog daraus den Schluß, daß nicht nur eine Reihe von Symbolen universelle Geltung besitzt, sondern die Symbolik auch eine wichtige Rolle in psychischen Prozessen spielt, die das menschliche Denken, Streben und Handeln beeinflussen.

Jung glaubte, die menschliche Psyche – die Summe der bewußten und unbewußten geistigen Aktivitäten – besitze eine reale und erkennbare Struktur. Bewußtsein umfaßt das willentliche Denken und Handeln. Hinter diesem steht das *Vorbewußte* – die geistigen Fähigkeiten und Erinnerungen, die immer wieder ins Bewußtsein gerufen werden können – sowie das *persönliche* Unbewußte, ein Ort individueller Erinnerungen (Vorstellungen, Erfahrungen und unterdrückter Sehnsüchte), zu denen wir dann Zugang haben, wenn sie durch den Traum oder plötzliche Erinnerungsblitze an die Oberfläche steigen. Noch tiefer in der Psyche angesiedelt ist das *kollektive Unbewußte*, der Sitz jener instinktiven Denk- und Verhaltensmuster, aus denen sich im Laufe von Jahrtausenden menschlicher Erfahrung das herausbildete, was wir Emotionen und Werte nennen. Diese Urbilder können nicht ins Bewußtsein gerufen, sondern nur in symbolischer Form untersucht werden, personalisiert als Mann oder Frau oder als Bilder, die unser Geist auf die Außenwelt projiziert. Jung nannte diese unabhängig von Raum und Zeit wirksmen Ursymbole *Archetypen*, die er als das gemeinsame Erbe aller Menschen betrachtete.

Ein Individuum ist Jung zufolge psychisch »gesund«, wenn sich der unbewußte und der bewußte Geist in einem dynamischen Gleichgewicht befinden. Er vertrat die Ansicht, psychische Energie (die »Lebenskraft«) ströme aus dem Unbewußten ins Bewußte, um die Ansprüche des bewußten Geistes zu befriedigen, und kehre ins Unbewußte zurück, um den unbewußten Geist zu befriedigen. Eine Unterbrechung dieser *Progression* bzw. *Regression* stört das Gleichgewicht der gegensätzlichen Kräfte, aus denen die menschliche Psyche besteht, und führt zu inneren Konflikten. Analog zur Trennung zwischen Bewußtem und Unbewußtem bestehen auch diese Kräfte aus »Gegensatzpaaren«, etwa Intuition und Rationalität, Gefühl und Gedanke, Instinkt und Spiritualität sowie den aneinandergekoppelten Aspekten der

Carl Gustav Jung
Am 26. Juli 1875 im schweizerischen Kesswil geboren, wuchs Jung in einer von den Traditionen der Schweizer Kirche geprägten Atmosphäre auf. Sein Vater und acht seiner Onkel waren Geistliche, und auch Jungs Weg zum Priester schien vorgezeichnet. Schon früh rang Jung mit der christlichen Auffassung von Gott und der menschlichen Existenz, doch befriedigten ihn die dort gegebenen Antworten nicht (insbesondere da sein Vater nicht im Glauben gefestigt war). Jungs unermüdlicher, forschender Geist wurde auf die Philosophie von Platon, Pythagoras und Heraklit gelenkt, die schließlich dazu beitrugen, daß er Medizin und Psychiatrie studierte. Er besuchte die Universität Basel und begann im Jahr 1900 in der psychiatrischen Klinik Burghölzli in Zürich, wo er mit seinen Wort-Assoziations-Tests international bekannt wurde.
1907 begann die Freundschaft Jungs mit Sigmund Freud – dem Begründer der Psychoanalyse –, mit dem er in den folgenden fünf Jahren eng zusammenarbeitete. Jung vertrat wichtige Positionen innerhalb der psychoanalytischen Bewegung, stand jedoch Freuds Ansatz zunehmend kritisch gegenüber; sein Interesse konzentrierte sich auf die Beschreibung der psychologischen Typen (Jung verwendete als erster die Begriffe »introvertiert« und »extravertiert«) und auf die Erforschung des kollektiven Unbewußten mit Hilfe von Mythen und Symbolen. Durch diesen historischen Ansatz gelang es Jung, ein System der Psychotherapie zu entwickeln, das besonders geeignet war für Patienten mittleren und höheren Alters, die keinen Sinn mehr in ihrem Leben sahen. Jung widmete den Rest seines Lebens dem Studium des eigenen unbewußten Materials und des Lebens seiner Patienten; er analysierte die Mythen und Symbole verschiedener Kulturen und entwickelte seine eigenen psychologischen Theorien. Er starb im schweizerischen Küsnacht im Jahr 1961.

Persönlichkeit wie Extraversion und Introversion, Überlegenheit und Mitgefühl, Negativität und Konformität. Jungs Erkenntnis, daß mit Hilfe archetypischer Symbole die Grenzen zwischen dem Bewußten und dem Unbewußten erforscht werden können, hatte einen großen Einfluß auf seine therapeutische Praxis. Er analysierte die Symbole, die in den Träumen seiner Patienten auftauchten, und betrachtete sie als Schlüssel für ihre psychischen Probleme und als Gradmesser ihres Genesungsprozesses. Jungs Techniken sind heute in der Psychotherapie weit verbreitet: So wird der Patient aufgefordert, über einem Symbol zu meditieren oder Assoziationen zu äußern, um dessen Bedeutung zu entschlüsseln. Wenn der Sinn des Symbols deutlich wird, erhält der Patient nicht nur neue Einsichten in sein Inneres, sondern es tauchen immer häufiger Symbole in ihm auf, als ob jedes Symbol eine Tür zum Unbewußten aufstieße, durch die dann weitere Symbole hereinströmen können und den Prozeß der Selbsterkenntnis vorantreiben.

Diese Deutung der Symbolik durch C. G. Jung gab auch den Ausschlag für den Bruch mit seinem Freund und Mentor Sigmund Freud. Auch Freud maß dem Gebrauch von Symbolen große Bedeutung für das Verständnis des menschlichen Geistes zu; doch er betrachtete sie als Ausdruck unterdrückter Sexualität oder anderer mentaler Inhalte. Zum Beispiel betrachtet die Freudsche Theorie alles Aufgerichtete, alles, was aufgerichtet werden oder penetrieren kann, als Symbol männlicher Geschlechtsorgane; alles, in das eingedrungen werden kann, als Symbol weiblicher Geschlechtsorgane. Freud kannte unzählige Symbole für männliche und weibliche Genitalien, von Kirchturmspitzen bis zu Billardstöcken und von Höhlen bis zu Handtaschen. Um mit Jung zu sprechen, sah Freud – trotz ihrer Komplexität – die Symbole nur als Zeichen, als Ausdruck und Abbild einer bekannten Wirklichkeit.

Für Jung hingegen waren männliche und weibliche Sexualität an sich nur als ein Ausdruck tieferer schöpferischer Kräfte anzusehen. Auch wenn der Verstand sagt, ein Symbol sei offensichtlich sexueller Natur, kann und sollte man nach Jung über diese Deutung hinausgehen und in dem Symbol eine größere Bandbreite von Bedeutungen und eine metaphorische und enigmatische Widerspiegelung psychischer Kräfte sehen.

Jung und die Alchemisten
Das Auftauchen alchemistischer Symbole in den Träumen und Phantasien seiner Patienten brachte Jung zu der Überzeugung, diese Symbole seien Ausdruck archetypischer Energien. Jung betrachtete die Entwicklung religiöser Überzeugungen als einen unabgeschlossenen und für die Reifung des menschlichen Bewußtseins notwendigen Prozeß, in dem die Alchemie von besonderer Bedeutung sei, da sie das kollektive Unbewußte zum Ausdruck brächten.

Die Archetypen

Die Menschheit hat seit jeher Symbole benutzt, um die dynamischen, kreativen Kräfte auszudrücken, die der Existenz zugrundliegen – seien es die Elemente, die Götter oder der Kosmos. Auf einer bewußteren Ebene wurden Symbole, besonders symbolische Geschichten wie Mythen und Legenden, zum Ausdruck abstrakter Eigenschaften wie Wahrheit, Gerechtigkeit, Heldentum, Barmherzigkeit, Weisheit, Mut und Liebe verwendet. Wie Jung sagt, sind wir alle mit einer instinktiven Neigung zu diesen Eigenschaften geboren, mit einem Urbild dessen, was es bedeutet, ein voller Mensch zu sein. Diese Grundmuster oder Archetypen sind dynamisch: man kann sie sich als gebündelte psychische Energie vorstellen, die die Art und Weise beeinflußt, in der wir Leben begreifen und darauf reagieren, und durch die wir Motive, Ideale und persönliche Charaktereigenschaften entwickeln. Obwohl diese Archetypen tief im Unbewußten verankert sind, können sie ins Bewußtsein heraufgeholt werden, wo sie sich in Gestalt von Symbolen und Symbolsystemen manifestieren.

Nach Jung bedeutet psychische Gesundheit, daß wir unsere widerstreitenden archetypischen Energien erkennen und miteinander versöhnen. Dies kann durch Psychotherapie erreicht werden, durch intensive Beschäftigung mit der Traumsymbolik oder auch durch den Gebrauch von Symbolen. Statt zu warten, bis die archetypischen Symbole aus dem Unbewußten aufsteigen, können vorhandene Symbole als Zentrum der Meditation genommen werden und Wege ins Unbewußte erschließen. Das Streben nach Selbsterkenntnis durch Symbole ist jedoch nicht das einzige Feld der Jungschen Psychologie: sich selbst zu kennen, ist ein Aspekt der Erleuchtung, wie sie in allen philosophischen und religiösen Systemen zur Sprache kommt. Im Philippus-Evangelium, einem frühchristlichen Text, der im ägyptischen Nag entdeckt wurde, sagt Christus: »Die Wahrheit kam nicht nackt in die Welt, sondern in Gestalt von Zeichen und Bildern. Anders gelangt man nicht zur Wahrheit … Der Bräutigam muß durch das Bild zur Wahrheit kommen.«

Anima und Animus

Aus seinen klinischen Erfahrungen und seiner Analyse von Mythen und Traditionen filterte Jung diejenigen Archetypen heraus, die das menschliche Denken und Verhalten am stärksten beeinflussen. Die *Anima* ist der weibliche Archetyp, das kollektive und universelle Bild der Frau, das im männlichen Unbewußten verankert ist. Es manifestiert sich als Gefühlsbetontheit, Mitgefühl und Zärtlichkeit. (Im chinesischen Volksglauben hieß es, ein Mann in einer schlechten Stimmung kehre seine weibliche Seele hervor.) Die Anima taucht symbolisch in Legenden und Träumen als Prinzessin auf, die im Turm eingesperrt ist, oder als geheimnisvolle Zauberin, die andere in ihren Bann zieht. In ihrem negativen Aspekt erscheint sie als herzloses,

Der Animus
Der Charakter des Animus einer Frau – des männlichen Aspekts ihrer Psyche – ist stark von ihrem Kontakt mit Männern (insbesondere mit ihrem Vater) beeinflußt und ändert sich häufig mit der psychischen Entwicklung der Frau. In ihren jungen Jahren tritt der Animus meist als physischer, athletischer Mann auf, als eine romantische Gestalt (der »Ritter in glänzender Rüstung«), auf den die jugendlichen Sehnsüchte projiziert werden. Später wird der Animus zu einem Richtmaß der objektiven Realität – zum Inbegriff der »Welt«, häufig personifiziert als geistige Führergestalt oder als Vaterfigur.

berechnendes Weib, das einen Mann anlockt und ihn zurückstößt, wenn er heillos in sie verstrickt ist. Der *Animus*, das kollektive Bild des Mannes im weiblichen Unbewußten, erscheint symbolisch als Ideal der Männlichkeit – der Held in glänzender Rüstung, der Abenteurer, der zum Prinzen wird oder die bösen Mächte überwindet –, in seinem negativen Aspekt als grausamer und zerstörerischer Mann, der die Frau als Sexualobjekt betrachtet und sie verstößt, sobald er sie ihrer Jungfräulichkeit beraubt hat. Dies ist die aggressive, machtgierige und starrsinnige Seite der Frau.

Auch wenn sie universelle psychische Muster darstellen, werden Animus und Anima durch die individuellen Erfahrung geformt und gestalten diese ihrerseits auch mit. So wird ein Junge, der eine verkümmerte Beziehung zu seiner Mutter hat, sein Unbewußtes womöglich auf das vorwiegend negative Bild der Frau oder der Anima festlegen. Aspekte der Anima übertragen sich möglicherweise auf seine spätere Beziehung zu Frauen oder beeinflussen sein psychisches Wohlbefinden auf andere, eher indirekte Weise. Ähnlich projiziert vielleicht eine Frau, die sich verliebt (oft gegen ihr eigenes Vernunfturteil und gegen den Rat von Freunden), die Eigenschaften von Stärke, Tapferkeit und Einzelgängertum, die in ihrem Animus vorhanden sind, auf den Mann.

Mutter- und Vater-Archetyp

Der *Mutter*-Archetyp, die nährende, fürsorgliche Seite der menschlichen Natur, drückt sich schon im Säugen und in der Liebe zum Kind aus; dagegen tritt der *Vater*-Archetyp gewöhnlich erst später in Erscheinung. (Untersuchungen haben gezeigt, daß ein Kind in den ersten Lebensmonaten die weibliche Stimme der männlichen vorzieht.) Der Vater ist der Herr über das Materielle, Weltliche, die Mutter die Herrscherin über die unsichtbare Welt der Emotionen und Gefühle. In seinem positiven Aspekt beinhaltet der Vater-Archetyp die schützende Allgegenwart, den weisen und gnädigen König des Märchens; in seinem negativen Aspekt verkörpert er den Tyrannen, das böse Ungeheuer, den Gott Kronos, der seine eigenen Kinder verschlingt.

Trickster- und Schatten-Archetyp

Der Trickster ist das aufbegehrende Element der Psyche, das den erreichten Zustand in Frage stellt und selbst im Augenblick unseres größten Triumphs spottet und kommendes Unheil vorhersagt. Der Trickster besitzt keine Moral, ist an keinen Verhaltenskodex gebunden. Im schlimmsten Fall kann er unser Selbstvertrauen zerstören und unsere liebsten Vorstellungen über den Haufen werfen; er kann aber auch von Nutzen sein, indem er uns aus Gewohnheit und Selbstgefälligkeit herausführt und uns zwingt, unsere Ziele

Die Anima
Die Anima – die Verkörperung der weiblichen Elemente der männlichen Psyche – erscheint in den Mythen als Göttin, Hure, Fee oder Hexe. In ihrem negativen Aspekt wird die Anima häufig als Verführerin dargestellt, die, Ränke schmiedend, den Mann demütigt oder tötet. Die Abbildung zeigt sie als die biblische Salome, die Herodes mit ihrem Tanz betört und ihn so dazu bringt, Johannes den Täufer enthaupten zu lassen. In ihrer positiven Form werden der Anima spirituelle Kräfte zugeschrieben, die verborgene Weisheit der Erde, der Elemente und des Meeres: diese Charakteristika der Anima sind in Galionsfiguren auf Schiffen, die gewöhnlich weiblich sind, bildhaft dargestellt.

Die Mutter
In Mythen und Legenden erscheint die Mutter in Gestalt der Mutter Natur, der freigebigen Erdmutter, der Fruchtbarkeitsgöttinnen, aber auch in Gestalt von säugenden Tieren wie der Kuh oder der Wölfin. Die zerstörerische Seite des Mutter-Archetyps (die Hand, die nährt, kann sich auch entziehen) taucht ebenfalls in Mythen auf, etwa als die furchtbare Lilith der jüdischen Mythologie – eine Dämonin, die nachts Männer und Kinder angreift; oder als Bärin, die ihre Jungen verschleppt und in der Wildnis verhungern läßt.

zu überprüfen. In der Mythologie ist die Figur des Trickster weitverbreitet; das wohl beste Beispiel eines Tricksters ist der altnordische Gott Loki, der den anderen Göttern je nach Laune beistand oder sie betrog. Der Schatten stellt eine ähnlich zerrüttende Kraft anderer Art dar. Er ist der eigenwillige Teil der menschlichen Natur, der in der westlichen Ethik als eindeutig böse betrachtet wird. Nach außen projiziert, bedeutet der Schatten die Suche nach einem Sündenbock, einem wehrlosen Opfer. Seine positive Rolle besteht darin, daß er eine kreative Spannung zu den positiven erhaltenden archetypischen Aspekten in uns aufbaut und einen »Widerstand« bietet, den es zu überwinden gilt. Obwohl der Schatten ein wichtiger Teil der Psyche ist (im westlichen Aberglauben hat jeder Mensch einen Schatten, nur der Teufel ist ohne Schatten), unterdrückt ihn das Kind gewöhnlich im Prozeß der Sozialisation in den ersten Lebensjahren, damit es sich der Liebe seiner Eltern als würdig erweist. Den Schatten im späteren Leben akzeptieren zu lernen, erfordert eine beträchtliche moralische Anstrengung und zwingt zum Verzicht auf liebgewonnene Vorstellungen.

Der Schatten
Der Schatten ist ein Ausdruck der niederen, gesellschaftlichen Normen zuwiderlaufenden Sehnsüchte, deren sich der Mensch schämt und die er im Unbewußten zu vergraben sucht: ein innerer Zwang, so fürchten wir, treibt uns zu finsteren Taten, wenn wir unsere strenge Kontrolle über das Unbewußte verlieren. Der Schatten ist auch verantwortlich für die Grausamkeiten, die Menschen gegenüber anderen Menschen verüben. In dieser indischen Malerei aus dem 16. Jh. ist er in Gestalt des Riesen Zammurrad dargestellt, der dazu verurteilt ist, in einem Brunnen zu hausen. Der Schatten wird auch durch Satan und durch Ahriman (den bösen Geist des Zoroastrismus) verkörpert. In neueren Legenden ist es Faust, der, seines Gelehrtendaseins überdrüssig, einen Pakt mit dem Teufel schließt; oder Dr. Jekyll, der sich durch einen selbstgebrauten Trank in den bösen Mr. Hyde verwandelt.

Der Skarabäus
Die symbolische Bedeutung von Tieren und Pflanzen ist je nach Verbreitungsgebiet verschieden und spiegelt gewöhnlich Aspekte ihrer Verhaltens- und Lebensgewohnheiten wider. Der Skarabäus oder Mistkäfer war ein wirkmächtiges Symbol der östlichen Mittelmeerkulturen, besonders im alten Ägypten, wo man (fälschlicherweise) glaubte, er lege Eier in Mistkugeln, die er dann in sein Nest rolle. Deshalb stand er für Erneuerung und Wiedergeburt, später auch für die Unsterblichkeit der menschlichen Seele. Tote Skarabäen finden sich oft in ägyptischen Gräbern; in Stein gemeißelte Skarabäen wurden als Amulette und Siegel verwendet.

Kulturgeschichtliche Perspektive

Jungs Vorstellungen zur Symbolik umfassen jedoch bei weitem nicht das gesamte vielfältige Symbolrepertoire der menschlichen Kulturen. Auch wenn man annimmt, daß die stärksten Symbole aus den Archetypen, den Aspekten des kollektiven Unbewußten, hervorgehen, weshalb ist ihr Gebrauch und ihre Bedeutung dann nicht über alle kulturellen Grenzen hinweg gleich? So wurden beispielsweise Genitalien in der christlichen Kunst niemals symbolisch verwendet, während sie in östlichen Kulturen als spirituelle Symbole verehrt werden. Im Westen ist ein dicker Bauch Symbol für Völlerei, für die Chinesen jedoch ein Attribut Shen Yehs, des Gottes des Reichtums; in Indien ist der dicke Bauch mit dem Elefantengott der Weisheit, Ganesha, verbunden; und für die Japaner bedeutet er Energie und Wissen. Auch Farben besitzen höchst unterschiedliche symbolische Bedeutung: Gelb, in Nordeuropa ein Synonym für Neid und Eifersucht, Täuschung und Feigheit, ist in China die kaiserliche Farbe und Symbol des Ortes »Mitte«; im Buddhismus steht Gelb für Demut und Verzicht; und bei den Maya in Mittelamerika stand Gelb für den Süden.

Der Grund für diese Unterschiede liegt darin, daß Symbole, die der Darstellung archetypischer Energien dienen, den schöpferischen Energien und Grenzen des menschlichen Geistes unterworfen sind. Zwei Individuen sehen in ein und derselben Wolkenformation unterschiedliche Formen; auch teilen zwei Personen nur selten ihre Meinung über einen Dritten. In beiden Fällen ist der Reiz jeweils derselbe, die Reaktion aber hängt vom Betrachter ab. Auf einer kulturellen Ebene erhält dieser Prozeß der Differenzierung zusätzliche Anreize aus der natürlichen Umgebung. So stand in Teilen des trockenen Vorderen Orients Sand für Reinheit, da man ihn anstelle von Wasser zum Waschen verwendete, in den regenreicheren Gebieten Europas dagegen ist Sand mit Unbeständigkeit verbunden. Die Eigenschaften der Götter in einer bestimmten Kultur – häufig Verkörperungen der Jungschen Archetypen – wurden ebenfalls durch die Umgebung bestimmt. Die altnordischen Götter besaßen jene Eigenschaften, die zum Überleben in einem kalten und rauhen Klima nötig waren – Wildheit, Entschlossenheit, Extraversion und ausgeprägte Körperlichkeit. Die hinduistischen Götter wiederum, die dieselben Archetypen darstellten, waren wesentlich feiner und vergeistigter und spiegelten den alles in allem gemesseneren Lebensrhythmus des indischen Subkontinents wider.

Der Mensch lebt von Widerspruch und Unterschied. Ethnische Gruppen, die sehr eng zusammenlebten, maßen häufig feinen Unterschieden in den Eigenschaften von Gottheiten ganz bewußt übertriebene Bedeutung bei und behaupteten, im Besitz der ausschließlichen Wahrheit zu sein. Wenn eine ethnische Gruppe oder eine Religion die Oberhand gewann, übernahm sie entweder die Götter der Besiegten und paßte sie ihren eigenen

Überzeugungen und ihrer eigenen Ikonographie an, oder aber sie verdammte sie. Als das Christentum nach Europa gelangte, verdrängte es die heidnische Religion durch systematische Verfolgung ihrer Anhänger. Als andererseits der Buddhismus im 7. Jahrhundert n. Chr. auf Aufforderung des Königs Sangsten Campo nach Tibet kam, wurden viele Symbole und Praktiken der einheimischen schamanistischen Bon-Religion integriert; einige tibetische Gottheiten verwandelten sich in buddhistische Bodhisattvas und andere göttliche Wesen. Dies wird deutlich, wenn man die reiche Symbolik des tibetischen Buddhismus mit den begrenzten früheren Formen dieser Religion vergleicht, wie sie uns in Sri Lanka und in Südostasien begegnen.

Schließlich verändern sich Symbole häufig im Laufe der Zeit. Mit der kulturellen Entwicklung geht die Tendenz einher, die Glaubensüberzeugungen früherer Generationen als primitiv oder als Aberglauben abzutun. Die alten Symbole werden rational erklärt und stilisiert (z. B. werden für Firmenlogos häufig alte Symbole wieder aufgegriffen), wörtlich genommen oder einfach von der kulturellen Elite aufgegeben, wie es im wissenschaftlichen Westen mit vielen religiösen und mystischen Symbolen geschah. Ihrem Kontext entrissen, verlieren solche Symbole an Kraft und müssen wiederbelebt und neu entdeckt werden, so wie Jung die Macht der archetypischen Symbole wiederentdeckte, als seine Patienten sie spontan in ihren Träumen, ihren Skizzen und ihrer Malerei hervorbrachten.

Der Drache
Orient und Okzident schreiben dem Drachen gegensätzliche Bedeutungen zu. Im Abendland symbolisiert er die rohe Urnatur des Menschen, die durch Stärke und Selbstdisziplin überwunden werden muß; in der christlichen Mythologie verkörpert er die Kräfte der Unterwelt und des Satans. In östlichen Ländern hingegen wird der Drache als Symbol der Freude, Dynamik, Gesundheit und Fruchtbarkeit betrachtet; und ein Drachenbildnis wehrt böse Geister ab. In China glaubte man, Darstellungen von Perlen tragenden Drachen (links) – Perlen als Symbole des Donners – brächten Regen.

手力雄ノ命
天ノ鈿女命

Die Kraft der Symbole

Symbole entfalten ihre Bedeutung in der Regel nur langsam über Jahrhunderte hinweg. Wie die Sprachen verzweigen sich ihre Konnotationen, schlagen je nach kulturellem Kontext verschiedene Richtungen ein und kehren manchmal kreisförmig in sich zurück. Dennoch gibt es Symbole oder Symboltypen, die eine so universelle Kraft besitzen und die so lebensnah sind, daß ihre Bedeutungen nahezu konstant bleiben oder nur innerhalb eines engen Rahmens variieren.

Oft kann man eine Verbindung herstellen zwischen der Kraft der Symbole und ihrem Alter. Die primitiven Gesellschaften lebten in einer Welt, in der die elementaren Erfordernisse des Lebens – Wärme, Nahrung, Schutz, Feuer, Sonne, Regen, Sexualität – einen großen Raum einnahmen. Neben dem Überlebens- und Fortpflanzungstrieb gab es aber auch das Bedürfnis, den Dingen eine Bedeutung zu verleihen, um den Notwendigkeiten des Lebens mehr Sinn zu geben. Die Sonne, so darf man annehmen, war ein Gegenstand intensiver Spekulationen und wurde im Laufe der Zeit zum Hauptmotiv bedeutender Mythen der Menschheit. Wenn die Sonne für das Leben eine entscheidende Rolle spielte, galt dies sicherlich ebenso für die Sterne – eine Tatsache, die die Entstehung der Astrologie verständlich macht. Während der Entwicklung der Kulturen über die Jahrhunderte behielten jene existentiellen Sorgen und Nöte ihre Bedeutung, und selbst in unserer heutigen Wohlstandsgesellschaft sind die alten Symbole immer noch präsent und wirkungsmächtig.

Obwohl heute in fast allen Bereichen des öffentlichen Lebens das Rationale die Vorherrschaft vor dem Numinosen innehat, so glauben wir doch auf einer persönlicheren Ebene, daß sich jenseits des objektiven Verstandes eine tieferliegende Realität befindet. Wir erkennen sogar, daß es dort ewige Wahrheiten gibt, und spüren intuitiv, daß die Sprache der Symbole uns Zugang zu ihnen verschafft. Daraus erklärt sich zum Teil, warum selbst alte Symbole eine große potentielle Energie zu besitzen scheinen, als ob sie ein verborgenes Zentrum in uns selbst ansprächen.

Diese wirkungsmächtigen, weitreichenden Konnotationen bilden das Thema des folgenden Kapitels, in dem der Entwicklung der Symbole in Religion, Mythos, Ritual, Gebet und Magie nachgegangen wird und einige Schlüsselthemen der Symbolsprache behandelt werden sollen.

Paläolithische Kunst in den Höhlen von Lascaux
Die Grotte von Lascaux, die manchmal als die »Sixtinische Kapelle paläolithischer Kunst« bezeichnet wird, enthält das vermutlich schönste Beispiel prähistorischer Malerei. Hunderte einzelner Bilder bedecken die Wände der Haupthöhle und die verschiedenen Gänge. Viele der Bilder befinden sich in großer Höhe, und ihre Herstellung erforderte sicherlich eine Art von Gerüst. Man glaubt, daß die Künstler, die in den Höhlen arbeiteten, »Professionelle« innerhalb ihrer Gemeinschaft waren, da viele der monumentalen Tierdarstellungen (Urrinder, Bisons, Wildpferde, Hirsche, Steinböcke) anatomisch genau ausgeführt sind, wobei auch Ansätze zu perspektivischer Darstellung erkennbar sind.
Die Höhle gilt als Schauplatz von Initiationsritualen der Frühzeitmenschen. Diese Theorie wird durch Beobachtungen der Archäologen gestützt, die die Höhle als erste untersuchten und in den dunkelsten Winkeln des Labyrinths die Fußabdrücke von Kindern und Jugendlichen fanden.

Symbole aus vorgeschichtlicher Zeit

Die Fähigkeit, abstrakte Smbole zu ersinnen, zu verwenden und zu verstehen, unterscheidet den Menschen grundlegend von seinen primitiven Artverwandten. Logik, schöpferische Kraft und der Sinn für Schönheit entspringen diesem Vermögen, das die Grundkonstante des anthropologischen »Kultur«-Begriffs darstellt. Die frühesten Manifestationen dieser den Menschen auszeichnenden Fägikeit sind die Höhlenzeichnungen aus dem Paläolithikum (Frühe Steinzeit), von denen einige über 30 000 Jahre alt sind.

Die Steinzeitmenschen waren nomadische Jäger und Sammler, deren Nahrungsbedarf durch die Jagd von Rotwild, Mammuts, Rindern und Pferden gedeckt wurde. Sie lebten vorwiegend an Felsüberhängen und Höhleneingängen, in denen sie ihre Zelte aus Tierhaut aufstellten; archäologische Funde lassen jedoch darauf schließen, daß sie nicht im Innern der dunklen, feuchten und brüchigen Höhlen lebten. Die berühmtesten paläolithischen Malereien befinden sich tief im Innern der labyrinthartigen Höhlensysteme von Lascaux (Frankreich) und Altamira (Spanien), was darauf hindeutet, daß diese primitive Kunst nicht dazu gedacht war, betrachtet zu werden, und sie auch nicht nur rein dekorative Funktion hatte. Viele Ethnologen glauben heute, daß die Höhlenzeichnungen für unsere Vorfahren eine tiefe symbolische Bedeutung hatten, die Höhle selbst ein heiliger Ort der Initiation war und den Schoß der Erde oder die Heimstatt der die primitive Vorstellungswelt bevölkernden Geister darstellte.

Die Symbole der Höhlenmalereien sind in zwei Hauptkategorien einzuteilen: in naturalistische Darstellungen von Tieren und abstrakte, teils geometrische Formen wie Vierecke, Spiralen und Punkte oder Linien. Die Deutung dieser Symbole ist rein spekulativ. Die Tierzeichnungen zeigen manchmal einen Schamanen, der über Pferde, Bisons oder Mammuts hinwegspringt. In den ersten ethnologischen Untersuchungen wurden diese Zeichnungen als Form sympathetischer Magie betrachtet, die auf dem Glauben beruhte, die Darstellung einer erfolgreichen Jagd habe Einfluß auf die wirklichen Jagdergebnisse. Späteren Erklärungen zufolge aber hatte die Anordnung der Tierbilder im Höhlenraum kosmologische Bedeutung und spiegelte das Ordnungssystem in der Welt der Steinzeitmenschen wider.

Die abstrakten Symbole der Steinzeitmenschen sind deshalb besonders faszinierend, weil sie über einen Zeitraum von 20000 Jahren hinweg formal kaum variieren. Diese ungewöhnliche Kontinuität, die einzigartig in der Geschichte der Kunst ist, läßt vermuten, daß sie eine außerordentlich große Bedeutung hatten. Doch der Sinn dieser Symbole bleibt weitgehend unklar. Vielleicht hatten sie eine kalendarische oder magische Funktion, vielleicht brachten sie aber auch die grundlegende Struktur der menschlichen Psyche zum Ausdruck – eine Erklärung, die auf den ersten Blick sehr reizvoll ist. Ein immer wiederkehrendes Motiv der paläolithischen Kunst sind sieben Punkte

Die Macht der Masken
In vielen primitiven Gesellschaften setzte man Masken auf, um mit einem übernatürlichen Wesen Verbindung aufzunehmen. In Afrika dienten Masken dazu, Feinde abzuwehren und die Ahnen zu beschwören; außerdem wurden sie bei Ritualen und Zeremonien anläßlich von Bündnissen zwischen Stämmen benutzt. Masken, insbesondere Tiermasken, waren auch ein Mittel, die persönliche Identität aufzugeben und sich so dem Paradieszustand anzunähern.

Die Götter des alten Ägypten
Viele altägyptische Götter und Kulte hatten ihre Wurzeln in vorgeschichtlichen afrikanischen Religionen. Bestimmte Tiere galten als Manifestationen der Götter auf Erden. Der Ibis beispielsweise verkörperte Eigenschaften Thoths, des Gottes der Weisheit. Ibisse wurden auch häufig einbalsamiert und zusammen mit Königen bestattet, da man glaubte, sie würden auch im Jenseits dem Toten Weisheit verleihen.

Die Symbolik der Elemente
Die Menschen der Frühzeit glaubten, die Elemente (Luft, Erde, Wasser, Feuer) würden von den Göttern beherrscht. Nach Auffassung der Azteken vernichteten die Götter immer wieder die Welt, indem sie jeweils eine andere Elementarkraft entfesselten, und erschufen sie dann in neuer Gestalt wieder. Die zerstörerische Kraft der Elemente dient auch als Symbol der göttlichen Strafe für die menschlichen Versäumnisse. Die Symbolik der Flut findet sich in den Mythen vieler Kulturen, am bekanntesten ist aber wohl die biblische Sintflutgeschichte, wobei die Arche Noahs (rechts) als die Rettung durch die Kirche gedeutet wird.

oder Parallellinien; und die Zahl Sieben gilt universell und bis auf den heutigen Tag als heilig (siehe S. 64).

Die Menschen der Frühzeit, die noch nicht im Besitz wissenschaftlicher Erkenntnisse waren, reagierten auf die natürliche Welt rein intuitiv. Vielleicht glaubten sie (wie spätere Kulturen auch), daß alle Dinge – ob belebt oder unbelebt – ein Bewußtsein hätten, welches durch Symbole angesprochen werden könne. Daraus entstanden Rituale wie der Regentanz, bei dem das klatschende Geräusch des Regens durch das Stampfen der Füße imitiert wurde, oder die Fruchtbarkeitstänze, mit denen man glaubte, die Wiederkehr des Lebens im Frühling einzuleiten. Die besondere Rolle der Fruchtbarkeit in alten Symbolsystemen wird auch in den sogenannten Venusskulpturen, kleinen Elfenbein- oder Steinfiguren großbrüstiger Frauen, deutlich. Sie wurden von der europäischen Atlantikküste bis nach Sibirien überall gefunden und symbolisierten die Fruchtbarkeit in all ihren Aspekten. Vermutlich waren sie die Vorläufer des Kultes der Erdmutter in den frühen europäischen Kulturen.

Im Neolithikum (Jungsteinzeit, vor etwa 10 000 Jahren) hatten die Menschen eine stärker seßhafte Lebensweise angenommen, größere Gemeinschaften gebildet und ihren Bedürfnissen entsprechend das Land bearbeitet und kultiviert. All dies förderte die Entwicklung organisierter öffentlicher Rituale, die praktisch alle Aspekte des Lebens umfaßten. So weisen archäologische Funde (Töpferware, Nahrungsmittel und Schmuck aus Hügelgräbern) auf eine Bestattungssymbolik im Neolithikum hin. Der Tod wurde als Reise betrachtet, für die den Verstorbenen (den Reisenden) Vorräte und Wertgegenstände symbolisch mitgegeben wurden. Auch glaubte man, ein Schamane, ein Priester oder eine Priesterin könne durch einen symbolischen Tod (nach dem Eintritt in den Trancezustand oder durch symbolische Zerstückelung) in das Land der Toten reisen, um mit den Geistern zu sprechen, und kehre dann im Besitz esoterischen Wissens in die Welt der Lebenden zurück. In ähnlicher Weise wurde der Trancezustand auch in späteren Kulturen eingesetzt: beim Dionysos-Kult der alten Griechen und bei verschiedenen Ritualen der Ureinwohner Nordamerikas.

Der Totempfahl
Bei den Ureinwohnern Nordamerikas an der Nordwestküste der Vereinigten Staaten und Kanadas hatte der Totempfahl eine ähnliche Funktion wie die Wappenzeichen im mittelalterlichen Europa. Die über die ganze Länge des Pfahls geschnitzten Tiere, Geister und symbolischen Formen waren ein Familien- oder Stammeszeichen oder stellten deren Geschichte dar. Totempfähle dienten auch als Grabmale und als dekorative Elemente in Gebäuden.

Götter und Mythen

Es gibt keine mächtigeren Symbole als die Götter selbst. Sie können tiefe Emotionen hervorrufen und Energien freisetzen, die über die Jahrhunderte hinweg sowohl die Vollendung der höchsten Künste als auch die blutigsten Schlachten hervorgebracht haben. Um mit Jung zu sprechen, sind die Götter und die Mythen, die deren Beziehung zu den Menschen aufzeigen, der bewußte Ausdruck unbewußter, archetypischer Energien (siehe S.13). Die Gottheiten und die mit ihnen verbundenen Symbole reichen so tief ins Unbewußte, daß sie einer spirituellen Quelle außer uns zu entstammen *scheinen*; doch entspringen sie in Wahrheit dem Leben unserer Psyche und erhalten durch sie ihre Form. Sie sind, so Jung, Verkörperungen der »natürlichen religiösen Funktion« des Menschen und damit ein Aspekt der Psyche, der zur psychische Gesundheit und Stabilität notwendig ist.

Doch diese Erklärung reduziert die Götter – oder Gott – ganz und gar nicht darauf, Phantasieprodukte unserer kollektiven Vorstellungskraft zu sein. Denn es wird ja nicht geleugnet, daß das kollektive Unbewußte mit einem noch tieferliegenden Substrat der Wirklichkeit in Kommunikation treten kann, welches die wahre kreative Quelle unseres individuellen Lebens darstellt. Die Jungianer behaupten lediglich, man müsse erkennen, daß diese Quelle sich uns nur in symbolischer Form offenbaren könne. Wie es in der Bibel heißt, können wir nicht in das Antlitz Gottes blicken und leben. Wir können Gott nur in einer begrenzten und begrenzenden symbolischen Form erkennen.

Obwohl die Götter der menschlichen Psyche entstammen, sind sie in den meisten Kulturen nach außen verlagert, sind ihre Energien in die äußere Welt projiziert worden, um ihnen Unmittelbarkeit zu verleihen und ihre Gegenwart greifbar zu machen. Im hinduistischen Pantheon zum Beispiel repräsentiert Brahma die kreative Energie, die das Universum entstehen läßt, Vishnu die erhaltende Energie, die bewahrt und schützt, und Shiva die Kräfte der Veränderung. Im alten Ägypten wurden die Götter durch Tiere symbolisiert, die deren Kräfte am besten zum Ausdruck brachten. So symbolisierte der Falke, der sich hoch hinauf in den Himmel erhebt und dessen scharfem Blick nichts entgeht, den Gott Horus, den Herrn des Himmels; der Frosch symbolisierte aufgrund seiner großen Fruchtbarkeit Heket, die Göttin der Geburt; die Kuh repräsentierte die Muttergöttin Hathor; und das Krokodil stand für Ammit, der die Herzen der mit Sünde Beladenen verschlingt.

Die Götter des aztekischen Kalenders
Ursprünglich aus Nordmexiko kommend, siedelten sich die Azteken im 12. Jahrhundert um den zentralmexikanischen Texcoco-See an. In den folgenden vier Jahrhunderten errichteten sie auf der Grundlage einer intensiven Ackerbauwirtschaft ein mächtiges Reich. Sie nahmen Elemente aus den unterworfenen Kulturen in ihre Religion und ihre Mythen auf, so daß das aztekische Pantheon entsprechend groß und vielfältig war.
Die Götter waren eng mit dem komplexen aztekischen Kalender verwoben, der zwei Zyklen miteinander verband – einen Sonnenzyklus von 365 und einen rituellen Zyklus von 260 Tagen. Letzterer war in 13 Abschnitte zu jeweils 20 Tagen aufgeteilt, wobei jeder Tag von einer die Ereignisse bestimmenden besonderen Gottheit beherrscht wurde. Götterbildnisse wie das hier gezeigte dienten den Aztekenpriestern bei Kalenderweissagungen.

Die Rolle des Mythos

Mythen sind symbolische Erzählungen – Geschichten von Göttern, von Menschen mit übernatürlichen Kräften und von außergewöhnlichen Begebenheiten –, die einst in allen Kulturen von zentraler Bedeutung waren.

Die Avatare Vishnus
Im Hinduismus gilt Vishnu – der Beschützer der Welt, der Menschheit und des *dharma* (der moralischen Ordnung) – als eine der Hauptgottheiten. Er wird sichtbar durch seine zehn Avatare (die Abstiege in die Welt), das heißt, indem er verschiedene Gestalten annahm, um jeweils eine bestimmte Art des Bösen zu bekämpfen. So nahm Vishnu zum Beispiel die Gestalt eines Fisches an, um Manu, den Urvater der Menschheit, vor einer großen Flut zu warnen. Er schickte ihm ein großes Schiff und befahl ihm, es mit zwei Exemplaren jeder lebenden Art und den Samen aller Pflanzen zu beladen. Kaum hatte Manu seine Aufgabe erfüllt, verschlang der Ozean das gesamte Land. So rettete Vishnu alles Leben vor der Vernichtung.

Eos, die Göttin der Morgenröte
Die Elemente, das Wetter und die Bewegungen der Himmelskörper galten häufig als Attribute der Götter. In vielen Kulturen handelten die Mythen von den Taten und Beziehungen dieser Gottheiten und gaben auf diese Weise unerklärlichen Phänomenen einen Sinn. Die Griechen personifizierten die Morgenröte als Göttin Eos: Jeden Morgen stahl sie sich aus dem Bett ihres Mannes Tithonos, tauchte aus dem Ozean auf und erhob sich auf einem von zwei Pferden gezogenen Wagen zum Himmel. Der Morgentau waren ihre Tränen, die sie aus Kummer um ihren von Achilles getöteten Sohn Memnon vergoß.

Sie dienten dazu, die Identität einer Gesellschaft zu begründen und zu erforschen; in vielen Kulturen lieferten die Mythen auch ein stilisiertes Modell für das menschliche Verhalten. Aufgrund seiner Untersuchungen bei den Ureinwohnern Nord- und Südamerikas gelangte der französische Anthropologe Claude Lévi-Strauss zu der Annahme, der Zweck des Mythos sei es gewesen, ein logisches Modell zur Verfügung zu stellen, das die scheinbaren Widersprüche des Lebens erklären könne. Durch den Vergleich und die Kontrastierung gegensätzlicher Facetten der Existenz – Tag und Nacht, Hunger und Sattheit, Einheit und Verschiedenheit – in erzählender Form konnten die Erfinder der Mythen ihrer Welt Sinn verleihen. Doch diese Interpretation erklärt bei weitem nicht alle Funktionen des Mythos in der Gesellschaft.

Einige Mythen erklären Sachverhalte, so zum Beispiel die zahlreichen nordamerikanischen Mythen über den Ursprung des Getreides; oder sie geben den Ritualen einer bestimmten Gruppe eine Bedeutung. In Syrien wurde der Mythos vom Triumph Baals (des Gottes der Fruchtbarkeit) über seine Feinde in Ritualen dargestellt, die den Triumph der Fruchtbarkeit über die Trockenheit der Erde gewährleisten sollten. Andere Mythen sind der Erschaffung der Welt oder des Menschen gewidmet. So formt zum Beispiel Juok (Gott im Schöpfungsmythos der Shilluk) den Menschen aus Lehm. Er begibt sich in den Norden, um weißen Lehm zu holen, aus dem er die Europäer formt, und aus schwarzer Erde bildet er die Afrikaner. Er gibt den Menschen lange Beine, damit sie beim Fischen in seichten Gewässern laufen können, und lange Arme zum Schwingen der Hacke beim Ackerbau. Der Schöpfungsmythos der Carabaulo auf Timor beispielsweise schließt gleichzeitig auch eine Rechtfertigung der sozialen Ordnung ein. Es heißt darin, die Vorfahren der jetzigen Inselbevölkerung seien aus einem vulvaförmigen Loch im Boden gekommen. Diejenigen, die als erste hervortraten, waren die adeligen Landbesitzer; ihnen folgten die Nichtadeligen und Pächter. In ähnlicher Weise beriefen sich in vielen alten Kulturen – von Ägypten bis zum kaiserlichen China – die herrschenden Familien auf Mythen, um ihre gesellschaftliche Position zu legitimieren.

Mythen behandeln auch die Frage der Sterblichkeit (manchmals wird der Tod als ein Irrtum Gottes interpretiert) und beschreiben das unausweichliche Schicksal des einzelnen: Das ägyptische *Totenbuch*, eine Sammlung von Zaubersprüchen und religiösen Texten, die bis ins 16. Jahrhundert v. Chr. zurückreicht, zeichnet die symbolische Reise der Seele durch die Jenseitswelt detailgetreu auf und gibt genaue Anweisungen, wie der Tote den Herausforderungen und Gelegenheiten, die sich ihm dort bieten, begegnen soll.

Freud betrachtete den Mythos als Ventil für die unterdrückten Ideen und Erfahrungen einer Gesellschaft. So vertrat er die Ansicht, die unterdrückten erotischen Gefühle eines Sohnes für seine Mutter und die gleichzeitige

Ma-Ku
Ma-Ku ist eine wohltätige Zauberin der chinesischen Mythologie, die das Gute in allen Menschen verkörperte. In ihrem ersten Avatara (Abbildung links) gewann sie dem Meer ein großes Stück Land ab und bepflanzte es mit Maulbeerbäumen. In einer anderen Inkarnation brachte sie ihren grausamen Vater durch eine List dazu, seinen Sklaven mehr Ruhepausen zu gönnen. Dieser aber wurde sehr wütend, so daß Ma-Ku floh und Einsiedlerin wurde. Daraufhin überkam ihren Vater Reue, und er wurde blind vor Tränen. Ma-Ku kehrte zurück, um ihn zu trösten und seine Augen mit einem Heilmittel zu behandeln.

Antipathie gegen seinen Vater seien das Thema des Ödipus-Mythos. In der griechischen Legende war Ödipus ein thebanischer Held, der unwillentlich seinen Vater Laios tötete und seine Mutter Jokaste heiratete. Als er erkannte, was er getan hatte, blendete er sich. Für Freud war der Mythos ein Ausdruck der kollektiven Schuld der Menschheit, derartige Gefühle gegenüber ihren Ahnen gehegt zu haben.

In der Psychologie Jungs sind Mythen symbolische Reisen durch das Leben und die Protagonisten Verkörperungen unbewußter Archetypen. So symbolisiert beispielsweise in Heldenmythen der Held das Ich, und die Geschichten erzählen, wie der Held sich seiner Stärken und Schwächen bewußt wird und Selbstwahrnehmung entwickelt. Sobald der Held Herr über sein Ich ist, stirbt er – meist durch einen Akt der Selbstopferung –, was seinen Eintritt in den Zustand der Reife symbolisiert. In vielen Mythen wird der Held von einem Ratgeber oder Lehrer angeleitet, der in Jungscher Terminologie der gesamten Psyche entspricht, der vollständigen menschlichen Identität, die jene Mittel zur Verfügung stellt, die dem Ich noch fehlen.

Ritual, Magie und Gebet

Riten und Rituale spielen in allen Gesellschaften – ob in der Vergangenheit oder in der Gegenwart – eine wichtige Rolle. Sie tragen dazu bei, die Integrität einer Gemeinschaft zu erhalten und das Inviduum auf die Rolle vorzubereiten, die es darin zu spielen hat. So ist es nicht überraschend, daß gerade in kleinen Stammesverbänden Rituale im Vordergrund stehen. Aber es gibt sie auch noch in den Städten der westlichen Industrieländer, wo bis heute zum Beispiel auf Tauf-, Hochzeits- und Beerdigungsriten Wert gelegt wird.

Rituale sind physische Darstellungen spiritueller Reisen – oder, in Jungscher Terminologie, Reisen in das kollektive Unbewußte –, bei dem der Körper als Symbol für den Geist dient. Sie können ein Fortschreiten hin zur Erleuchtung oder zu den Göttern symbolisieren (die rituellen Tänze im alten Mesopotamien zum Beispiel ahmten symbolisch die Reise der Göttin Ischtar in die Unterwelt nach) oder aber die Reise in den Tod und die nachfolgende Wiedergeburt, bei der die eigene Identität geopfert wird und man erneuert in das nächste Lebensstadium eintritt. In vielen Religionen spiegeln Rituale eine vorgestellte Ordnung im Reich der Götter wider und schaffen so eine engere Verbindung zwischen der menschlichen und der göttlichen Welt. Die römisch-katholische Kirche etwa betrachtet die sieben Sakramente – Taufe, Firmung, Eucharistie, Buße, heilige Messe, Ehe und Krankensalbung – als von Christus selbst eingesetzt. Zahlreiche Religionen kennen Reinigungsrituale, bei denen die körperliche Verunreinigung – eine Beleidigung der Götter – beseitigt wird. Ein unreiner Körper, der mit Krankheit, Tod oder Sünde in Berührung gekommen ist, konnte symbolisch durch ein Bad in einem schnellfließenden Fluß oder in Blut (das mit dem Leben und dem Tod verbunden ist und daher Erneuerung symbolisiert) gereinigt werden. Ähnlich dienten Rituale, bei denen Waffen oder Feuerwerkskörper benutzt wurden, dazu, böse Geister symbolisch in die Flucht zu schlagen.

In Stammesgesellschaften kennzeichneten Initiationsrituale den Übergang vom Knaben- zum Mannesalter. Häufig beinhalteten diese Rituale die bewußte Zufügung von Schmerz (wie etwa Beschneidung oder Tätowierung), Stärke- und Ausdauerprüfungen oder eine lange Fastenzeit, durch die der symbolischen Herbeiführung von Tod und Wiedergeburt eine zusätzliche physische Dimension verliehen werden sollte. In ähnlicher Weise gelangte ein junges Mädchen durch Fruchtbarkeitsriten zur Reife, zu denen Bewegung und Tanz gehörten, oder durch symbolische Schläge, die ihre Passivität und Unterwerfung unter die physischen Bedingungen des Frauseins (Menstruation, Schwangerschaft und Kindererziehung) zum Ausdruck brachten. Diese Übergangsriten vollziehen einen unwiderruflichen Bruch mit der Welt der Kindheit, bei dem – so Jung – die elterlichen Archetypen zerstört werden (durch den symbolischen Tod) und das Ich mit der größeren Gruppe (häufig repräsentiert durch ein Totem – ein Tier oder Objekt, das die

Bestattungsriten im alten Ägypten
Die alten Ägypter erfanden komplexe Bestattungsrituale in dem Glauben, daß die unsterbliche Seele des Verstorbenen durch den Körper mit dieser Welt verbunden bliebe. Der Leichnam wurde durch sorgfältige Mumifizierungen konserviert und mit Nahrung und Gegenständen versorgt, um in der nächsten Welt überleben zu können. Nach ägyptischer Vorstellung wurde der Verstorbene vor ein Göttergericht gestellt, dem unter anderem Anubis (der schakalköpfige Gott der Mumifizierung) und Thoth (der ibisköpfige Gott der Weisheit) angehörten und an dessen Spitze Osiris, der Herr der Unterwelt, stand. Das Herz des Verstorbenen, das als Sitz der Gefühle galt, wurde mit einer Feder, dem Symbol der Gerechtigkeit, aufgewogen (oben). Wenn beide sich im Gleichgewicht befanden, ging der Tote ins glückliche Jenseits ein. Bestand er die Prüfung nicht, wurde er von Ammit, einem Mischwesen aus Krokodil, Löwe und Nilpferd, verschlungen.

Stammesgemeinschaft verkörpert) vereinigt wird. Auch die Ehe ist ein solches Initiationsritual. Wie in den bereits beschriebenen Übergangsriten werden auch hier Tätowierungen, Ringe und besonderer Schmuck verwendet, um den neuen gesellschaftlichen Status zu signalisieren.

Der Gedanke des Opfers als eine Methode der Erneuerung liegt auch den Fruchtbarkeitsritualen zugrunde, die in den kurzen Wintertagen praktiziert werden und die die Wiederkehr des Lebens im Frühling garantieren sollen. So wie die Erde im Winter sterben mußte, um im fruchtbaren Sommer wiedergeboren zu werden, so mußte auch der König – oder, was wahrscheinlicher ist, jemand, der für die Dauer des Rituals zum König erkoren wurde – sterben, um zu garantieren, daß sein Volk lebte. Die Azteken glaubten, ohne die Opferung von Menschenblut und Menschenherzen würde die Sonne aufhören zu scheinen und das Universum aufhören zu existieren. Das rituelle Opfer nahm daher in der aztekischen Kultur eine Vorrangstellung ein; selbst die Kriege dienten offiziell dem Zweck, Opfer für die Rituale zu beschaffen.

Der Glaube, daß die Natur und der Wille der Götter durch Rituale und Symbole beeinflußt werden könne, war auch das grundlegende Prinzip der Magie. Das Ziel des Magiers war es, Schritt für Schritt durch die verschiedenen Ebenen der Existenz zu wandern und schließlich in jene unsagbare Wirklichkeit einzutauchen, die den Menschen im normalen Leben verschlossen war. Indem der Magier sich zu den Göttern erhob, übernahm er die Pflicht, sie so zu beeinflussen, daß sie Wohltaten bewirkten. In allen okkulten Ritualen – von den ägyptischen und griechischen Mysterienspielen bis zu den Traditionen der amerikanischen Ureinwohner und den Praktiken der Alchemisten und Kabbalisten Europas – war der echte Magier mit einer ernsten Aufgabe beauftragt, die nichts mit persönlicher Macht oder Böswilligkeit gegenüber anderen zu tun hatte.

Das Gebet kann sowohl ein persönlicher als auch ein kollektiver Akt der Kommunikation mit dem Heiligen sein. In beiden Fällen ist es jedoch häufig mit Symbolik und Ritual verknüpft. In den meisten Religionen signalisieren die Körperhaltung und die Haltung der Hände Unterwerfung und Demut. Manchmal dienen Gegenstände der Konzentration des Betenden oder der Fortsetzung des Gebets, wenn der Betende schläft oder anderweitig beschäftigt ist. Der Buddhist zum Beispiel glaubt, daß das Mantra auf einem Gebetsfähnchen durch den Wind aktiviert wird. Das islamische Gebet, die *salat*, ist vom Ritual bestimmt. Es wird fünfmal am Tag gesprochen – wie zu Lebzeiten Muhammads –, nachdem man Reinigungsriten vollzogen hat. Während des Gebets richtet sich der Gläubige gen Mekka und führt die *rak'as* aus, die Körperbewegungen, die das Rezitieren der Koranverse begleiten.

Die Eucharistie
Das Sakrament der Eucharistie ist ein zentraler Glaubensinhalt im Christentum. Im Mittelpunkt steht die Segnung von Brot und Wein (die symbolisch oder faktisch mit Leib und Blut Christi gleichgesetzt werden) und deren Verteilung an die Gläubigen (Kommunion). Um das Sakrament hat sich eine reiche Symbolik herausgebildet (so zum Beispiel die Symbolik des Gralskelches). In der hier gezeigten symbolischen Darstellung der Passion Christi aus dem 16. Jahrhundert ist der mit Blut gefüllte Kelch von drei Nägeln (traditionell die Zahl der Nägel bei der Kreuzigung Christi) umgeben. Aus C.G. Jungscher Sicht ist der Kelch mit dem Wein (oder dem Blut) ein spiritueller Schoß.

Männlich und weiblich

Die alchemistische Hochzeit
Die Alchemisten betrachteten sich als Künstler oder Wissenschaftler, deren streng reglementierte chemische Operationen die Natur zu ihrer Vollendung führen sollten (ein Prozeß, der durch die Verwandlung von unedlem Metall in Gold symbolisiert wurde). Das Werkzeug des Alchemisten war ein Mikrokosmos – ein Universum im Kleinformat –, in dem diese Umwandlung stattfand. Alchemistische Verfahren wurden in symbolischen Bildern beschrieben – zum Teil um zu verhindern, daß das Geheimwissen in die falschen Hände geriet. Ein entscheidendes Stadium in diesem Prozeß der Vollendung der Natur war die Vereinigung des männlichen und weiblichen Prinzips der Materie, die manchmal durch den Hermaphroditen (oben) oder die Hochzeit zwischen einem König und einer Königin symbolisiert wurde.

Darstellungen von Mann und Frau sind an sich bereits von tiefer symbolischer Bedeutung. In der Psychologie Jungs gelten sie als bewußter Ausdruck der *animus*- und *anima*-Archetypen (siehe S. 13–15), und in vielen Kulturen treten beide zusammen als Symbole der Fruchtbarkeit und der ewigen Erneuerung des Lebens auf. Auf esoterischer Ebene kann das Motiv der Männlichkeit und Weiblichkeit verschiedene Bedeutungen haben. Getrennt symbolisieren Mann und Frau Unvollständigkeit: jeder für sich ist unfruchtbar, die Hälfte eines präexistenten Ganzen. Es ist, als ob der erste Mensch an irgendeinem Punkt der Vergangenheit in zwei Teile gespalten und dazu verdammt worden wäre, unter der Trennung leidend durch die Geschichte zu gehen und sich unablässig danach zu sehnen, mit der verlorenen Hälfte seines Selbst wiedervereinigt zu werden.

Dieses Motiv taucht in zahlreichen Mythen und Legenden auf – angefangen bei Isis und Osiris bis hin zu Orpheus und Eurydike –, in denen Mann und Frau gegen unüberwindliche Hindernisse kämpfen, um vereint zu sein. In der Legende von Tristan und Isolde erlangen die Liebenden das Einssein erst nach ihrem Tod, als aus ihren Gräbern zwei Bäume wachsen, deren Zweige sich ineinander verschlingen, so daß sie nie getrennt werden können. In den Kosmologien unserer Ahnen wurden Himmel und Erde (von denen man glaubte, sie seien einst vereint gewesen) häufig als Mann und Frau dargestellt: Im alten Ägypten wurde der Himmel durch die Göttin Nut und die Erde durch den Gott Geb personifiziert.

Auch wenn Mann und Frau im Akt der Liebe zusammenkommen, bleibt ihre Vereinigung doch letztlich unvollkommen, begrenzt durch die Schranken des menschlichen Körpers. Daher lehren viele große spirituelle und okkulte Traditionen, daß die Vervollständigung nur innerlich, durch die Vereinigung des männlichen und des weiblichen Prinzips, die jeder Mensch in sich trägt – die gegensätzlichen kreativen Kräfte des Passiven und Aktiven – erreicht werden kann. In den östlichen Kulturen kommt dieser Gedanke der inneren Vereinigung im Tai-Chi-Symbol zum Ausdruck (siehe S. 129) sowie im hindustischen und buddhistischen Tantra, wo die männliche und die weibliche Gottheit in einer so innigen Umarmung miteinander verschlungen sind, daß beide nur einen einzigen Körper zu haben scheinen. Die okkultistischen und alchemistischen Traditionen des Abendlands versinnbildlichten die innere Versöhnung (und daher die vollkommene Weisheit) im Hermaphroditen (oder Androgynen), der sowohl männlich als auch weiblich ist. Einer jüdischen Legende zufolge war auch Adam ein Hermaphrodit, bis Eva von ihm abgetrennt wurde, und in einigen griechischen Erzählungen war Zeus ebenfalls männlich und weiblich zugleich. In schamanistischen Religionen verkleidet sich der Priester häufig als Frau, um den Zustand urzeitlicher Vollkommenheit vor der Trennung der Geschlechter wiederherzustellen.

Krishna und Radha

Krishna, der achte Avatar (Inkarnation) Vishnus, ist eine der beliebtesten hinduistischen Gottheiten. Zahlreiche Mythen erzählen von seinen Streichen und Liebesabenteuern. Als junger Mann soll Krishna die *gopis* (Melkerinnen) im Gebiet von Brindaban bezaubert haben, indem er an Herbstabenden Flöte spielte und die jungen Frauen von ihren schlafenden Ehemännern fortlockte, um mit ihnen im Wald ekstatische Tänze zu vollführen. Alle *gopis* glaubten zwar, Krishna jeweils für sich allein zu besitzen, doch seine tiefe Liebe galt Radha (oben), deren strahlende Schönheit den Gegenpol zur dunklen Gestalt Krishnas bildete (sein Name bedeutet »dunkel« oder »dunkel wie eine Wolke«). Viele Illustrationen zeigen dieses berühmte Liebespaar aus der indischen Mythologie.

Gegensatz und Einheit

Alle großen Kräfte der Natur und alle menschlichen Emotionen sind nicht zuletzt durch ihr Gegenteil definiert. Ohne Licht gäbe es nicht die Vorstellung von Dunkelheit; ohne Sorge wäre die Erfahrung der Freude geringer; und ohne Frau gäbe es keinen Mann. Doch so wie Mann und Frau auf esoterischer Ebene eine Einheit bilden können (siehe S. 32), ist es auch möglich, daß alle Gegensätze zur Versöhnung kommen und der Paradieszustand wiederhergestellt wird. Viele östliche Denksysteme gehen davon aus, daß die Gegensätze entstanden, als die eine wahre Wirklichkeit in eine scheinbare Vielheit auseinanderfiel, um die Welt der Formen entstehen zu lassen (im Hinduismus heißt es, daß »aus dem einen zwei werden, aus zwei drei, und aus diesen wiederum die zehntausend Dinge«): Die einzelnen Fragmente sind in sich unvollkommen und streben danach, wieder in der Ganzheit vereint zu werden, aus der sie entstanden.

Der buddhistische Satz »Wenn die Gegensätze entstehen, hört der Buddha-Geist auf zu sein« bezieht sich auf die Beschränkungen durch die Wahrnehmung von Gegensätzen. Indem wir klare Unterscheidungen treffen, werden wir blind gegenüber der Tatsache, daß alle Gegensätze in Wirklichkeit einer einzigen Quelle entspringen und daß die Schöpfung im Grunde eine Einheit darstellt. Die Gegensätze und die materielle Welt, die sich aus ihnen zusammensetzt, sind eine subjektive Wirklichkeit, und der erleuchtete Geist sieht dahinter die Einheit, die deren eigentliches Wesen ist.

Die Einheit, die der Verschiedenheit zugrundeliegt, und die Bezogenheit der Gegensätze aufeinander findet ihren symbolischen Ausdruck in zahlreichen Objekten und Formen. Die Schale zum Beispiel macht deutlich, daß es keine Form ohne Raum gibt und umgekehrt. Die Wände der Schale gehören zur Welt der Formen, während der Raum, den sie umschließen, zur Welt der Leere gehört. Form und Raum zusammengenommen sind Ausdruck der fundamentalen Einheit der Schale. Symbole wie der Kreis machen noch umfassendere Aspekte dieser Wahrheit deutlich. Wenn wir auch Vorstellungen wie »Anfang« und »Ende« als Gegensätze auffassen, so kann doch jeder Punkt des Kreisumfangs sowohl Anfang als auch Ende sein. Entsprechend steht im Zen-Buddhismus der Kreis für Erleuchtung und die Vollkommenheit des Menschen in Einheit mit dem Urprinzip; auch das chinesische Tai-Chi-Symbol (siehe S.129) ist von einem Kreis umschlossen. Auf einer komplexeren Ebene symbolisieren Mandalas und Yantras (siehe S.60) das Illusorische der wahrgenommenen Unterschiede, und ihr spontanes Auftreten in Meditation und Kultur läßt darauf schließen, daß wir uns auf der Ebene des kulturellen Unbewußten der von ihnen repräsentierten Wahrheit bewußt sind. Wenn es im Hinduismus und Buddhismus heißt: »Leben und Tod sind ein und dasselbe«, dann kommt darin der Glaube zum Ausdruck, daß eine wechselseitige Abhängigkeit besteht und beide Facetten eines Ganzen sind.

Zwei Reiche
In vielen Kulturen herrschte die Vorstellung, der Kosmos sei in zwei Reiche geteilt – ein irdisches und ein himmlisches. Der Himmel war die Heimat der Götter und höheren Mächte und wurde mit Geist und Intellekt in Verbindung gebracht, die Erde dagegen war der Sitz der Materie und Körperlichkeit. Die Struktur des irdischen Reiches (Mikrokosmos) galt als Spiegel der Struktur des Himmels (Makrokosmos): Die Entsprechung von Makrokosmos und Mikrokosmos ist das Thema dieser alchemistischen Darstellung aus dem 17. Jh. (oben). Der Mensch, so glaubte man, hatte eine einzigartige Stellung im Universum inne, da er Zugang zu beiden Reichen hatte.

Gut und böse
In diesem Bild von William Blake aus dem 18. Jahrhundert kämpfen, wie es scheint, der gute und der böse Engel um den Besitz eines Kindes – das Symbol der verlorenen Unschuld des ungeteilten Menschen. Blake entwickelte – in Kunst und Literatur – eine eigene Mythologie, deren Symbole vor allem aus der Bibel und ihren jüdischen Kommentaren entnommen sind. Der Frühromantiker war überzeugt, daß das Unglück des Menschen auf seiner Unfähigkeit beruhe, die Elemente seines geteilten Selbst miteinander zu versöhnen. In Blakes Mythologie ist der »gute« Engel Los ein Symbol für die Phantasie, während der »böse« Engel Orc ein Symbol der Energie und Revolte ist. Blake glaubte, der Zwiespalt des Menschen könne eher durch die Imagination als durch den Intellekt gelöst werden.

Gegenströmungen

Wenn Völker durch Handel, Konflikte oder Migration in Kontakt kommen, bleiben ihre kulturellen Signifikanten – oder Symbole – nur selten unverändert. Die Symbole der einen Gruppe bereichern, modifizieren oder ersetzen die der anderen, und die so entstehenden Veränderungen in Kunst, Mythen und Gebräuchen legen dauerhaftes Zeugnis von der Begegnung der beiden Kulturen ab. So sind die Parallelen zwischen dem Pantheon der Griechen und dem der Römer kein Zufall.

Als die Römer im 3. Jahrhundert n. Chr. Griechenland eroberten, übernahmen sie vieles aus der reichhaltigeren, entwickelteren Mythologie der Griechen und übertrugen die Eigenschaften der griechischen auf ihre eigenen Gottheiten. Der griechische Dionysos ging in den römischen Bacchus ein; und die Mythen um Artemis, Zeus, Hermes und Aphrodite wurden auf Diana, Jupiter, Merkur und Venus projiziert. Eine Reihe griechischer Götter, zum Beispiel Apollon, sowie Heroen wie Herakles (Herkules) wurde voll und ganz von den Römern übernommen.

Von Ägypten nach Rom
Ein Beispiel für die geographische Wanderung von Symbolen ist dieses Fresko aus dem 1. Jahrhundert, das aus dem Haus der Mysterien in Pompeji stammt. Es zeigt die ägyptischen Göttinnen Isis und Nephthys, die ein heiliges Krokodil flankieren.

Ein ähnlicher Aneignungsprozeß vollzog sich, als im 1. Jahrhundert n. Chr. der Buddhismus über die Seidenstraße nach China gelangte. Seine Verschmelzung mit dem dortigen an der Natur orientierten Taoismus führte zum Ch'an (der sich später in Japan zum Zen-Buddhismus weiterentwickelte). Im Ch'an wurden die Verehrung von Bildern sowie Riten und Rituale verworfen, da die Natur als Symbol der letzten Wirklichkeit und die Wahrnehmung und Erfahrung der natürlichen Welt als der einzige Weg zur Erleuchtung galt.

Der systematische »Export« einer Religion jedoch (und somit auch von Symbolen) begann erst im 4. Jahrhundert n. Chr., als Rom das Christentum als Staatsreligion übernahm. Das Christentum, das von Anfang an missionierte, verwarf und unterdrückte alle Formen des Heidnischen. Doch es zeigte sich, daß indigene Glaubensformen und Symbole nur schwer auszurotten waren, und die Christen waren gezwungen, Kompromisse zu schließen und jene Symbole, die sich leicht in den christlichen Glauben einfügen ließen, stillschweigend zu tolerieren. Andere wurden als Äußerungen einer geistigen Wirklichkeit betrachtet, die ihre höchste Vollendung in der Wiederkehr Christi erreichte.

Insbesondere zahlreiche Legenden um das Leben der frühchristlichen Heiligen scheinen auf vorchristlichen Mythen zu beruhen. Im heiligen Christophorus zum Beispiel, der meist als ein Riese dargestellt wird, welcher das Christuskind über einen Fluß trägt, ist Charon wiederzuerkennen, der im griechischen Mythos die Seelen der Verstorbenen über den Styx brachte. Die Heilige Katharina von Alexandria, aus deren Adern nach ihrem Martyrium Milch geflossen sein soll, erinnert an die ägyptische Göttin Isis, zu deren Attributen die nahrhafte Milch gehörte.

Christliche und vorchristliche Motive
Die Verehrung der Jungfrau Maria hat ihren vorchristlichen Ursprung im Kult weiblicher Gottheiten wie der Artemis und der Diana, die bei den vorchristlichen Völkern des Mittelmeerraums eine herausragende Stellung innehatten. Die Mondsichel zu Füßen Mariens auf diesem Gemälde aus dem 13. Jahrhundert ist ein von den alten Ägyptern übernommenes Symbol, das als Attribut der Göttin Isis, der Königin des Himmels, galt. Die großen Feste des christlichen Kalenders wie Weihnachten und Ostern haben ihre Entsprechung in heidnischen Festen. Auch viele Gegenstände, die eng mit Weihnachten verbunden sind – z. B. der Weihnachtsbaum, der Mistelzweig und der Julblock –, entstammen vorchristlichen Traditionen.

Der Gebrauch von Symbolen

Symbole und ihr mannigfacher Gebrauch bereicherten das Geistesleben sämtlicher Epochen der Menschheit. Die Kulturen überall auf der Welt entwickelten reiche Symbolrepertoires, um das seelische, körperliche und geistige Wohlbefinden des Menschen zu befördern. Im folgenden Kapitel werden drei sehr unterschiedliche Bereiche vorgestellt, in denen sich der Verstand oder die Phantasie der Symbole bedient: Kunst, Meditation und Traum.

Symbole beflügeln, sei es bewußt oder unbewußt, das künstlerische Schaffen. Weite Bereiche der Kunst sind rein symbolischen Inhalts und bringen in bildhafter Weise die Überzeugungen und Werte der jeweiligen Gemeinschaft zum Ausdruck. Die abendländische Kunst verlor einen Teil ihres Symbolrepertoires – das ja letztlich eine kollektive Leistung ist –, als sich der Gedanke der künstlerischen Individualität durchzusetzen begann. Dennoch blieb auch hier die symbolhafte Darstellung in der Kunst auf vielfache Weise lebendig: als Ausdruck archetypischer Motive, als bewußte Wiederaufnahme der überlieferten Metaphorik oder zur Übermittlung persönlicher Botschaften. In der Moderne hat das Interesse an den Funktionsweisen des menschlichen Geistes den Boden bereitet für eine explizit symbolische Kunstrichtung, die sich der Anziehungskraft der Abstraktion widersetzt hat.

In der Meditationslehre vieler Kulturen spiegelt sich die tiefe Überzeugung, daß geistige Disziplin zu gesteigertem psychischem, geistigem oder körperlichem Wohlbefinden, wenn nicht sogar zur Erkenntnis einer letzten Wirklichkeit führen kann, zu der der Mensch normalerweise keinen Zugang hat. Der Weg zum verborgenen Ich muß einhergehen mit dem Bemühen, alle Ablenkungen auszuschalten, die den inneren Frieden stören. In mystischen Formen der Meditation verschaffen Symbole wie etwa das Rad oder der Lotos Zugang zu einer höheren Wirklichkeit.

Die Traumsymbolik selbst stellt ein weites Feld dar, und deshalb sind hier und im folgenden nur sehr allgemeine Hinweise möglich. Die Deutung der Traumsymbolik ist äußerst kompliziert, da jeweils auch die individuellen Umstände und die Persönlichkeit des Träumenden in Betracht gezogen werden müssen. Dennoch ist die Kenntnis der Archetypen C.G. Jungs äußerst hilfreich, und die Aufzeichnung von Träumen über einen bestimmten Zeitraum hinweg kann jeden Menschen zu wertvollen Einsichten über die Botschaften seines Unbewußten führen.

Symbole in der Kunst

Die Geschichte der Kunst liefert ein Panorama der beeindruckendsten und bedeutendsten Symbole der Menschheit. Seit dem Paläolithikum (siehe S. 22) haben Künstler immer wieder esoterische, aber auch allgemein verständliche Symbole verwendet, um den Überzeugungen und Ängsten ihrer Zeit Ausdruck zu verleihen. In allen Kulturen liegen Religion und Symbolik nahe beieinander. Im alten Ägypten ließen Könige und Vornehme ihre Namen in ihre Statuen einmeißeln, da sie glaubten, auf diese Weise werde ihr Geist einen Ort der ewigen Ruhe nach dem Tod finden. Die Stelen (Steintafeln vor den Gräbern hoher ägyptischer Persönlichkeiten) hatten eine ähnliche Funktion. Sie wurden mit Darstellungen geschmückt, auf denen der Verstorbene einen Opfertisch mit Gaben für die Götter bereithält, und mit magischen Zeichen und rituellen Gebeten an Osiris (den Herrn der beiden Welten) versehen und galten als Garant für Schutz und Sicherheit der Seele nach dem Tod.

Zwar wurden auch in Nordeuropa künstlerische Darstellungen und Zeugnisse dekorativer Kunst in Gräbern aus der Bronzezeit (3000–1100 v. Chr.) gefunden, doch konnte sich die westliche Kunst jener Zeit am stärksten in den blühenden Städten des Mittelmeerraums entfalten. Die Keramik- und Goldschmiedekunst der minoischen Kultur Kretas, die deutlich von den älteren Kulturen Ägyptens und Mesopotamiens geprägt ist, weist häufig Spiralen, Wellenlinien und andere geometrische Motive auf. Diese Symbole,

Die Verkündigung
In diesem Gemälde der Verkündigung (der Erzengel Gabriel verkündet der Jungfrau Maria, sie werde vom Heiligen Geist einen Sohn empfangen) unterstreicht der Renaissancekünstler Domenico Veneziano die Bedeutsamkeit des Geschehens durch die Symbolik von Farbe und Geometrie. Die Lilie in der Hand des Erzengels ist ein christliches Symbol für die jungfräuliche Liebe, für die Unschuld und für die Jungfrau Maria selbst. Die Farbe Weiß steht für deren Reinheit, der gerade Blumenstengel für deren Göttlichkeit und die Neigung nach vorne für deren Demut.

die mit dem Meer und den vier Elementen in Zusammenhang stehen, waren Ausdruck für die Abhängigkeit des Menschen von den Kräften der Natur. Sie wurden auch von Seefahrern und Reisenden als Talismane verwendet und sollten eine sichere Überfahrt garantieren. Auf minoischen Fresken sind häufig religiöse Zeremonien und Schlachten, stilisierte Stiere, Greife und andere Tiere dargestellt, denen bestimmte Schutzfunktionen zugeschrieben wurden.

Nach dem Untergang der minoischen und mykenischen Königreiche im 13. Jahrhundert v. Chr. übernahmen die Griechen die geometrischen Strukturen früherer Epochen und bildeten sie weiter aus. Die Symbolik abstrakter Formen – Zickzackmuster, Dreieck, Mäander, Swastika – beherrschte vier Jahrhunderte lang die griechischen Kunst, die erst im 8. Jahrhundert v. Chr. in ihrer symbolischen Aussagekraft an Klarheit und Anschaulichkeit gewann. In dieser Zeit tauchten typisierte Tiere und menschliche Gestalten, Rituale und Schlachten auf, und im 7. Jahrhundert v. Chr. entwickelte sich allmählich eine narrative Kunst, die von den Taten den Götter und Helden – Verkörperungen der unbewußten Archetypen – erzählte. In Kunst, Philosophie und Mythologie waren diese Gestalten Ausdruck für die Suche des Menschen nach Selbsterkenntnis und dienten als Metaphern für Aspekte des öffentlichen und privaten Lebens. Mythologische Figuren des Orients – Gorgonen, Chimären und Harpyien – wurden hellenisiert, d.h. sie wurden graziöser und verloren ihren Schrecken. Darüber hinaus entstanden unter dem Einfluß Ägyptens große, freistehende Statuen, aus denen sich im Laufe der Zeit die klassische griechische Skulptur entwickelte, die durch Harmonie und Schönheit gekennzeichnet ist.

Eine ähnliche Betonung der visuellen, bewußtseinsverändernden Kraft der Symbole finden wir in der indischen und fernöstlichen Kunst. Die erotischen Paarungen der hinduistischen Gottheiten symbolisieren die Vielfalt der Schöpfung, aber auch die Tantra-Techniken der sexuellen Vereinigung, die als Weg zur Erleuchtung galten. Der Linga Shivas (siehe S.125) symbolisiert nicht nur die schöpferische Energie, sondern auch die Zahl eins (die Ureinheit). Andere erotische Skulpturen stellen die Sexualität als Symbol der Freuden des Himmels und der ewigen Glückseligkeit dar. Ein beliebter Gegenstand der Malerei sind die Liebesabenteuer Krishnas, die als Ausdruck für die Ankunft der göttlichen Liebe in der Welt interpretiert werden, und die fünf universellen Freuden: Fleisch, Alkohol, Getreide, Fisch und Geschlechtsverkehr.

Die chinesische Kunst war immer darauf ausgerichtet, den Betrachter zu inspirieren, zu bilden und ihm Einsichten in die menschliche Natur und die letzte Wahrheit zu verschaffen. Spirituelle und moralische Botschaften wurden durch »edle« Motive transportiert, vor allem durch Landschafts- und

Die vier Evangelisten
Die mittelalterlichen Darstellungen der vier Evangelisten als Mensch, Löwe, Stier und Adler basieren auf der Gottesvision des Ezechiel sowie auf alten orientalischen Symbolvorstellungen, nach denen sie die vier Wächter der Erde oder die vier Stützen des Himmels versinnbildlichen.

Naturdarstellungen, die sich mit der Zeit zu hochstilisierten symbolischen Ausdrucksformen entwickelten. So sollte z. B. jedes Detail einer Landschaft einen Aspekt des Menschen versinnbildlichen: Wasser war das Blut der Berge, Gras und Bäume ihr Haar, Wolken und Nebel ihr Kleid und der einsam wandernde Gelehrte, der in solchen Darstellungen häufig auftauchte, stellte ihre Seele dar. Bambus galt als der Geist des Gelehrten, der zwar gebeugt, aber nicht gebrochen werden kann; und Jade stand für die Reinheit.

Eine ähnlich ausgeklügelte Symbolik findet sich in der chinesischen Architektur. So dienten die für chinesische Häuser typischen geschwungenen Giebelenden nicht rein dekorativen Zwecken, sondern hatten schützende Funktion. Ihnen wurde die Fähigkeit zugeschrieben, böse Geister ins All zurückzuschleudern, falls sie das Dach hinuntergleiten und den Hausbewohnern einen Besuch abstatten wollten.

Perseus und Andromeda
Dieses Bild des holländischen Malers Joachim Utewael aus dem 17. Jahrhundert ist im Stil des Manierismus gemalt. Es zeigt den griechischen Heros Perseus, der Andromeda (Tochter des Königs von Äthiopien) aus der Gewalt eines Seeungeheuers befreit. Dieses Ungeheuer hat Poseidon (der Gott des Meeres) geschickt, um das Land Äthiopien in Furcht und Schrecken zu versetzen. Perseus, eine Animus-Gestalt (siehe S. 13), schwebt mit gezücktem Schwert über das Seeungeheuer hinweg. Die Muscheln im Vordergrund symbolisieren nicht nur die Reise zur See, sondern auch Weiblichkeit und sexuelle Leidenschaft.

Im mittelalterlichen christlichen Europa waren Ikonen – Darstellungen Christi, der Jungfrau Maria und der Heiligen – Gegenstand der Verehrung und Anbetung. Narrative Gemälde mit ihren sich überlagernden Bedeutungsebenen dienten der religiösen Unterweisung des einfachen Volks. Die christliche Kunst des Mittelalters betonte die Ferne Gottes, den Unterschied zwischen himmlischer und irdischer Welt sowie den Gedanken, daß Erlösung nur durch die Erhebung des Geistes bewirkt werden könne. Diese mystische Vorstellung des Universums spiegelt sich in allen Formen der bildenden Kunst und Literatur wider, kommt aber wohl am deutlichsten in den himmelwärts strebenden gotischen Kathedralen zum Ausdruck; durch geschickten Umgang mit der Perspektive erscheinen sie dem Auge des Betrachters oft höher, als sie in Wirklichkeit sind.

In der Renaissance erfuhren christliche Kunst und christliche Symbolik einen grundlegenden Wandel. Zunehmender Rationalismus und wachsendes Wissen über die Natur, das Studium der Perspektive und der menschlichen Anatomie sowie eine Neubewertung der christlichen und antiken Schriften führten zu einer stärkeren Betonung des Naturalismus in der bildenden Kunst. Die Natur, der menschliche Körper und die griechisch-römische Mythologie wurden zum Gegenstand religiöser Malerei und Skulptur. So ähnelt z. B. Christus auf Michelangelos berühmtem Deckengemälde des Jüngsten Gerichts weit mehr einem Apoll oder Herkules als dem gekreuzigten Erlöser.

Auch später, als biblische Themen in der europäischen Kunst in den Hintergrund traten, spielte die symbolische Darstellung aufgrund ihrer engen Verbindung zur schöpferischen Kraft weiterhin eine zentrale Rolle. Denn Symbolik und schöpferische Kraft leiten sich gleichermaßen vom Unbewußten her, und in der bildenden Kunst gibt es Symbole, die selbst dem Künstler, der sie verwendet, oft erst im nachhinein bewußt werden.

Gottheiten in der hinduistischen Kunst

Die hinduistischen Götter sind aufgrund ihrer eindeutigen Attribute leicht zu erkennen. Kali, die furchterregende Erscheinung der Devi (der großen Göttin), deren Aufgabe die Vernichtung der die kosmische Ordnung bedrohenden Dämonen ist, wird als schwarzgesichtige Hexe dargestellt. Sie ist blutverschmiert und trägt eine Kette aus Totenschädeln oder Köpfen um den Hals und einen Gürtel mit abgeschlagenen Händen um die Hüften. Hier sitzt Kali rittlings auf Shiva, ihrem Gemahl, einer der wichtigsten hinduistischen Gottheiten. Shiva wird meist als hellhäutig, manchmal auch – wie hier – als Hermaphrodit dargestellt. Auf der Stirn trägt er ein drittes Auge (Symbol der Weisheit) und die Mondsichel. Brahma, der Schöpfergott (rechts im Bild) wird gewöhnlich mit vier Gesichtern dargestellt. Dem Mythos zufolge gebar Brahma eine Tochter, von deren Schönheit er sofort hingerissen war. Als sie zum Zeichen der Ehrfurcht um ihren Vater herumging, konnte er seinen Blick nicht von ihr wenden und bekam mehrere Gesichter.

Die Suche nach tieferer Weisheit

Bei der Jungschen Psychoanalyse werden die Patienten aufgefordert, sich mit Symbolen zu beschäftigen und jene zu identifizieren, die für sie von besonderer Bedeutung sind. Diese Symbole werden zunächst spontan im Traum und in Kritzeleien auftauchen, doch im Laufe der Zeit gewinnen sie tiefere Bedeutungsebenen hinzu und repräsentieren schließlich Aspekte der Psyche, die bisher verborgen oder schwer in Worte zu fassen waren. Symbole eröffnen Wege in die Psyche und helfen so dem Patienten, die Forderungen des Bewußten und des Unbewußten miteinander in Einklang zu bringen und so zu psychischer Gesundheit und Stabilität zu gelangen. Diese Verwendung von Symbolen ist aber nicht die ausschließliche Domäne der modernen Psychiatrie. Alle großen Religionen haben sich bei ihrer Suche nach innerem Frieden und spiritueller Weisheit mittels Versenkung die Kraft der Symbole zunutze gemacht.

Das wichtigste Element der Meditationstechnik ist die Konzentration auf ein einziges Symbol (ein Bild, ein Geräusch oder einen ertastbaren Gegenstand) und die Ausschaltung zufälliger Gedanken, wobei man vermeiden sollte, die Bedeutung des Symbols rational zu ergründen. Das Symbol ruft nun Gedanken und Einsichten hervor, die man einfach kommen und gehen läßt. Ziel der Meditation ist es, über eine sprachliche Reflexion und Interpretation hinauszugelangen (obwohl diese im Anschluß an die Meditation durchaus sinnvoll sein können), und eine intuitive Verständnissebene jenseits der Sprache freizulegen, welche die Art und Weise unserer Welt- und Selbsterfahrung grundlegend verändert.

Theoretisch kann alles, angefangen von einem bedeutungslosen Gekritzel bis zu einem Juckreiz der Nase, als Zentrum der Meditation dienen. Doch die meisten Meditationspraktiken gehen von archetypischen Symbolen aus, die einen sichereren Weg ins kollektive Unbewußte ebnen, in jenen Bereich, dem sie ja entstammen. Bei den Ureinwohnern Nordamerikas und in anderen schamanistischen Kulturen sind diese Symbole direkt der Natur entnommen: Der Meditierende richtet den Blick vielleicht auf weit entfernte Berge, lauscht dem Rauschen des Windes oder konzentriert sich auf die Erde, die er unter sich spürt. Die Katharer – eine christliche Häretikersekte des 13. Jahrhunderts – meditierten die Widerspiegelung einer Kerzenflamme im Wasser, und die Flamme wird bis heute bei bestimmten Yogaübungen als Konzentrationspunkt verwendet. Bei der tibetischen *tumo*-Übung konzentriert sich der Praktizierende darauf, die Wärme in der Tiefe des Bauchraums zu steigern und diese Wärme durch die Chakren (siehe S. 182) und von da durch den ganzen Körper strömen zu lassen. In bestimmten Formen hinduistischer und buddhistischer Meditation stellt sich der Meditierende vor, daß eine Gottheit oder Buddha, geschmückt und überladen mit symbolischen Farben, durch seinen Kopf in ihn hinabsteigt und sich in seinem Herzen niederläßt.

Symbolik und Meditation
Nehmen wir ein archetypisches Symbol, etwa das Rosenkreuz, als Zentrum der Meditation. Halten Sie ihren Blick darauf gerichtet und vermeiden Sie eine Bewertung der Gedanken, die in Ihnen aufsteigen. Lassen Sie das Kreuz in Ihr Bewußtsein eindringen, so als ob es mit einem dort bereits vorhandenen Kreuz Verbindung aufnehmen würde. Schließen Sie im weiteren Verlauf der Meditation und sobald das Bild des Kreuzes in Ihrem Innern an Klarheit gewinnt, die Augen, und spüren Sie, wie Sie immer tiefer in die Visualisierung eindringen, als ob Sie eine Reise in Ihr eigenes Selbst unternehmen. Wenn Sie Zeit und Geduld aufbringen, wird das Bild in Ihrem Innern eine Flut von intuitiven Gedanken auslösen.
Wenn Sie sich das Bild bis zum Einschlafen vergegenwärtigt halten, wird es vielleicht sogar in Ihren Träumen auftauchen, und seine tiefere Bedeutung wird sich Ihnen durch seine Beziehung zum Unbewußten (siehe S. 46–49) enthüllen.

Das tibetische Bardomandala
In höher entwickelten buddhistischen Mandala-Meditationen (siehe S. 60) besitzt jeder Abschnitt eines geometrischen Musters eine bestimmte Bedeutung und stellt meist eine »Gottheit« dar. Diese Versinnbildlichungen werden den einzelnen Segmenten jedoch nicht willkürlich zugeordnet, sondern stellen Einsichten der spirituellen Lehrmeister dar. Die Gottheiten können als Personifikationen geistiger und physischer Lebensenergien betrachtet werden; doch wie alle echten Symbole sind sie »wirklich« in dem Sinn, daß sie eine tiefe Wirklichkeit darstellen, die über die bloße Phantasie des Meditierenden hinausgeht.

Traumsymbole

Die Deutung von Traumsymbolen
Ein Traum ist ein narratives, äußerst dicht gewebtes Gebilde, das eine ungeheure Materialfülle mit den Mitteln individueller und ganz spezieller symbolischer Kürzel verknüpft. Obwohl viele Traumsymbole mit universellen Archetypen in Verbindung gebracht werden, ist ihre genaue Bedeutung, je nach der Psyche des Träumenden und dem Kontext im jeweiligen Traum, variabel. Aus diesem Grund sind Nachschlagewerke zur Traumdeutung, die eine objektive Deutung einzelner Träume versprechen, nur von sehr begrenztem Wert.
Um die Traumsprache zu verstehen, müssen wir zuerst die Bedeutungen kennenlernen, die den wichtigsten Symbolen durch die jeweiligen Kulturkreise zugeschrieben worden sind. Die in diesem Buch (S. 50–139) aufgelisteten Symbole der Welt sind ein guter Ausgangspunkt. Hinzu kommen jene Symbole, die in unseren Träumen auftauchen; wir müssen jene Elemente auswählen (Personen, Gegenstände, Farben, Tiere), die uns am meisten beeindrucken. Auch müssen wir uns die Gefühle vor Augen halten, die diese Elemente in uns auslösen, sowie die Ereignisse, mit denen sie in Verbindung stehen. Viele Symbole sind ambivalent und können in unseren Träumen sowohl in positiver als auch in negativer Bedeutung auftauchen. Die Art und Weise, wie wir darauf gefühlsmäßig reagieren, ist ein guter Prüfstein dafür, wie diese Symbole für uns »besetzt« sind. Wenn wir ein Traumtagebuch führen, können wir immer wiederkehrende Symbole identifizieren und Grundmuster ausfindig machen, was von größerer Wichtigkeit ist als die Frage nach der Bedeutung eines einzelnen Traums. Mit Hilfe des Traumtagebuchs können wir die Einsichten, die wir im Traum gewonnen haben, im Zusammenhang unseres sozialen und psychischen Lebens analysieren. Auf diese Weise werden wir zu einem ganzheitlichen Verständnis der Bedeutung unserer Traumsymbole gelangen.

Träume sind unwillkürliche Produkte der Psyche. Sie liefern uns eine verwirrende Vielfalt vertrauter und weniger vertrauter Bilder und Gefühle, die uns etwas mitteilen wollen. Diese Mitteilungskraft von Träumen ist seit Jahrtausenden unbestritten: In der Antike wurde den Träumen prophetische Kraft zugesprochen, und die Ägypter glaubten, daß in den Träumen des Pharao die Götter sprechen. Doch war die Traumdeutung immer ein unsicheres Terrain, denn die Botschaften, die die Träume transportieren, treten oft in mehrdeutiger und verschwommener symbolischer Form auf.

Es gibt Träume, die der *nichtsymbolischen Ebene* (Ebene 1) zugeordnet sind. Sie können für bare Münze genommen werden, da sie in einer leicht identifizierbaren Form die Erfahrungen und Probleme eines oder mehrerer vergangener Tage zum Ausdruck bringen; das Traummaterial stammt meist aus dem Bereich des Vorbewußten (siehe S. 11). Träume der profanen symbolischen Ebene (Ebene 2) gehen tiefer; hier tauchen Symbole auf, die Material aus dem individuellen Unbewußten (siehe S. 11) darstellen. Solche Träume beziehen sich auf grundlegende physische Bedürfnisse wie Essen, körperliches Wohlbefinden und Gesundheit, Gefühle und Ich-Sympathie (Bedürfnisse, die der Selbsterhaltung dienen); auf sexuelle Fragen wie Orgasmus und sexuelle Dominanz oder Unterwerfung (Bedürfnisse, die der Erhaltung der Art dienen). Diese Themen könnten zwar in einem Traum auch auf der sprachlichen Ebene zum Ausdruck kommen; doch die Beunruhigung, die von einem direkten Zur-Sprache-Bringen ausgeht, ist häufig so groß, daß der Träumende augenblicklich aufwachen würde. Durch die Einkleidung des Materials in Symbole und Metaphern wird der Traum, wie Freud es formuliert hat, zum »Hüter des Schlafs«, der es uns ermöglicht, dessen physische und psychische Vorzüge zu genießen. Träume der Ebene 2 sind in ihrem Inhalt und in ihrer Erscheinungsform oft so verwirrend wie die menschliche Psyche selbst.

Träume der höheren *symbolischen Ebene* (Ebene 3) beziehen sich auf unsere Sehnsucht, jenseits der physischen, emotionalen und sexuellen Gegebenheiten einen Lebenssinn zu finden. Sie stammen in erster Linie aus dem kollektiven Unbewußten (siehe S. 11). Jung nannte sie »große Träume«, da sie eine erhebende, stark emotionale Wirkung haben und dem Träumenden noch viele Jahre deutlich im Gedächtnis bleiben. In den meisten Fällen enthalten diese Träume archetypische Bilder als Teil einer universellen Symbolsprache, wie sie von Anthropologen und Psychologen als Bestandteil aller Kulturen beschrieben worden ist. Sie haben meist eine klare Struktur und wirken beinahe inszeniert. Träume der Ebene 3 sind jenem Bereich des Unbewußten verbunden, der bereits auf einer vorsprachlichen Ebene der menschlichen Entwicklung vorhanden war. Sie enthalten psychisches Material, das nicht in Worte gefaßt werden kann. Zwar können die archetypischen

Logik des Traums
In manchen Träumen legen sich mehrere symbolische Schichten in verwirrender Weise übereinander; ihre Bedeutung enthüllt sich uns, wenn wir sie genau betrachten. Absurde, unlogische und traumartige Überlagerungen kennzeichnen auch die Werke der Surrealisten, wie etwa die Bilder des belgischen Künstlers René Magritte, dessen Gemälde *Der geheime Spieler* (1927) hier abgebildet ist.

Inhalt und Kontext
Traumsymbole sollten stets in dem Zusammenhang gesehen werden, in dem sie auftauchen. So kann etwa ein Sonnenschirm, der allgemein als positives Symbol angesehen wird, den Verlust von Schutz oder einer gesicherten Position bedeuten, wenn er im Traum vom Wind weggeweht wird. Umgekehrt kann ein Skelett, üblicherweise ein düsteres Symbol, das Ende einer Angst oder einer unglücklichen Beziehung bedeuten.

Bilder im Traum durchaus versprachlicht sein, doch sind diese Begriffe eher an jene Bereiche des Bewußtseins geknüpft, die während des Schlafs aktiv bleiben, als an das, was die Symbole selbst direkt zum Ausdruck bringen.

Träume gehen mit ihrem Material auf eine sehr eigenwillige Weise um. Symbole unterliegen im Traum häufig überraschenden und verblüffenden Verwandlungen. Der Ritt auf dem Rücken eines Pferdes kann sich urplötzlich in ein Schaukeln auf einer Hängematte verwandeln, die unter einem Baum angebracht ist. Ein eben geöffnetes Buch kann sich in ein mit allen Schachfiguren bestücktes Schachbrett verwandeln. Und doch nimmt der träumende Geist diese bizarren Verwandlungen offenbar fraglos hin. Lassen wir unsere kritischen Fähigkeiten vor den Toren des Schlafs einfach zurück, oder erkennen wir im Traum, daß solche Verwandlungen ihre eigene Logik haben?

Aber was für eine Logik könnte das sein? Die Antwort lautet: Symbole und Traumereignisse sind weit mehr durch ihre Bedeutung als durch ihre äußere Erscheinung miteinander verknüpft. Die Verwandlung eines Pferdes in eine Hängematte unter einem Baum könnte bedeuten, daß wir durch das Training unserer instinktiven Fähigkeiten (das Pferd) uns nicht nur das Leben erleichtern (die Hängematte), sondern es auch kreativer gestalten könnten (der Baum). Die Position der Hängematte in der Mitte zwischen den Wurzeln und den Zweigen des Baumes könnte auch auf ein anzustrebendes Gleichgewicht zwischen unserer animalischen (der Erde) und unserer spirituellen Natur (der Baumkrone) hinweisen. Das sich in ein Schachbrett verwandelnde Buch könnte darauf hindeuten, daß wir unser theoretisches Wissen (das Buch) in die Praxis (das Schachbrett) umsetzen müssen.

Wir träumen etwa von einem Zug, der an einer Kreuzung stehenbleibt: Sie verwandelt sich plötzlich in einen Elefanten, der bedrohlich auf uns zukommt; dann träumen wir, daß wir eine Pistole ziehen, um uns zu verteidigen, und sie verwandelt sich in eine leere Flasche. Dieser Traum könnte auf einen neuen Abschnitt in unserem Leben hinweisen (der wartende Zug), der dann beginnt, wenn wir bereit sind, die Richtung zu ändern (die Kreuzung, auf der sich Straße und Schiene kreuzen). Hier jedoch tauchen im Traum Befürchtungen auf. Der angreifende Elefant (Symbol für eine mächtige Autorität) droht, uns zu vernichten, wenn wir uns nicht verteidigen. Doch unsere Waffe (die Pistole) ist nutzlos (die leere Flasche). Diese Beispiele zeigen, wie klar sich eine Traumgeschichte manifestieren läßt, vorausgesetzt, wir nehmen uns Zeit, die Traumsymbole genau zu analysieren. Und so wie wir durch Übung unsere sprachliche Ausdrucksfähigkeit verbessern, wird uns auch im Laufe der Zeit die Traumsprache und die Art und Weise, wie unser Unbewußtes mit seinen Hoffnungen, Warnungen und Ängsten in den Wahrnehmungsbereich des Bewußten eintritt, immer vertrauter.

Alpträume
Wie erschreckend oder verstörend Träume auch immer sein mögen, man muß sich stets vor Augen halten, daß sie uns etwas mitteilen wollen. Träume lenken unsere Aufmerksamkeit auf Aspekte unseres psychischen Lebens, mit denen wir falsch umgehen oder die wir im Wachzustand übersehen. Sie regen an, warnen, motivieren oder erinnern uns, indem sie uns eindringliche Bilder vor Augen führen. Von Traumbildern anregen ließ sich auch der schweizerische Maler des 18. Jahrhunderts Johann Heinrich Füssli in seinem Gemälde *Die Nachtmahr* (1781).

Die Deutung von Traumsymbolen war schon im alten Ägypten bekannt, sie wurde von Priestern betrieben und basierte auf der Auffassung, daß im Traum Zukünftiges vorweggenommen werde. Die altchinesische Traumdeutung sah dagegen im Traum das Gegenteil dessen angekündigt, was Gegenstand des Traums war, und in der Bibel wird die Traumdeutung – Traum im Sinne göttlicher Eingebungen – sehr ernst genommen, aber stark unterschieden von bloßen Wunschträumen und Trugbildern.

Die Welt der Symbole

Symbole waren immer Gegenstand historischer, archäologischer, ethnographischer und psychologischer Analyse. Bis heute jedoch gibt es für die Symbolsprache keine einheitliche Theorie wie etwa im Bereich der Grammatik, wo die Grundlagen der gesprochenen und geschriebenen Sprache festgelegt sind. Symbole sind, im Unterschied zum geschriebenen Wort, nicht durch die Belange des praktischen Gebrauchs eingeschränkt. Die Grenzen ihres Reichtums und ihrer Vielfalt werden allein durch die menschliche Phantasie gesetzt. Symbole erscheinen in Form von Bildern, Metaphern und Klängen, Gesten und Gerüchen sowie in Gestalt von Personifikationen und Mythen; sie bedienen sich materieller wie immaterieller Quellen.

C. G. Jung betrachtete Symbole als Universalsprache des Menschen. In der Tat begegnen wir überall auf der Welt abstrakten Formen, die direkt dem Unbewußten entstammen und mit der natürlichen Umwelt in keinerlei Zusammenhang stehen. Das »christliche« Symbol des Kreuzes etwa wurde bei den Assyrern zur Darstellung des Himmelsgottes Anu verwendet; und bei den Chinesen war das Kreuz ein Symbol der Erde. Als im Jahr 1519 die Spanier unter der Führung von Hernán Cortés in Mexiko landeten, fanden sie in den Tempeln der Ureinwohner zahlreiche Darstellungen des Kreuzes – bei den Tolteken das Symbol für die Götter Tlaloc und Quetzalcoatl. Die Invasoren, für die das Kreuz nichts anderes als ein christliches Symbol sein konnte, glaubten, es sei den Tolteken durch den heiligen Thomas, den Apostel und Missionar, gebracht worden. Dieses Beispiel verdeutlicht, daß Symbole einerseits eine charakteristische universelle Ausdrucksform des Menschen darstellen, in den verschiedenen Kulturen aber auch unterschiedlichen Bedeutungen unterworfen sind. Kulturen und Religionen sind weitgehend durch die Symbole definiert, die sie verwenden und in Ehren halten. Jeder Mensch ist durch ein bestimmtes Symbolsystem geprägt, das auch seine individuelle Identität formt. Indem die Spanier leugneten, daß das Kreuz ein toltekisches Symbol sein könnte, verteidigten sie die Geschlossenheit der eigenen religiösen Glaubensüberzeugungen.

Symbole sind jedoch mehr als nur historische und kulturelle Signale. Sie dienen einem tieferen Verständnis des menschlichen Geistes. Die Einleitungstexte auf den folgenden Seiten erläutern die esoterische und exoterische Bedeutung symbolischer Formen anhand einer exemplarischen Auswahl und führen ein in die faszinierende Welt der universalen Sprache der Symbole.

Formen und Farben

Form und Farbe sind die Bausteine aller visuellen Symbole, besitzen jedoch zugleich eigenständige Bedeutung. Religionen wie das Judentum und der Islam, die eine bildhafte Darstellung Gottes verbieten, haben ein breites Spektrum abstrakter Formen entwickelt, das die Facetten des göttlichen Wesens zum Ausdruck bringen soll. Symbolische Formen tauchen aber auch in der altägyptischen und in der antiken griechischen Kultur auf, ebenso in den Kulturen Nordeuropas, wo sich eine ausgeprägte religiöse Bildersprache entwickelt hat. Abstrakte Symbole wie Viereck, Kreis und Punktreihen tauchen bereits in paläolithischer Zeit auf (siehe S. 22–25).

Die Allgegenwart symbolischer Formen resultiert möglicherweise aus der Tatsache, daß sie leicht reproduzierbar und wiedererkennbar sind. Doch Symbole enthalten auch Bedeutungsebenen, die die bildhafte Darstellung nicht direkt vermittelt. Im Laufe der Zeit wurden diese einfachen Formen ausgeschmückt und weiterentwickelt, wodurch neue Bedeutungsebenen entstanden. Die anglikanische Kirche etwa erkennt mindestens fünfzig Varianten des christlichen Kreuzes als authentisch an. In der modernen Psychiatrie wird zur Behandlung von Geistes- und Gemütsstörungen häufig das Medium der Farbe verwendet, da man annimmt, daß Farben die Psyche direkt und tiefgreifend beeinflussen können. Die Symbolsprache der Farbe läßt sich am einfachsten in Relation zur Farbgebung der natürlichen Welt entschlüsseln. So wählten die chinesischen Kaiser der Han-Dynastie (206 v. Chr. bis 200 n. Chr.) die Farbe ihrer rituellen Bekleidung entsprechend dem Phänomen der Natur, an das ihr Gebet gerichtet war. Weiß trugen sie bei der Anrufung des Mondes, Rot bei der Anrufung der Sonne. Rosa wurde, entsprechend der Farbe des Sonnenaufgangs, von den Chinesen als Zeichen für kommenden Erfolg betrachtet.

Die Kombination von Formen schafft neue Bedeutungsebenen. Zwei Dreiecke mit auf- bzw. abwärtsweisender Spitze (Symbol mänlicher bzw. weiblicher Energie) bilden das Diablo, ein Symbol sexueller Vereinigung, sofern sie mit der Spitze gegeneinander gestellt werden. In ähnlicher Weise erhalten miteinander kombinierte Farben neue Konnotationen: Die Zusammenstellung von Rot mit Weiß beispielsweise bedeutet Sterblichkeit, da Blutverlust Totenblässe zur Folge hat.

Die Farben des Regenbogens
In christlicher Tradition symbolisieren die sieben Farben des Regenbogens die sieben Gaben des heiligen Geistes an die Kirche: Sakramente, Lehre, Amt, Hierarchie, Gebet und die Macht zu binden und zu lösen.

Konzentrische Kreise
Eine Reihe konzentrisch angeordneter Kreise gilt häufig als Symbol für den Kosmos. Die hier abgebildete symbolische Karte des Universums, die dem Buch *The Fine Flower of Histories* (16. Jh.) entnommen ist, zeigt die Sonne mit ihren sieben Sphären als Zentrum der Welt. Die astrologische Karte, die sich durch reiche kalligraphische Elemente auszeichnet, wurde bei Weissagungen verwendet.

Göttliche Geometrie

Manche geometrische Formen haben eine Wirkung, die tief ins Unbewußte reicht und zu feinsten Veränderungen in der Stimmung des Betrachters führen kann. Dies wird besonders in der Architektur deutlich. So empfinden Besucher antiker Stätten Griechenlands, z.B. des Parthenon, häufig eine innere Ruhe, die bisweilen Tage, ja Wochen andauert. Ähnlich rührt die erhabene Größe der aufwärtsstrebenden gotischen Kathedralen Europas an tief im Innern des Betrachters verborgene Kräfte und ruft ein Gefühl grenzenlosen geistigen Vermögens hervor.

Die naheliegende Erklärung für die psychologische Kraft abstrakter Formen liegt in deren Fähigkeit, Grundbefindlichkeiten des Menschen zu vergegenwärtigen. Eine schroffe Form mit unregelmäßigen Kanten vermittelt den meisten Menschen ein Gefühl des Unmuts oder Unbehagens, eine symmetrische runde Form hingegen ein Gefühl der Entspannung und der inneren Ruhe. Möglicherweise spiegelt sich in solchen nahezu universellen Bedeutungen bestimmter Formen die Fähigkeit des menschlichen Geistes wider, Grundmuster zu bilden. Es gilt als sicher, daß bestimmte geometrische Formen angenehmer wirken als andere: Säuglinge etwa fühlen sich von symmetrischen harmonischen Formen eher angezogen als von ungleichmäßigen.

Der Grund dafür mag in der Symmetrie des menschlichen Gesichts liegen und in dem Gefühl des Wohlbehagens, das bereits der Säugling beim Betrachten des Gesichts der Mutter oder des Vaters empfindet. Auch bei der Betrachtung lebloser Gegenstände und der Erkundung der eigenen Wahrnehmung entwickelt das Kleinkind einen elementaren Sinn für das Gleichgewicht, das sich mit der Zeit in visuelle Daten umsetzt. Unser Sinn für Geometrie mag auch in der menschlichen Natur begründet liegen, indem jeder Bewußtseinszustand durch sein Gegenteil ausgeglichen und definiert wird. Das Motiv des Gleichgewichts ist besonders evident in der symbolischen Bedeutung des Kreuzes, dem vielleicht meistverbreiteten und ältesten Symbol überhaupt. In vielen Kulturen symbolisiert das Kreuz den Kosmos: die Vertikale steht für das geistige, männliche, die Horizontale für das weltliche, erdhafte, weibliche Prinzip. An deren Schnittpunkt treffen Himmel und Erde zusammen, und das Ergebnis ihrer Vereinigung ist die Menschheit – die das Kreuz als ganzes symbolisiert.

Der Kreis
Schon in der Frühzeit wurde der Kreis zum Symbol männlicher Göttlichkeit; später wird er zum Glorienschein der Engel. Da der Kreis weder Anfang noch Ende hat, repräsentiert er das Unendliche, Vollkommene und Ewige. Häufig ist er Symbol für Gott.

Das Quadrat
Das Quadrat symbolisiert Stabilität. Auch die Bedeutung von Verläßlichkeit, Rechtschaffenheit und Sicherheit schwingt mit. In der hinduistischen Symbolik versinnbildlicht das Quadrat das geordnete Universum und den Ausgleich der Gegensätze.

Das Dreieck
Die Zahl Drei symbolisiert die Trinität. Mit der Spitze nach oben weisend, steht das Dreieck für den Aufstieg zum Himmel, für Feuer, für das aktive männliche Prinzip. Andersherum symbolisiert es die Gnade, Wasser sowie das passive weibliche Prinzip.

Die drei Reiche
In dieser Darstellung aus dem 17. Jahrhundert dienen die Grundformen von Kreis, Quadrat (oder Rechteck) und Dreieck zur Symbolisierung der Reiche Gottes, der Menschen und des Teufels. Der äußere Kreis (1) stellt Gott dar: die dreieckigen Strahlen der Schöpfung sind nach außen und innen gerichtet. Der innere Kreis (2) stellt die Welt der Engel und höheren Geister dar, die auf Gottes Befehl handeln. Die vier Dreiecke sind der Himmel (3), versinnbildlicht durch Sterne, Engel und das Symbol für den Planeten Merkur, der sich über den

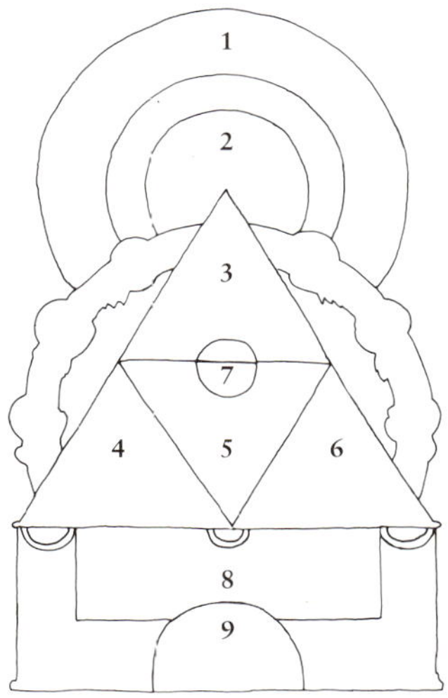

Elementen Erde (4; Schwefel, Steine und Tiere), Luft (5; Meteore, Planeten und Vögel) und Wasser (6; Metalle, Fische und Salz) erhebt. Die Menschheit wird durch den Kreis (7) dargestellt, der durch Himmel und Erde verläuft. Das Rechteck (8) unten steht für das Reich der Hölle. Der Teufel ist in dem Halbkreis (9) dargestellt, dem Symbol der Unvollkommenheit.

Die Mondsichel
Wie der Mond zum Vollmond wird und dann wieder abnimmt, so symbolisiert die Mondsichel den steten Wechsel in der Welt der Formen. Sie stellt das Neuentstandene dar sowie die magische Kraft, die die Formen verändert. Da die Mondsichel über den Nachthimmel wandert, wurde sie zum Sinnbild der Lichtbarke, die die Seele durch die Finsternis ins Licht des neuen Sonnenaufgangs trägt. Die Mondsichel ist das Emblem des Islam. In Verbindung mit einem Stern symbolisiert sie Herrschaft und Göttlichkeit.

Das buddhistische Rad des Lebens
Zu den symbolischen Bedeutungen des Kreises gehört der Kreislauf des Werdens und Vergehens, graphisch dargestellt im Rad des Lebens. Im oberen Teil des Rads befindet sich das Reich des Himmels, ihm folgen (im Uhrzeigersinn) das Reich der Titanen (die eifersüchtigen Gottheiten), der hungrigen Geister (erdverbundene Geister), der Tiere und der Menschen. Yama, der allesverschlingende Herr des Todes, hält das Rad umfaßt. Der innerste Kreis stellt die drei Täuschungen dar: diese sind symbolisiert durch den roten Hahn (Sinneslust), die grüne Schlange (Haß) und das schwarze Schwein (Unwissenheit).

Das Oval
Dies ist ein Symbol der weiblichen Genitalien und des weiblichen Prinzips. Horizontal betrachtet wird daraus das Auge, das alles sieht; am bekanntesten ist es als Auge des Horus (des ägyptischen Herrn des Himmels). In heidnischen Kulturen erscheint das Auge als Symbol des Sonnengottes, in der christlichen Ikonographie als Gottvater.

Die Swastika
Dieses weitverbreitete Symbol wird besonders von den Jaina, den Buddhisten und den Anbetern des Gottes Vishnu verehrt. In seiner Grundform ist es ein Kreuz, das um seinen Mittelpunkt rotiert. Die nach einer Richtung umbrochenen Enden des Kreuzes sollen das ausströmende Licht versinnbildlichen. Im Uhrzeigersinn kreisend symbolisiert es die männliche, entgegen dem Uhrzeigersinn die weibliche Energie. Im Jainismus stellen die vier Arme die vier Seinsstufen dar.

Das keltische Kreuz
Das keltische Kreuz, das das Kreuz mit dem Kreis verknüpft, ist viele hundert Jahre älter als das Christentum. Es symbolisiert Fruchtbarkeit, wobei das Kreuz für die männliche zeugende Energie und der Kreis für die weibliche Energie stand. Im Christentum stellt es die Einheit von Himmel und Erde dar.

Das Petruskreuz
Der Legende nach wurde der heilige Petrus mit dem Kopf nach unten gekreuzigt, da er sich unwürdig fühlte, in der gleichen Weise wie Christus gekreuzigt zu werden. Das auf dem Kopf stehende Kreuz wurde so zum Symbol der Demut. Es hat aber auch den gleichen Bedeutungsgehalt wie der umgedrehte Lebensbaum, nämlich Spiritualität.

Das Henkelkreuz (Anchkreuz)
Dieses in der Symbolik des alten Ägypten zentrale Zeichen hat eine ähnliche Bedeutung wie das keltische Kreuz, war aber außerdem Symbol des Schlüssels, der die Geheimnisse von Himmel und Erde erschließt. Es verbindet das Symbol des Osiris (das *Tau*- oder T-förmige Kreuz) und das Symbol der Isis (das Oval), und ist so ein Sinnbild der Unsterblichkeit.

Das Rosenkreuz
Dieses Symbol erinnert ebenfalls an das keltische Kreuz, seine ursprüngliche Bedeutung ist außerdem mit der Zeugungs- und Schöpferkraft verknüpft. Nach dem esoterischen Verständnis der Rosenkreuzer symbolisiert es das Blut Christi, das am Kreuz vergossen wird, sowie die sieben Stufen der Initiation: siebenmal sieben Blütenblätter, aus denen die Rose besteht.

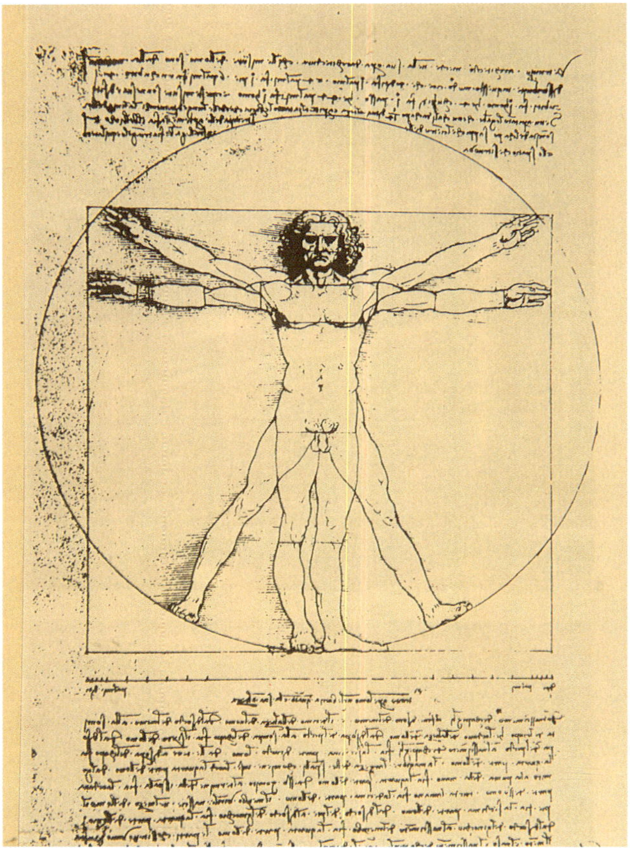

Der Universalmensch
Die Form des menschlichen Körpers besitzt eine starke Symbolkraft. Selbst die Götter werden zumeist in menschlicher Gestalt dargestellt, und in der Bibel heißt es, Gott habe den Menschen »nach seinem Bild« geschaffen. Der menschliche Körper galt als Spiegelbild oder Mikrokosmos des Universums.

Das Siegel Salomos
Dieses sehr alte Symbol, das uns auch in den Schriften und Praktiken der Magier begegnet, ist eng verknüpft mit der jüdischen Mystik – daher auch seine Bedeutung als Stern Davids. Das mit der Spitze nach oben weisende Dreieck (Feuer und männliche Energie) verbindet sich mit dem nach unten weisenden Dreieck (Wasser und weibliche Energie) zum Ausdruck vollkommener Harmonie. Die horizontale Linie des einen Dreiecks überschneidet die des anderen genau unterhalb von dessen Spitze, in die jeweils die Symbole von Luft und Erde einbeschrieben sind. Das Siegel Salomos stellt also die vier Elemente dar, die, mit der Zahl Drei kombiniert (dem Dreieck), die magische Zahl Sieben ergeben. Da jedoch das Hexagramm nur sechs Spitzen hat, wird die siebte als unsichtbar gedacht; sie stellt das spirituelle Element der Wandlung dar und erscheint dem inneren Auge des Magiers bei seiner Betrachtung des Hexagramms.

Das Auge als geometrische Grundform
Zusätzlich zum Symbolgehalt des Ovals (siehe S. 57) besitzt das Auge weitere Bedeutungsebenen. Das hier abgebildete Detail eines arabischen Manuskripts aus dem 18. Jahrhundert zeigt das Auge als Oval, in das zwei Kreise einbeschrieben sind. Der innere umschließt ein Mandala der göttlichen Weisheit: Das Auge bringt die äußere Welt nach innen, kann aber auch die innere auf die äußere Welt projizieren. Mythische Gestalten wie die Medusa (siehe S. 82) besaßen die Kraft, ihre Absichten durch ihren Blick zu übermitteln – den »bösen Blick«.

Das Pentagramm
Da das Pentagramm oder der Fünfstern wie der Kreis weder Anfang noch Ende hat, ist es ein Symbol der Vollendung und Ganzheit. Seine Zacken versinnbildlichen die vier Elemente sowie die Spiritualität. Aufgrund dieser doppelten Bedeutung wurde dem Symbol die Kraft zugeschrieben, böse Geister zu bannen – so wurde es zum wichtigen Hilfsmittel der Magier.

Der Stupa
Ursprünglich als Schrein für die Reliquien Buddhas oder seiner Schüler gedacht, wurde der Stupa bald zum allumfassenden Symbol. Die quadratische Basis stellt die Erde dar, der Kreis das Wasser, das Dreieck das Feuer, der Halbkreis die Luft und die Flamme den Äther. Durch diese nach oben hin durchlässiger werdenden Schichten der Materie strömt Energie, die sich schließlich in Spiritualität verwandelt.

Das dreifache keltische Quadrat
Dieses alte keltische Symbol stellt das menschliche Bewußtsein dar. Das äußerste Quadrat ist jener Bereich des Geistes, der sich mittels der Sinne auf die physische Welt bezieht. Das innerste Quadrat stellt das Unbewußte dar, durch das Visionen von Göttern und anderen Welten eindringen; und das mittlere Quadrat ist jener Teil des Bewußtseins, der für die physische wie auch für die spirituelle Welt empfänglich ist.

Die Pyramide
Die Pyramide, das sinnfälligste dreidimensionale Symbol, stellt die Weltachse dar. Die Spitze symbolisiert den höchsten Punkt geistiger Vollendung, die Pyramide selbst den Aufstieg des Menschen über die verschiedenen Stadien der Erleuchtung. In der Antike waren die Pyramiden wohl der Ort, an dem die Initiation in Mysterienkulte stattfand. Der Adept wurde dabei symbolisch durch die Pforten des Todes ins Jenseits geführt, aus dem er als Verwandelter wieder zurückkehrte.

Mandalas und Yantras

In Mandalas und Yantras, die in der indischen und tibetischen Ikonographie ihre sinnfälligste und komplexeste Form gefunden haben, ist der Symbolwert der geometrischen Formen am stärksten ausgeprägt. Diese Diagramme sind nicht nur sakrale Kunstwerke, sondern werden auch für die Tiefenmeditation verwendet. Jede dieser hochkomplexen Formen ist im wesentlichen eine Beschreibung des Universums und der Kräfte und Götter, die in ihm wirken. Durch die Versenkung in das Symbol und durch die geistige Konzentration auf dessen Mitte werden dem Meditierenden tiefere Bedeutungsebenen zugänglich.

Am häufigsten werden in Mandalas und Yantras die geometrischen Figuren Kreis, Quadrat und Dreieck verwendet. Kombinationen dieser Figuren ergeben oft außergewöhnliche visuelle Effekte; sie vermitteln die Vorstellung, alles, was existiert, sei ein Zusammentreffen von Energiefeldern, vergleichbar dem Regenbogen, der nur entsteht, wenn Sonnenstrahlen und Wasser sowie die visuelle Energie des Beobachters zusammentreffen. Durch Versenkung in die Yantras wird der Geist allmählich fähig, jenes Beziehungsgeflecht zu »entwirren«, das eine Beständigkeit der äußeren Welt vortäuscht.

Zwischen Mandalas und Yantras gibt es strenggenommen keine Unterschiede; doch enthalten Mandalas gewöhnlich Schriftbilder oder menschliche Gestalten (in Form von Buddhas, Bodhisattvas oder mit ihnen verbundenen Gottheiten), während Yantras vorwiegend geometrische Muster aufweisen. Yantras werden für fortgeschrittenere Stufen der Meditation verwendet, da sie Wirklichkeiten jenseits der physischen Formenwelt darstellen. Psychologen haben beobachtet, daß in therapeutischer Behandlung mandalaähnliche Figuren häufig auch von Patienten gezeichnet werden, die mit östlicher Mystik nie in Berührung gekommen sind – ein Hinweis auf unbewußtes universales Wissen.

Om Mani Padme Hum (»Gepriesen sei das Juwel im Lotos«)
Die eiförmigen Formen stellen die Blütenblätter eines Lotos dar: ihnen einbeschrieben sind die tibetischen Symbole für das Mantra *Om Mani Padma Hum*. Im inneren Kreis steht das Symbol für die Erleuchtung. Der Meditierende soll sich auf die Öffnung des »inneren Lotos« konzentrieren, in dem das Juwel des Selbst verborgen ist.

Das Sri-Yantra
Dieses Yantra ist ein Hilfsmittel für die Meditation. Sein Muster, das von innen nach außen immer komplizierter wird, hilft dem Betrachter, symbolisch auf den Augenblick der Schöpfung zurückzublicken: auf die Schöpfung des Universums wie auch auf jene Schöpfungsakte, durch die der Geist unaufhörlich die äußere Welt ins Leben ruft.

Avalokiteshvara
Dieses nepalesische Mandala stellt Avalokiteshvara, den Bodhisattva des Erbarmens, mit acht Armen dar, die jeweils ein Symbol seiner Hinwendung zu den Menschen halten. Ein Bodhisattva ist ein erleuchtetes Wesen, das seine Erlösung im Nirwana so lange aufgeschoben hat, bis alle Wesen erlöst sind. Avalokiteshvara symbolisiert die barmherzige Seite der menschlichen Natur, die durch Meditation des Mandala erweckt werden kann. Sein Geist gilt als wiedergeboren im Dalai Lama, dem geistigen und weltlichen Oberhaupt der Tibeter.

Irrgärten, Labyrinthe

Irrgärten und Labyrinthe übten auf die Menschheit seit jeher eine ungeheure Faszination aus. Sie tauchen bereits in der Symbolwelt der alten Ägypter und in den frühen Mittelmeerkulturen auf. Das Motiv des Irrgartens findet sich auch in keltischen Darstellungen aus vorchristlicher Zeit, ebenso bei den Indern und Tibetern; später tauchte es dann im christlichen Mittelalter wieder auf und fand sich in Kirchen auf Fußboden, Wand oder Säule angebracht. In vielen dieser Kulturen spiegelt der Symbolgehalt des Labyrinths die Vorstellung einer inneren Reise durch die verschlungene und widerspruchsvolle Welt des Geistes, die den Suchenden schließlich ins Zentrum und zur Erkenntnis seines tiefsten Wesens beziehungsweise zum Glauben führt.

Das Labyrinth kann aus Ufern, Hecken und anderen geeigneten Begrenzungen gebildet oder einfach auf den Boden gezeichnet oder auch als Deckengemälde gestaltet sein. Nicht alle Labyrinthe stellen ein Rätsel dar: sogenannte einwegige Labyrinthe besitzen einen einzigen verschlungenen Gang zum Zentrum, und man kann sich nicht verirren. In frühen europäischen Kulturen waren solche Labyrinthe häufig Schauplatz ritueller Tänze: Die Mitglieder einer Gemeinschaft faßten sich an den Händen und betraten hintereinander das Labyrinth. Diese gemeinsame Erfahrung diente dazu, den sozialen Zusammenhalt zu stärken. Hingegen ist der Weg durch ein mehrwegiges, verworrenes Labyrinth eine Herausforderung an den einzelnen, da die Gefahr besteht, sich zu verirren. Es symbolisiert, in welcher Weise sich der menschliche Geist bei seinem Bemühen, den Weg zum Ursprung seines Seins zu finden, verwirren und auf Abwege geraten kann.

Für die alten Ägypter symbolisierte das Labyrinth möglicherweise den gewundenen Pfad, den die Toten mit Isis als Begleiterin und Osiris als Richter in die Unterwelt zurücklegen mußten. In einer Abstraktion dieser Vorstellung stellte das Labyrinth die geheimnisvolle, weibliche und kreative Kraft dar, die einerseits als Lebenspenderin und andererseits, in Gestalt der Königin der Finsternis und der Nacht, als Bringerin des Todesschlafs galt.

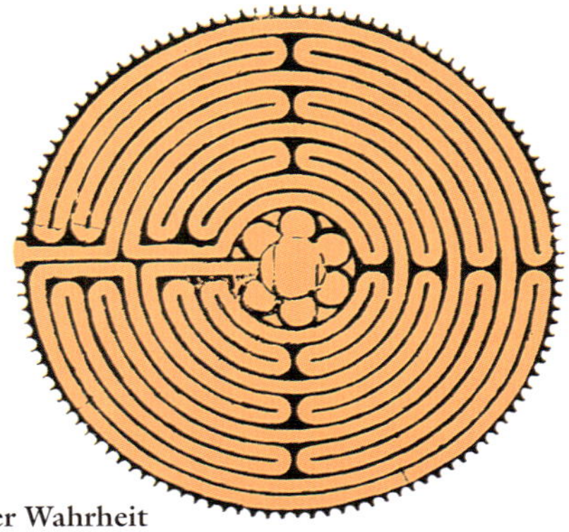

Der Weg der Wahrheit
Im Christentum galt das Labyrinth zunächst als Symbol des Pfades der Unwissenheit und Gottesferne; im 14. Jh. gewann es seine positive Bedeutung als wahrer Weg des Glaubens zurück und wurde häufig in der Architektur verwendet; so auf dem Fußboden der Kathedrale von Chartres (oben) und in der Deckenbemalung des Palazzo Ducale in Mantua (rechts).

Die Uhr im Zentrum des Labyrinths
Als Inbegriff der Ausweglosigkeit und Ruhelosigkeit, bis das Zentrum (das ewige Leben) erreicht ist, ist das Labyrinth Symbol für das Verstreichen der Zeit. Menschliches Leben ist von der Zeit bestimmt, und wohin wir uns auch wenden, es gibt kein Ziel außer dem Zentrum, dem Symbol der mystischen Rückkehr in den Mutterschoß.

Das Labyrinth des Minotaurus
Das Paradebeispiel eines mehrwegigen Labyrinths ist das Labyrinth von Kreta, in dem Theseus den Minotaurus besiegte. Theseus ist der Reisende, der, von göttlichem Instinkt geleitet – symbolisiert in einem goldenen Faden –, das Labyrinth des Lebens durchschreitet und die animalische Seite seines Wesens überwindet.

Pfade
Das Labyrinth taucht häufig im Traum auf, oft in Form von verschlungenen Wegen, die durch einen Wald oder eine fremde Stadt führen und Angst und Verwirrung auslösen. Das hier abgebildete Labyrinth versinnbildlicht die Verwirrung und Unentschlossenheit des Träumenden angesichts mehrerer als unsicher erachteter Wahlmöglichkeiten.

Zahlen und Klänge

Zahlen sind weit mehr als ein geeignetes Meßinstrument der physischen Welt. In vielen Kulturen werden sie als grundlegendes Organisationsprinzip des Universums betrachtet. Das Leben der Tiere und Pflanzen, die Jahreszeiten und die Bewegungen der Planeten beruhen auf numerischen Verhältnissen und Gesetzen; ebenso die Gestalt von Kristallen und die Harmonie der Musik. Zahlen werden als Grundprinzip der Schöpfung angesehen und gelten deshalb als Symbol der Vollendung und des Göttlichen. Im griechischen und hebräischen Alphabet wurde jedem Buchstaben eine Zahl zugeordnet, und dem numerischen Sinn eines Namens oder eines Satzes wurde große Bedeutung zugeschrieben. Die Vorstellung, alles könne in Form von Zahlen ausgedrückt werden, lebt heute noch in der weissagenden Pseudowissenschaft der Numerologie weiter.

Der Klang ist eine beziehungsreiche und damit kreative Erfahrung. In vielen Kulturen wird den Göttern die Macht zugeschrieben, Klänge zu erzeugen: entweder mit natürlichen Mitteln wie Wind, Wasser und Tieren oder mit Musikinstrumenten. Im Mythos kann der Klang verzaubern (wie die Stimmen der Sirenen) oder zerstören (das Geräusch, durch das Josua die Mauern Jerichos zum Einsturz brachte). Zahlreiche Schöpfungsmythen handeln vom Klang, der die urzeitliche Stille erschüttert und die Welt ins Dasein ruft.

Drei
Die Zahl Drei liegt allen Aspekten der Schöpfung zugrunde: Geist, Körper und Seele; Geburt, Leben und Tod; Vergangenheit, Gegenwart und Zukunft. Die Dreiheit taucht in vielen Religionen als Ausdruck der Einheit in der Vielfalt auf. Die drei oben abgebildeten Magier symbolisieren die Göttlichkeit, Würde und das Opfer Christi.

Vier
Die Zahl für die Menschheit wird mit Vollständigkeit in Verbindung gebracht: vier Elemente, Himmelsrichtungen, Jahreszeiten und Menschenalter. Für die Chinesen war die Vier die Zahl der Erde.

Sieben
Die Summe aus den Zahlen Drei (die Göttlichkeit) und Vier (die Menschheit) steht für den Makrokosmos und den Mikrokosmos und drückt die Beziehung zwischen Gott und den Menschen aus. Die Welt wurde in sieben Tagen erschaffen, es gibt sieben Todsünden, die den Menschen von Gott entfernen, und sieben Stadien der Initiation (sieben Himmel), durch die wir zu Gott zurückkehren. Sieben war auch die dem griechischen Gott Apollon und der babylonischen Göttin der Fruchtbarkeit, Ischtar, geweihte Zahl.

Neun
Die heilige Zahl Drei multipliziert mit sich selbst ergibt die Neun, die unzerstörbare Zahl der Vollendung und Ewigkeit. Neun wird mit dem Kreis, dem Quadrat und den Dreieck in Verbindung gebracht. Für die Chinesen war die Neun die himmlische Macht, eine glückbringende Zahl, und es gab neun große soziale Gesetze und neun Klassen von Beamten. Im Hinduismus entstand aus neun Quadraten das 81-quadratige Mandala, das Symbol des Universums, das zur Weissagung und bei astrologischen Berechnungen verwendet wurde.

M
Der Buchstabe »M« steht für die Einheit von Mann und Frau, die hier im Schutz seiner Bögen dargestellt sind.

Om
Der Laut »Om« (ausgesprochen aa-uu-mm) gilt den Hindus als der Laut, durch den die Schöpfung ins Dasein kam.

Das Mantra
In Hinduismus und Buddhismus ist das Mantra ein heiliger Laut, der eine bestimmte göttliche Energie zum Ausdruck bringt. Mantras können laut gesprochen oder auch nur im Geist artikuliert werden. Bei der Initiation bestimmter Sekten flüstert der Guru dem Adepten das Mantra ins Ohr.

Farben

Die Farben gehören zu dem Bereichen des täglichen Lebens, in denen der Symbolgehalt besonders deutlich zutage tritt. Farben wirken direkt auf unsere Gefühle und besitzen anregende oder beruhigende, aufheiternde oder deprimierende Wirkung. Psychologen meinen, die Wirkung der Farben auf den menschlichen Geist beruhe auf deren Verbindung mit der natürlichen Welt (blauer Himmel, rotes Blut, goldene Sonne usw.); Okkultisten wiederum bringen die Sieben Farben des Spektrums mit der magischen Zahl sieben und mit der musikalischen Notenskala in Verbindung. Auf einer tieferen Ebene symbolisiert die Farbe eine kreative Kraft des Lebens, und der Tod wird mit Schwarz bzw. Weiß in Verbindung gebracht – beides Nicht-Farben.

Die Symbolik der Farben kann auch deren praktische Verwendung beeinflussen. So wird etwa in der Wappenkunde die Farbe Schwarz als Farbe der Weisheit – im Sinn der Kabbala – interpretiert.

Trotz individueller Unterschiede in der Bewertung von Farben (Lüscher-Farbtest und »Farbpyramide« nach Pfister-Heiß dienen diagnostischen Zwecken) sind ihnen kulturell verbindliche Ausdruckswerte zugeordnet.

Rot
Die Farbe Rot, die die Lebenskraft der animalischen Welt darstellt, steht für die Energie des Körpers, die Farbe, die bei starker emotionaler Erregung das Gesicht erglühen läßt. Rot ist die Farbe des Krieges und des Kriegsgottes Mars sowie die Farbe Jupiters, des höchsten römischen Gottes (links). Es ist die Farbe der Männlichkeit und Tatkraft. Für die Chinesen ist Rot glückverheißend, für die Christen ein Zeichen für die Passion Christi.

Gold
Gold, die Farbe der Sonne, ist das Symbol der Erhabenheit und des göttlichen Prinzips, das in der Materie zum Ausdruck kommt. Für die Ägypter war diese Farbe mit dem Sonnengott Re verbunden sowie mit Getreide. Für die Hindus ist sie das Symbol der Wahrheit. Die Griechen betrachteten die Farbe Gold als Symbol der Vernunft und der Unsterblichkeit, im Mythos dargestellt durch das Goldene Vlies (rechts), das Jason am Baum des Lebens fand.

Blau
Blau ist die Farbe des Intellekts, des Friedens und der Kontemplation. Blau stellt Wasser und Kühle dar und symbolisiert den Himmel, die Unendlichkeit sowie die Leere, aus der die Existenz entsteht und zu der sie zurückkehrt. Für die Christen ist Blau die Farbe der Jungfrau Maria als der Königin der Himmels (rechts) und steht für Glaube, Treue und das Wasser der Taufe. Die alten Griechen und Römer schrieben Blau der Venus zu, der Göttin der Liebe.

Grün
Grün steht für die Welt der Empfindungen, aber auch für die Natur. Es handelt sich um eine mehrdeutige Farbe, da sie auch mit der Eifersucht in Verbindung gebracht wird. Eine positive Deutung enthält die Verbindung mit *Tir Nan Og,* der keltischen Insel der Seligen (oben).

Schwarz
In der westlichen Welt gilt Schwarz als das Symbol von Tod, Trauer und Unterwelt. Die schwarze Katze (oben) als Glücksbringerin ist eine relativ moderne Vorstellung. Für die Hindus stellt Schwarz die Zeit und die zerstörende Göttin Kali dar, für die Ägypter Wiedergeburt und Auferstehung.

Weiß
Weiß steht für Unschuld, Reinheit, Jungfräulichkeit und die Transzendenz, aber auch für die Totenblässe. Im Orient ist es die Farbe der Trauer. Für die Tibeter ist Weiß die Farbe des Bergs Meru, dem Berg im »Zentrum der Welt« (oben), und weist auf die Erleuchtung hin.

Violett
Diese Farbe, die die Macht der Farbe Rot mit der Heiligkeit und Weisheit der Farbe Blau verbindet, ist die mystische Farbe par excellence. Als Konzentrationspunkt der Meditation kann sie das Bewußtsein in höhere Regionen hinauftragen. Violett bedeutet auch Trauer und Schmerz. Rechts ist die Nymphe Echo, die sich in Liebe nach Narziß verzehrt, in Violett gekleidet dargestellt.

Gelb
Gelb oder Goldgelb bedeutet Verrat und Treuebruch. Eine gelbe Fahne wurde in der westlichen Welt benutzt, um Krankheit und Ansteckungsgefahr zu signalisieren. In China aber war es die Nationalfarbe, die heilige Farbe des Kaisers (rechts) und der Mitte.
Für die Buddhisten ist Gelb die Farbe der Demut – daher auch die safrangelben Mönchskutten.

Gegenstände

Gegenstände sind, als Teil der materiellen Welt, oft mit einer ganz bestimmten Bedeutung behaftet; sie überspannen den Graben zwischen der sprachlich nicht oder kaum vermittelbaren inneren Realität, die sich jeder Mensch intuitiv und aufgrund seiner Erfahrung aufbaut, und der äußeren Welt der Formen. Die tiefste symbolische Bedeutung besitzen jene Gegenstände, die Grundbedürfnisse des Menschen widerspiegeln: Nahrung, Sexualität, Konflikt und das Göttliche.

Die frühesten uns bekannten Skulpturen, die Venusstatuetten aus dem Paläolithikum (siehe S. 25), waren vermutlich Fruchtbarkeitstalismane. Mit Hilfe dieser Amulette (viele sind von den häufigen Berührungen ganz glatt und abgenutzt) flehten unsere Vorfahren die Geister der Geburt und der Erneuerung an. Solche Talismane gibt es in fast allen Kulturen, und in der westlichen Welt leben sie bis heute in Form von Glücksbringern weiter. Talismane sind gewöhnlich Darstellungen von Göttern oder Göttinnen und sollten diese unablässig an die Existenz des Flehenden erinnern. Gleichzeitig sind Talismane auch Verkörperungen göttlicher Mächte und können den Verlauf der Ereignisse beeinflussen. Die spirituelle Bedeutung anderer Gegenstände liegt in ihrer Eigenschaft als Hilfsmittel für Gebet und Meditation. Mit dem Drehen der buddhistischen Gebetsmühle zum Beispiel wird das Gebet oder Mantra vorgetragen, das darauf geschrieben steht. Ähnlich geben die Perlen des christlichen Rosenkranzes und das *mala* der Muslime dem Gebet des Gläubigen eine Struktur. Die Perlen haben den gleichen Symbolgehalt wie der Kreis (siehe S. 54), aber auch ihre Anzahl trägt eine Bedeutung. So stehen etwa die 99 Perlen des islamischen *mala* für die Namen Gottes; die hundertste Perle aber repräsentiert den Namen, den man erst im Paradies erfährt.

Dem Handwerker kommt die Rolle eines Schöpfers zu. Im Glauben, das Werk enthalte die Energie seines Schöpfers, versenkten sich die Handwerker früherer Zeiten häufig in Meditation und vollzogen Reinigungsrituale. Diese Praxis ist heute noch bei japanischen Schmieden lebendig, die zeremonielle Waffen anfertigen.

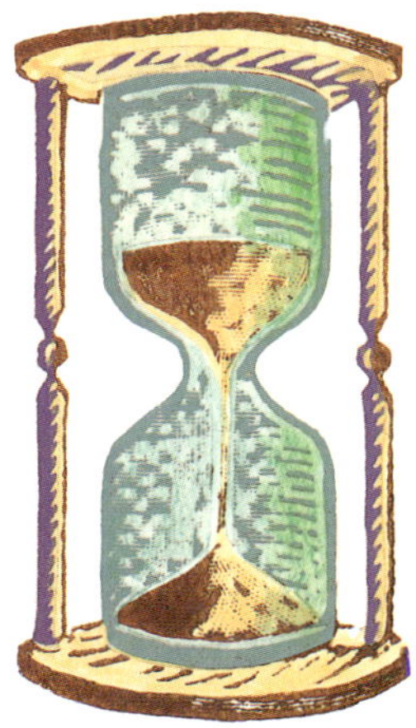

Das Stundenglas
Ein Symbol der Sterblichkeit und der vergehenden Zeit. Das Stundenglas steht aber auch für den zyklischen Charakter des Seins (da es immer wieder umgedreht werden muß) und für die himmlische Gnade, die auf die Erde herabkommt.

Der Gral und die Tafelrunde
In der mittelalterlichen christlichen Tradition symbolisiert der runde Tisch das Universum, die Totalität und Vollkommenheit. Der heilige Gral (der Kelch, den Christus beim Letzten Abendmahl benutzte und in den später sein Blut floß) steht im Mittelpunkt dieses Zeichens der Ganzheit und ist der Schlüssel zur Erlösung.

Königswürde, Amt, Weihe

Amtszeichen besitzen einen starken Symbolgehalt und sind Ausdruck von Status, höherem Wissen, Zugang zu verborgenen Kräften, Wohlstand und Reichtum oder einer weltlichen bzw. spirituellen Macht. Sie tragen zur Mystifizierung der Inhaber hoher Positionen bei und führen die Distanz des Trägers zu den gewöhnlichen Sterblichen vor Augen.

Von starker Symbolkraft ist der Schlüssel, der auf den Status eines Eingeweihten verweist; er ist ein Attribut des Papstes wie des doppelgesichtigen römischen Gottes Janus, in dessen Macht es stand, den Menschen an die Götter zu binden, aber auch, ihn von seinem niederen Selbst zu befreien. Der Hirtenstab des Osiris und der ägyptischen Könige sowie – metaphorisch – bei Christus signalisiert Führerschaft und Schutz. Der Dreschflegel, ebenfalls ein Attribut des Osiris, symbolisiert den (göttlichen) Richterspruch und existiert in Form der Fliegenklappe afrikanischer Stammeshäuptlinge bis heute fort.

Das Taufbecken
Die Taufe ist eine symbolische Reinwaschung von Sünden – die Wiedergeburt im Fluidum des Schoßes der Erdmutter. Taufbecken sind oft achteckig (die Zahl für Erneuerung). Sie stehen am Westportal der Kirche und symbolisieren den Beginn des christlichen Lebens.

Der Thron
Als Symbol des Königtums, der Weisheit und Göttlichkeit kann der Thron für die Beziehung zwischen Gott und Mensch stehen. Im Buddhismus und im orthodoxen Christentum symbolisiert der leere Thron den Allerhöchsten, dessen Glanz nicht dargestellt werden kann.

Das Familienwappen
Das Familienwappen hat seinen Ursprung im 12. Jahrhundert, wo es als Erkennungszeichen in der Schlacht diente. Später symbolisierte es Namen, Amt und Ehrentitel seines Trägers. Die Gestaltung der Waffen ist strengen Regeln unterworfen: nur bestimmte Farben und Symbole (oder Wappenbilder) sind erlaubt, und der Status des Trägers – Junggeselle, Ehemann, Erstgeborener usw. – wird ebenso durch Kodifizierung sichtbar gemacht. Der Schild ist der älteste und wichtigste Bestandteil eines Familienwappens; der Helmbusch und die Wappenhalter (häufig Tiere) kamen im 14. Jahrhundert dazu.

Die Öllampe
In der griechisch-römischen und später in der christlichen Welt war die Salbung mit Öl ein Symbol für Weihe, Hingabe und Weisheit.

Die Krone
Ihre runde Form symbolisiert Vollkommenheit und Unendlichkeit, und ihre alles überragende Größe weist auf Majestät und Würde hin. Eine goldene Krone steht für die männliche Kraft der Sonne, eine Silberkrone für die weibliche Kraft des Mondes. Die Jungfrau Maria (die Königin des Himmels) trägt eine Sternenkrone.

Der Reichsapfel
Der Reichsapfel, den der Monarch bei der Krönung in der Hand hält, repräsentiert die irdische, das Kreuz darauf die geistige Macht. Reichsapfel und Zepter stehen für die Herrschaft über weibliche und männliche Kräfte, und damit für alle schöpferischen Energien der materiellen Welt.

Die Schwertlilie
Die dreifache Lilie, ein Emblem der Könige von Frankreich, steht für die Würde, die Schöpfung und das Königtum Gottes. Die Lilie symbolisiert aber auch die dem Menschen eigene Einheit von Geist, Körper und Seele.

Krieg und Frieden

Die Bedeutung von Krieg und Frieden für den Menschen spiegelt sich in einer reichen Symbolsprache wider. Der Krieg wird gewöhnlich als verheerende Störung des Gleichgewichts, als Verstoß gegen die Schönheit oder als Hölle auf Erden dargestellt. Der Friede wird als heilend und fruchtbringend betrachtet, da die verwüsteten Länder wieder bebaut und die Kriegswaffen zu konstruktiven Zwecken umgerüstet werden können. Doch diese Auffassungen haben keineswegs universelle Gültigkeit. So kann der Krieg auch als Kreuzzug, als kathartischer Prozeß oder als Sieg des Guten über das Böse betrachtet werden und der Friede als Zeit der Trägheit und Selbstgefälligkeit oder des Verfalls jugendlicher Lebenskraft. Auf pyschologischer Ebene bedeutet der Krieg geistige Unruhe und Kampf zwischen dem Verlangen des Fleisches und den Geboten des Geistes. Er steht auch für die destruktiven Kräfte der Geisteskrankheit und der psychischen Spaltung. Aufgrund seiner Gleichsetzung mit aggressiver Energie symbolisiert der Krieg auch Männlichkeit (in allen Kulturen sind die Kriegsgötter vorwiegend männlichen Geschlechts) oder den Übergang zum Mannesalter, der Friede hingegen geistige Reife und die Versöhnung der Gegensätze. Da er mit der passiven, empfangenden Energie in Verbindung gebracht wird, steht er bisweilen für die weibliche Kraft, die das Leben gebiert und ernährt.

Waffen wurden häufig mit Symbolen verziert, um ihre Macht zu steigern. Im Christentum hatte der Schwertgriff die Form eines Kreuzes, und Sturmböcke waren oft mit einem geschnitzten Widderkopf versehen. Ähnlich symbolisierten die beiden Köpfe der Streitaxt göttliche und irdische Kraft. Waffen und Truppen wurden immer wieder vor der Schlacht gesegnet, und ein Knappe betete, bevor er zum Ritter geschlagen wurde, eine ganze Nacht lang vor dem Altar, wobei Waffen und Rüstung zu seinen Füßen lagen, damit sie am Morgen für den Gebrauch geweiht waren, wie der Knappe selbst sich der göttlichen Vorsehung anvertraut hatte.

Taube und Olivenzweig
Ein Symbol für das Ende der Sintflut, denn eine Taube brachte Noah einen Olivenzweig. Die Taube, die für den Heiligen Geist steht, ist das Zeichen des Friedens.

Der Kriegsgott Mars
Mars ist hier in einem Streitwagen dargestellt. Der Monat März, in dem die Armeen nach der Winterpause mobilisiert wurden, ist nach ihm benannt.

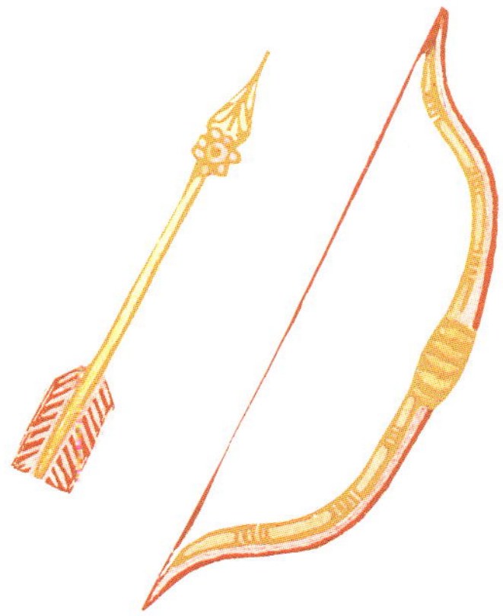

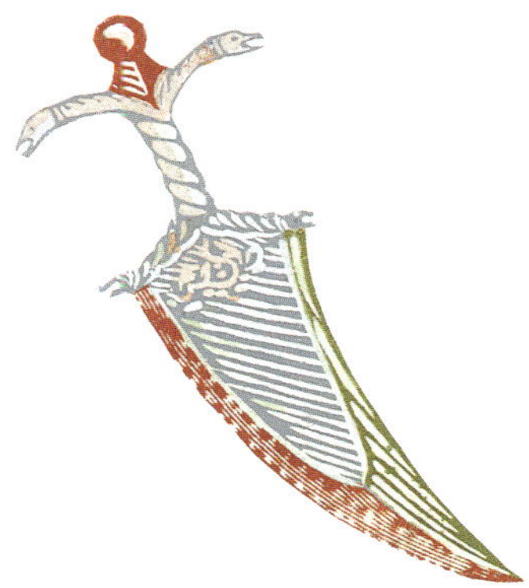

Die Apokalypse
Die vier apokalyptischen Reiter, wohl die bekannteste Darstellung der Apokalypse, sind im Laufe der Jahrhunderte auf die verschiedenste Art und Weise bildlich umgesetzt worden. Albrecht Dürers Holzschnitt *Die apokalyptischen Reiter* (oben) aus dem Zyklus *Die Apokalypse* (1498) zeigt den Krieg mit dem Schwert, den Eroberer mit dem Bogen, und von einem Engel begleitet, den Hunger mit der Waage sowie den auf einem kränklichen, ausgezehrten Pferd reitenden Tod mit einem Dreizack.

Die Kriegswaffen
Wie der Krieg selbst, so können auch Waffen Symbole mit positiver Bedeutung sein. Das Schwert steht häufig für Gerechtigkeit und Autorität, Pfeil und Bogen für Sonnenlicht und Liebesschmerz, der Dolch für den Phallus und Männlichkeit.

Musikinstrumente

Musik und Gesang rufen einen tieferen Bewußtseinszustand, ja sogar mystische Erfahrungen hervor. Die Musik wurde mit dem Urklang verglichen, durch den das Universum geschaffen wurde, und in vielen Geheimlehren heißt es, daß die sieben Stufen der Grundtonleiter (und die sieben Farben des Spektrums) den sieben Strahlen entsprechen, die das Sein erhalten. Die Musik symbolisierte also die Ordnung und Harmonie der Schöpfung; und so war es naheliegend, mit ihrer Hilfe die Götter zu beschwören. Im Hinduismus galten Musikinstrumente als Wohnsitz Lakshmis, der Gemahlin Vishnus, und die Töne sowie der Klang der verschiedenen Instrumente symbolisierte die erleuchtete Seele.

Die Leier
Am bekanntesten ist die Leier als Symbol des Orpheus, dessen Musik die Vögel auf den Bäumen bezauberte; doch sie ist auch das Attribut des Apollon, des Gottes der Weissagung, der Weisheit und Mäßigung.

Die Trommel und der Tanz
Der Glaube, daß in Rhythmus und Tanz der göttliche Schöpfungsprozeß nachgeahmt wird und mit ihrer Hilfe der Mensch näher an seine instinktive Seite herangeführt wird, ist weit verbreitet. Erwähnenswerte Beispiele sind der ungehemmte Tanz der Bacchantinnen (Gefolge des Weingottes Bacchus) und die stilisierten hinduistischen Tempeltänze, bei denen jede Geste peinlich genau festgelegt ist. Der Tod wird häufig als fiebriger Tanz dargestellt.

Die Harfe
Der keltische Gott Daghda rief mit einer Harfe die Jahreszeiten herbei. Die Harfe symbolisiert auch den Übergang ins Jenseits.

Das Horn
Der Klang des Horns kündigt das Ende der Welt oder, wie in der jüdischen Tradition, das Nahen eines Feindes an.

Knoten, Kordeln, Ringe

Knoten, Kordeln und Ringe, die die Bindung zwischen Menschen oder Gegenständen symbolisieren, können Gefangenschaft und Einschränkung bedeuten, aber auch Einheit und Initiation. Die heilige Kordel des hinduistischen Brahmanen zum Beispiel steht für die Verbindung mit Brahma, dem Absoluten; im Buddhismus heißt es dagegen, die Sterblichen seien an das Rad der Wiedergeburt »gefesselt«. Knoten können ähnlich dem Labyrinth für den langen und mühevollen Weg zur Erleuchtung stehen. Der Ring wiederum ruft die Vorstellung von Schutz, Ewigkeit und Absolutheit hervor.

Die Spirale
Die Menschen der Frühzeit glaubten, daß die physische und die spirituelle Energie spiralförmig fließen. Die Spirale repräsentiert sowohl Sonnen- als auch Mond-, männliche wie weibliche Energien.

Der Zopf
Als Symbol für das Bündnis zwischen Gott und den Menschen ist der Zopf Bestandteil der christlichen Kunst und Architektur. Dieser Dachbossen stammt aus der Southwark Cathedral in London.

Der Knoten ohne Enden
In der keltischen, chinesischen und hinduistischen Kunst steht der Knoten ohne Enden für Kontinuität, langes Leben und Ewigkeit. Häufig ist er auch als Muster auf Brautkleidern und Juwelen zu finden.

Der Faden des Lebens
Im griechischen Mythos spinnen, messen bzw. schneiden die drei Schicksalsgöttinnen Clotho, Lachesis und Atropos den Faden des Lebens und herrschen somit über das Schicksal des Menschen von der Wiege bis zum Grab.

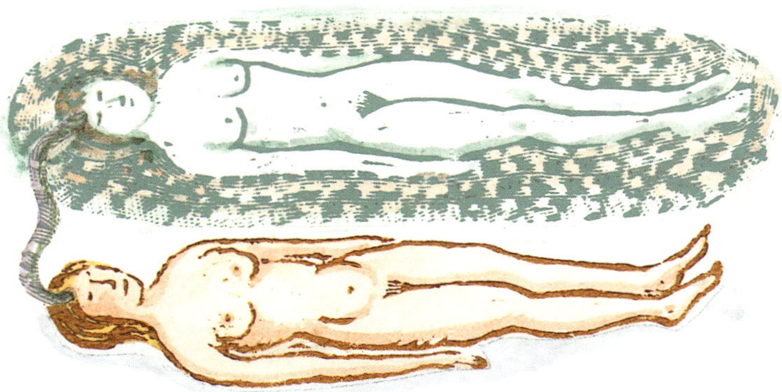

Die Seidenschnur
In okkulten Traditionen herrscht die Vorstellung, der Astralleib sei durch eine Seidenschnur mit dem physischen Leib verbunden. Im griechischen Mythos wird das Unsichere der Existenz durch ein einzelnes Haar symbolisiert, an dem das Damoklesschwert hängt.

Bauwerke

Seit der Jungsteinzeit dient die Architektur den emotionalen und spirituellen wie den praktischen Bedürfnissen des Menschen. Bauwerke lassen sich gewissermaßen als eine Chronik des Selbstverständnisses wie der Weltsicht des Menschen lesen und spiegeln seine höheren Ansprüche wider. Die Dimensionen vieler Gebäude, insbesondere der Sakralbauten, sind stark von der symbolischen Bedeutung der Formen geprägt. Die Baumeister glaubten, durch die Einhaltung geometrischer Regeln würde das Bauwerk mit göttlicher Macht ausgestattet.

Viele Religionen betrachten den Körper als Tempel des Geistes und Werk eines göttlichen Bildners. Die Formen des menschlichen Körpers, die als Spiegel des Makrokosmos galten, dienten als Vorbild für die Entwürfe der Baumeister. Der Grundriß der meisten christlichen Kirchen zum Beispiel ist in der Form eines menschlichen Körpers mit ausgestreckten Armen angelegt. Und viele Tempelanlagen haben einen äußeren und einen inneren Hof, in dem sich das Allerheiligste befindet – entsprechend dem Unterleib: den Organen der Erneuerung, dem Oberkörper: den Organen des Lebens und der Lebenskraft und dem Kopf: den Organen geistiger Wahrnehmung.

Das Grab
In alter Zeit betrachteten die Menschen das Grab als Tor zu einem neuen Leben und bestatteten ihre Toten mit Gegenständen, die sie auf ihrer Reise zwischen den beiden Welten benötigten. In Europa wurden die Gräber der Reichen mit symbolischen Darstellungen der Eigenschaften der Toten wie Mut oder Treue versehen.

Schloß und Schloßgraben
Das Schloß ist ein rein abendländisches Symbol, das bei den Kreuzzügen als physisches und spirituelles Refugium von großer Bedeutung war. Es repräsentiert die Festung des Guten oder des Bösen oder jenen Ort, an dem ein Schatz bewacht oder eine Prinzessin (häufig ein Symbol der Erleuchtung) gefangengehalten wird.

Die Brücke
Ein Symbol des Übergangs, insbesondere vom Leben zum Tod oder vom Weltlichen zum Göttlichen. Es kann aber auch für die Gefahren stehen, die die geistige oder spirituelle Entwicklung in sich birgt.

Der Steinkreis (rechts)
Die Bedeutung dieser großen vorgeschichtlichen Steinsetzungen ist bis heute unklar. Vielleicht dienten sie als Gebetsstätten, und die kreisförmige Anordnung symbolisierte das kosmische Auge der Großen Göttin, der Mutter aller Dinge. Von einigen weiß man, daß sie astronomische Bedeutung hatten; andere wiederum stellten wahrscheinlich eine Verbindung zu den Toten dar.

Der Tempel
Unzweideutig ist der Tempel ein Symbol für das Ringen um spirituelle Ziele. Die meisten Tempel sollten das Universum als Ganzes widerspiegeln.

Die Tür
Die hier abgebildete Tür stellt ein Hindernis dar, das nur Eingeweihte, die den Schlüssel besitzen, überwinden können. Die Tür symbolisiert aber auch den Übertritt in einen neuen Seinszustand wie den Schlaf oder den Tod. In der christlichen Symbolik stehen die drei Türen einer Kathedrale für Glaube, Hoffnung und Barmherzigkeit.

Das Fenster
Ein Symbol dafür, wie unser Bewußtsein die Welt sieht und interpretiert. Das Fenster läßt das Licht Gottes herein (in eine Kirche oder einen Tempel), daher repräsentiert es auch eine Person oder Sache, die im Dienste Gottes steht.

Tiere

Die alten Ägypter glaubten, bestimmte Tiere verkörperten die großen schöpferischen Kräfte (die Götter), die das Leben formen und erhalten. Da der Mensch Zugang zu *all* diesen Kräften hatte, war er zwar den Tieren überlegen, doch gleichzeitig auch der Gefahr der Verwirrung und des inneren Konflikts ausgesetzt. Von den Tieren aber konnte er lernen, das kreative Potential in sich zu seinem Besten zu entwickeln oder im Zaum zu halten.

Ähnliche Vorstellungen tauchen im Schamanismus auf, der einst in großen Teilen Asiens, Europas und des amerikanischen Kontinents beheimatet war und der immer noch lebendigen Ausdruck bei den Eingeborenen Nordamerikas und den sibirischen und arktischen Völkern findet. Die Tiere galten als Quelle der Weisheit und Kraft, nicht weil sie höher standen als der Mensch, sondern weil sie um die Geheimnisse der Natur wußten, wie es dem durch seinen Intellekt behinderten Menschen nicht möglich war. Tiere dienten als Begleiter in die jenseitigen Welten, als Propheten und als diejenigen, die in das Geheimwissen einführten. Die Fähigkeit, mit Tieren zu kommunizieren, und das Tragen von Tierhäuten symbolisierte für die Schamanen die Wiederherstellung des Paradieszustandes.

In modernen Gesellschaften gelten bestimmte Tiere als Omen für Glück oder Unglück, und es gibt auch heute noch Kulturen, in denen es für wichtig erachtet wird, Tieren so bedeutende Ereignisse wie Geburt oder Ehe mitzuteilen. In der hinduistischen und buddhistischen Kunst werden die Götter als Tiere dargestellt, und in der christlichen Ikonographie erscheinen Christus und die vier Evangelisten in Tiergestalt (siehe S. 41). Doch heute symbolisieren Tiere häufiger die niederen Elemente der Natur wie Leidenschaft, Gewalt und Gier, die bezähmt oder unterdrückt werden müssen. Der Satan zum Beispiel ist häufig mit den Hörnern und dem Schwanz einer Ziege, einem Geierschnabel, Pferdehufen und Fledermausflügeln ausgestattet; und im tibetischen Lebensrad (siehe S. 56) stehen der Hahn, die Schlange und das Schwein für die niederen menschlichen Triebe, die uns an das Reich von Geburt und Tod fesseln und uns daran hindern, von dem Rad abzuspringen, um ins Nirwana einzugehen.

Die Maus
Obwohl sie bisweilen für Bescheidenheit stehen, haben Mäuse meist eine negative symbolische Bedeutung; in der jüdischen Tradition etwa verbindet man mit ihnen Heuchelei, in der christlichen Zerstörung.

Die Libelle
Bei den Chinesen ein Symbol des Sommers, gilt die Libelle wegen ihres scheinbar planlosen Flugs auch als Symbol der Unbeständigkeit. Bei den Ureinwohnern Nordamerikas stand sie für Behendigkeit und Aktivität.

Der Schmetterling
Der Schmetterling ist meist ein positives Symbol und steht für die Kräfte der Verwandlung und Unsterblichkeit, für die Schönheit, die aus dem Tod und der Auflösung hervorgeht (der scheinbar leblose Kokon).

Tiersymbole
Die Fülle von Tiersymbolen in Mythologie, Kunst und Religion aller Kulturen trägt dem mächtigen Einfluß der Triebe und Emotionen auf das menschliche Verhalten Rechnung.

Drachen und Schlangen

Als Bewohner dunkler Erdhöhlen, mit seinen Lungen aus Feuer, den Flügeln und Fischschuppen ist der Drache die Verkörperung der vier Elemente der alten Welt und deren Vereinigung in einem einzigen Wesen, das die Phantasie inspiriert und bisweilen in den Träumen der Menschen herumspukt. Der Drache trägt einander widersprechende Bedeutungen in sich und repräsentiert so das eigentlich Paradoxe unseres Wesens: die gegenseitige Abhängigkeit von Licht und Dunkelheit, Schöpfung und Zerstörung, männlich und weiblich. Doch mehr als jedes andere Symbol verkörpert der Drache auch die einigende Kraft hinter all diesen Gegensätzen. Er ist an sich weder gut noch böse, sondern symbolisiert die Urkraft, welche die materielle Welt aufrechthält.

Im Orient wurden traditionell die positiven Aspekte dieser Urkraft betont. Der Drache wird als eine Vereinigung der guten Naturkräfte dargestellt. Indem er die Elemente Wasser (die Schlange) und Luft (der Vogel, der Atem des Lebens) in sich vereint, repräsentiert er die Versöhnung von Materie und Geist. Man glaubte, daß diese positive Kraft der Drachenpfade – symbolische Adern, durch die die Erdenergie fließt – die Erde zum Leben erwecken könne.

In vorchristlicher Zeit standen auch im Abendland die wohltätigen Aspekte des Drachen im Vordergrund – wovon heute noch die walisische Flagge mit dem stolzen roten Drachen zeugt. Mit Beginn des Christentums wurde ihm die symbolische Rolle des verführenden Teufels zugeschrieben, und er repräsentierte nun Chaos, rohe Gewalt und Zerstörung, kurz das Böse, das der Welt der Materie innewohnt. Manchmal wird er als zwischen uns und einem verborgenen Schatz (spiritueller Weisheit) stehend dargestellt, oder er raubt eine Jungfrau (Reinheit) und bringt sie in sein unterirdisches Versteck.

Aufgrund einer leicht nachvollziehbaren Logik wurde der Drache auch zum Symbol für die innere Welt der Emotionen und das Unbewußte. Im Abendland war er das Tier, das in uns lauert, symbolisierte die primitiven Energien, die uns, wenn sie nicht gebändigt werden, auf eine tierische Existenz zurückdrängen können.

Der Drachentöter
Diese Darstellung symbolisiert den Triumph des Geistes über die Materie. Die Lanze ist ein Symbol der männlichen Stärke und der Sonnenstrahlen, die auf die Erde treffen.

Der aus dem Meer aufsteigende Drache
In den östlichen Kulturen war dies ein Symbol für Wissenschaft und kreativen Geist, im Abendland für die Tiefen des Unbewußten und seine dunklen Energien.

Der chinesische Kaiserdrache
Die vier Krallen Mangs, des weltlichen Drachen, stehen für die vier Elemente. Lung, der chinesische Kaiserdrache (oben), besaß eine fünfte Kralle: das Zeichen für Äther, die spirituelle Kraft, die sich in der Person des Kaisers manifestierte.

Die siebenköpfige Schlange
Dieses doppeldeutige Symbol steht einerseits für Lotan, der im kanaanäischen Mythos von Baal vernichtet wird und vermutlich der biblische Leviathan ist, das spätere Symbol für die sieben Todsünden. Andererseits ist hier der Drache oder die Schlange mit der mystischen Zahl Sieben, der Zahl des Universums verbunden: eine Symbolisierung der kreativen Energie in ihrer zweckmäßigsten und vollständigsten Form.

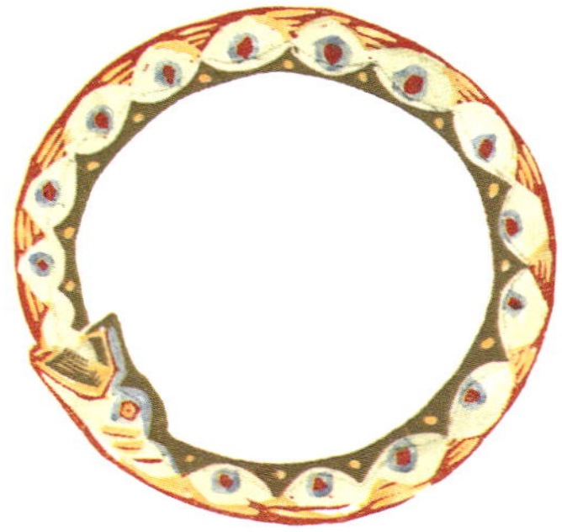

Der Ouroboros
In der Schlange, die sich in den eigenen Schwanz beißt, sind das Kreis- und das Schlangensymbol miteinander vereint. Der Ouroboros stellt das Element des Wassers als Gegenstück zum Phönix dar und steht für Ganzheit, Wiedergeburt, Unsterblichkeit und den ewigen Kreislauf des Seins. Er taucht im alten Griechenland und im alten Ägypten auf.

Medusa
Der griechischen Mythologie zufolge war Medusa einst sehr schön gewesen; doch nachdem sie sich im Tempel der Athene der Liebe hingegeben hatte, wurde sie von der Göttin in eine alte Vettel mit Schlangenhaaren verwandelt, die einen Menschen durch ihren Blick zu Stein erstarren lassen konnte. Medusa symbolisiert Furcht, insbesondere die Furcht des Mannes vor dem raschen Stimmungswechsel der Frauen. Das Haupt der Medusa war ein schützender Talisman auf Waffen und Schilden.

Ineinander verschlungene Schlangen
Ein Symbol der dualen kreativen Kräfte (gut und böse) in der Welt der Formen. Um einen Stab geschlungen, bilden die beiden Schlangen den Merkurstab, das Symbol des Götterboten (Hermes bei den Griechen, Merkur bei den Römern). Dem Mythos zufolge entstand er, als Hermes zwei im Kampf verstrickte Schlangen mit einem Stock trennte; so wurde der Stab zum Symbol des Friedens. Heute gilt er als Symbol für die homöopathische Medizin und soll darauf hinweisen, daß die Natur sich selbst heilen kann.

Wappentiere

Die Wappen entstanden aus der Notwendigkeit heraus, die verschiedenen Embleme zu formalisieren, mit denen sich adelige Familien einer noch nicht lesekundigen Bevölkerung zu erkennen gaben. Einige Familien verwandten geometrische Muster, doch viele bevorzugten Tiere, die in irgendeiner Weise auf den Familiennamen anspielten oder für jene Eigenschaften standen, die sie zu besitzen meinten. Die Wappentiere waren zum Teil mythischen Ursprungs und verdankten ihre Existenz der unvollständigen Kenntnis der Naturgesetze im Mittelalter; andere hatten zwar exotische Tiere wie Löwen, Leoparden und Tigern zum Vorbild, glichen jedoch mehr den vertrauteren Geschöpfen wie dem Wolf oder Hund. Wappentiere tauchten auf Schilden, Helmen, in Holzschnitzereien sowie in Steingravuren auf.

Das Einhorn
Dieses mythische Tier hatte immer eine rein symbolische Funktion und stellte das lunare und weibliche Prinzip dar sowie – durch das aufgerichtete Horn – den Sieg des Männlichen über das Weibliche. In der Heraldik bildet es ein Gegengewicht zur Kraft des Löwen.

Das Pferd
Das Pferd tritt in der Heraldik vornehmlich als Paradepferd (invicta) auf und symbolisiert Schnelligkeit, Macht und Adel. In der christlichen Tradition steht es für Mut, in der östlichen Symbolik für Feuer und Himmel. Das schwarze Pferd ist ein Todesbote.

Der Adler
Neben dem Falken repräsentiert der Adler den Himmelsgott, die Macht, die sich über der Menschenwelt erhebt und mit scharfem Blick alles sieht und versteht.

Der Greif
Als symbolischer Wächter über den Pfad der Erlösung repräsentiert der Greif Wachsamkeit und Rache. In ihm sind die Attribute des Adlers (Luft) und des Löwen (Feuer) vereinigt.

Der Hahn
In der Heraldik repräsentiert der Hahn Stolz und Mut. Das Tier ist auch ein Sonnensymbol, ein Bild für die Auferstehung.

Der Löwe
Der Löwe dient als Emblem für Tapferkeit, Majestät und Schutz und verkörpert Weisheit und Energie in der Tiersymbolik.

Hunde und Wölfe

In den meisten Kulturen ist der Hund ein positives Symbol und steht für Treue, Wachsamkeit, Mut und Geschicklichkeit bei der Jagd. Hunde symbolisieren darüber hinaus Männlichkeit, Sonne, Wind und Feuer. Die im Leben treuen Tiere wurden häufig beim Tode ihres Herrn geopfert und mit ihm zusammen bestattet; so glaubten die Ägypter und Griechen, sie teilten mit den Menschen auch das Leben nach dem Tod. Wölfe und Füchse sind in symbolischer Hinsicht doppeldeutig. Der Fuchs repräsentiert häufig List und Täuschung; in Nordamerika hingegen wird ihm große instinktive Weisheit zugeschrieben. In der christlichen Tradition steht der Wolf für Grausamkeit und verschlingt die Schafe, die sich nicht unter den Schutz des guten Hirten stellen; bei den Römern galt die Wölfin, die Romulus und Remus säugte, als Symbol der mütterlichen Fürsorge.

Der Fuchs
In der orientalischen Mythologie war der Fuchs ein machtvolles positives Symbol; für die Japaner repräsentierte er langes Leben und diente als magischer Bote des Reisgottes Inari. Die Chinesen schreiben dem Fuchs die Fähigkeit zu, sich zu verwandeln.

Anubis
Der ägyptische Totenwächter Anubis hatte die Gestalt eines Schakals. Unter seiner Aufsicht gelangte die Seele sicher vor den Richterstuhl des Osiris, des Herrn der Unterwelt und auch des Himmels.

Der Werwolf
Der Ursprung des Werwolfs – bei Tage Mensch, bei Nacht ein Tier, das die Unachtsamen verschlingt – liegt in Europa. Er ist ein Symbol der Gewalttätigkeit, die unter der Oberfläche der Zivilisation lauert.

Canis Major
Die Menschen der Antike betrachteten den Hund am Nachthimmel als Konstellation des Canis Major; bei den »Hundstagen« handelte es sich um die trägen Tage des Hochsommers im Hundssternbild.

Katzen

Die nachtaktive, freiheitsliebende Katze ist ein weniger männliches Symbol als der Hund; sie ist häufiger dem Mond als der Sonne zugeordnet und eher mit den verborgenen Geheimnissen des Weiblichen als den offeneren Stärken des Männlichen ausgestattet. Die Katze wurde von den alten Ägyptern um 2000 v. Chr. domestiziert und zum Symbol der Mondgöttin Bastet und anderer Gottheiten. Die Chinesen schrieben der Katze die Fähigkeit zu, böse Geister zu bannen, obwohl es als ein Omen für Armut galt, wenn eine Katze ein Haus betrat. Im Abendland repräsentierte die Katze den Teufel sowie Triebhaftigkeit und Dunkelheit; ihre bekannteste Symbolisierung hat sie wohl als schwarze Vertraute der Hexe erfahren. Die positiveren Aspekte der Katze kamen dort zum Ausdruck, wo sie als Regenmacher galt.

Bastet
Die Katze mit ihrem starren Blick symbolisierte bei den Ägyptern Wachsamkeit. Sie galt als Verkörperung der Mondgöttin Bastet, die gelassen über Mensch und Tier wachte.

Die Augen des Jaguars
Die Indianer Südamerikas glaubten, daß die spiegelnden Augen des Jaguars ein Wegweiser ins Reich der Geister seien. Die Schamanen wollten aus ihnen die Zukunft lesen können.

Katzen
Katzen können für Häuslichkeit stehen, aber auch für Grausamkeit (vielleicht aufgrund ihres Jagdinstinkts) und Freiheit (sie sind schwer zu fangen). Bei den Kelten symbolisierten sie das Böse und waren Opfertiere.

Der Tiger
Der Tiger wurde insbesondere in China verehrt und symbolisierte Wildheit und Schutz. Darstellungen von Tigern schmückten häufig Tore und Gebäudeeingänge. Als König der Tiere repräsentierte der Tiger Vitalität.

Vögel, Flügel, Federn

Seit altersher symbolisierte das Fliegen Freiheit von den physischen Beschränkungen des erdgebundenen Lebens und das Aufsteigen der Seele zu den Göttern – entweder durch mystische Erfahrung oder durch den Tod. Die Vögel haben eine ähnliche symbolische Bedeutung, doch da sie vom Himmel kommen, können sie auch die Rolle der Boten höherer Mächte – mit guten wie schlechten Nachrichten – übernehmen. Sie sind mit dem Baumsymbol verbunden. Ein dunkel- und ein hellfarbiger Vogel in den Zweigen des Lebensbaumes stehen für die Dualität der Wirklichkeit (Dunkelheit und Licht, Leben und Tod). In einer hinduistischen Variante dieses Bildes frißt ein Vogel von den Früchten des Baumes, während der andere zusieht – ein Symbol für das aktive Leben im Gegensatz zum kontemplativen.

Treten Vögel in Verbindung mit Schlangen auf, so weisen sie auf den Kampf zwischen dem Himmel (offen, weit) und dem Meer (tief, verborgen) hin. Psychologen deuten dies als Konflikt zwischen Bewußtem und Unbewußtem, zwischen Exoterischem und Esoterischem.

Ikaros
Im griechischen Mythos gelang es Ikaros und seinem Vater Daidalos, aus ihrer Gefangenschaft auf Kreta zu entfliehen, indem sie mit Flügeln, die sie mit Wachs an ihren Schultern befestigten, davonflogen. Den Rat seines Vaters mißachtend, kam Ikaros aber der Sonne zu nahe, so daß das Wachs schmolz und er zu Tode stürzte. Ikaros symbolisiert den Verlust der Gnade als Folge übersteigerten Ehrgeizes.

Der Pelikan
Der Glaube, der Pelikan nähre seine Jungen mit eigenem Blut, machte ihn zum Symbol der Selbstaufopferung (und später zum Symbol Christi). In der Alchemie ist er der Gegenpol zum Raben (der für die Absage an die Welt steht) und repräsentiert neues Leben.

Federn
Die Kelten glaubten, Federn übertragen die Eigenschaften des Vogels auf seinen Träger – Leichtigkeit, Schnelligkeit und die Fähigkeit, in andere Welten zu reisen. Bei den Ureinwohnern Nordamerikas waren Federn Symbol des Großen Geistes und der Sonne.

Der Vogel des Unheils
Dem Raben wird die Gabe der – häufig unheilvollen Weissagung – zugeschrieben. Im Mittelalter war er Symbol der Sterblichkeit. Bei den Ureinwohnern Nordamerikas galt er als weise und schlau.

Der Ba
Der Vogel gilt häufig als Symbol für den Flug der Seele aus dem Grab. Die Ägypter, die viele Zwitterwesen kannten, schufen dafür das Bild des Ba – eines Falken mit Menschenkopf.

Leda und der Schwan
In der griechischen Mythologie nahm Zeus die Gestalt eines Schwans an, um Leda, die Königin von Sparta (oben), zu verführen. So wurde der Schwan zum Symbol für die Liebe und die Götter. Er steht aber auch für Einsamkeit sowie für Musik und Dichtung.

Der Pfau
In der christlichen Kunst repräsentiert der Pfau Unsterblichkeit. In der persischen Symbolik stehen zwei Pfauen für die Dualität des Menschen. In der buddhistischen Tradition gilt der »hundertäugige Schwanz« des Vogels als Symbol für mitfühlende Wachsamkeit.

Fische und Muscheln

Der Fisch und die Muschel haben überall eine positive Bedeutung. In vielen Kulturen stellt der Fisch die Tiefe des Lebens dar (das tiefe Wasser symbolisiert das Unbewußte) und steht für Inspiration und Kreativität. Die ersten Buchstaben der griechischen Wörter *I*esus *Ch*ristos *Th*eou *Hu*ios *S*oter (Jesus Christus, Sohn Gottes, Retter) ergeben das Wort *Ichthus*, welches Fisch bedeutet, und in der gesamten christlichen Tradition ist der Fisch eng mit Christus verbunden. So hießen die Apostel zum Beispiel »Menschenfischer«.

Im Buddhismus symbolisiert der Fisch Freiheit von den Fesseln der Begierde und Liebe. Die hinduistischen Götter Brahma und Vishnu sollen manchmal in Fischgestalt erschienen sein. Im Gegensatz zum phallischen, maskulinen Fisch gilt die Muschel überall als weiblich und steht für Geburt, Glück und Auferstehung.

Die Geburt der Venus
Dieses Gemälde von Sandro Botticelli zeigt die Göttin Venus mit der Kammuschel. Dem Mythos zufolge wurde Venus aus dem Schaum geboren, der entstand, als die abgeschnittenen Genitalien des Uranos ins Meer geworfen wurden. Venus wurde auf einer Muschel an Land gespült. Neben anderen Doppelmuscheln repräsentiert die Kammuschel die weiblichen Genitalien und das weibliche Prinzip. Sie ist aber auch das Symbol der christlichen Pilgerschaft und der Taufe, denn sie wurde zum Schöpfen des Taufwassers verwendet.

Der Lachs
Aufgrund seiner instinktiven Fähigkeit, weit entfernte Laichplätze wiederzufinden, wurde der Lachs in der keltischen Mythologie mit Weissagung in Zusammenhang gebracht.

Drei Fische
Drei Fische – ineinander verschlungen oder mit nur einem Kopf dargestellt – symbolisieren die christliche Dreifaltigkeit. Wie Fische im Wasser nur von jenen entdeckt werden, die einen scharfen Blick haben, sind die göttlichen Kräfte nur für jene erkennbar, die geistig darauf vorbereitet sind.

Der Fischfang (links)
Symbol der Fülle und der Weisheit: Der Bericht vom Wunder des Fischfangs im Lukas-Evangelium deutet auf die spätere Rolle des Petrus als Menschenfischer hin. Das Netz gilt auch als Symbol für das Streben des Menschen nach Erleuchtung und Erfüllung.

Jonas und der Wal (oben)
Der Wal symbolisierte ursprünglich die Macht des kosmischen Wassers. Erst später entstand die negative Bedeutung als Maul und Bauch der Hölle. Jonas, der von dem Wal verschlungen worden war und drei Tage später wieder unversehrt auftauchte, symbolisiert die Wiedergeburt durch die Kraft zur geistigen Umkehr.

Der Oktopus (rechts)
Der Oktopus gehört zu den am stärksten verbreiteten Symbolen der Mittelmeerkulturen und repräsentiert – ähnlich wie die Spirale – die Entfaltung der Schöpfung aus dem mystischen Zentrum. Manchmal wird er mit dem Tierkreiszeichen Krebs in Verbindung gebracht.

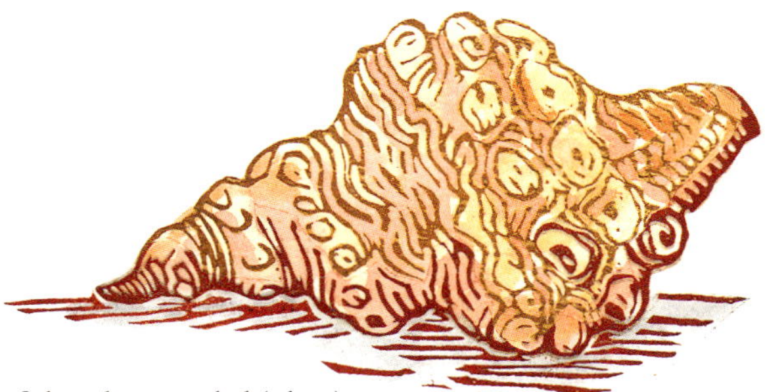

Die Schneckenmuschel (oben)
Im Buddhismus symbolisiert der Klang der Schneckenmuschel die Stimme Buddhas. Im hinduistischen Glauben ist die Muschel Vishnu geweiht und gilt als die Aufforderung, sich aus der Unwissenheit zu befreien.

Affen und Elefanten

Affen und Elefanten treten in der östlichen Symbolik häufig auf. Der Affe, der unaufhörlich und ohne Sinn zu schwatzen scheint, stellt den verwirrten Geist dar, der durch Praktiken wie die Meditation konzentriert werden muß: Wenn der Affe gezähmt ist, ist er zu großer Treue und Intelligenz fähig.

Die symbolische Bedeutung des Elefanten erklärt sich aus seiner wichtigen Rolle im zivilen und wirtschaftlichen Leben. Seit altersher das Transportmittel für Prinzen und Maharadschas, die hoch oben auf seinem Rücken thronten, repräsentiert er Status, Stärke und Weitblick. Aufgrund seiner sehr hohen Lebenserwartung symbolisiert er darüber hinaus den Sieg über den Tod sowie Weisheit und Würde des Alters.

Die drei mystischen Affen
Affen repräsentieren unsere Neigung zur Geschwätzigkeit und Schadenfreude. Die drei mystischen Affen – nichts Böses sehen, nichts Böses hören, nichts Böses sprechen – stehen für die Fähigkeit des Menschen, sich über diesen niederen Stand der Affen zu erheben.

Der weiße Elefant
Der weiße Elefant gilt im Buddhismus als heiliges Tier, denn es heißt, Buddha sei in Gestalt eines weißen Elefanten in den Schoß seiner Mutter eingegangen. Daher steht das Tier für Geduld, Weisheit und das lange Gedächtnis Buddhas. Bei den Chinesen symbolisiert der Elefant kosmische Energie.

Hanuman (links)
Der indische Affengott, ein Held des *Ramayana*, symbolisiert Geschicklichkeit und Stärke. Er zähmt das Feuer – ein Symbol für die tantrische Fähigkeit, selbst die heftigsten Emotionen in spirituelle Energie zu verwandeln.

Ganesha (oben)
Im Hinduismus ist der Elefant das Reittier Ganeshas, des Gottes der heiligen Weisheit, der Unbesiegbarkeit und der Besonnenheit. Ganesha ist ein Schutzgott der Lernenden und der legendäre Verfasser des *Mahabharata*. Er wird traditionell als Elefantenmensch dargestellt, der den Menschen Geschenke und Schutz spendet.

Schafe und Ziegen

Im Abendland gilt die Ziege in erster Linie als Symbol des Teufels und der Magie, doch außerhalb der jüdisch-christlichen Tradition ist mit ihr ein positiveres Bild verbunden. Im alten Griechenland war die Ziege Zeus geweiht (der als Kind von der Ziege Amalthea gesäugt wurde); aufgrund ihrer Fruchtbarkeit und Geschicklichkeit galt sie aber auch als Attribut des Pan und der Artemis. In der hinduistischen Tradition symbolisierte sie Überlegenheit und das höhere Selbst. In altnordischen Legenden fuhr Thor in einem Wagen über den Himmel, vor den Ziegen gespannt waren.

Das Schaf steht meist für das Gegenteil – Blindheit und Dummheit. Doch aufgrund seiner Neigung, fraglos Folge zu leisten, ist das Schaf auch Symbol für den Schüler, der streng den Lehren eines Gottes oder spirituellen Meisters folgt, seinen eigenen Willen aufgibt und dafür Einsicht in die Einheit der Existenz gewinnt.

Die Ziege
Eine von dem Okkultisten Eliphas Lévi (siehe S. 145) stammende Darstellung: Von den Genitalien erhebt sich der Merkurstab, ein Pentagramm ist drittes Auges, die dreifache Feuerkrone schmückt den Kopf, die Hände deuten auf Mondsymbole, und Hörner und Brust weisen auf die Vereinigung von männlichen und weiblichen Kräften.

Das Opferlamm
Ein Symbol für das Märtyrertum. Beim Passahfest stellt das Blut des Lamms den Gehorsam im Sinne Gottes dar.

Der gute Hirte
Als Symbol der Fürsorge und des Schutzes für die Schwachen ist er in allen ehemals nomadischen Kulturen verbreitet.

Ea (Onnes)
Ea, der babylonische Gott des Wassers (auch als Onnes bekannt), wird häufig als Mischwesen aus Ziege und Fisch dargestellt, ein Symbol für die Fruchtbarkeit von Meer und Erde. Diese sumerische Keramik zeigt Ea in Gestalt von vier Ziegen, die ein Symbol für Wasser umkreisen.

Stiere, Hirsche, Bären

Dem modernen Menschen erscheint der Stier vielleicht als unzweideutiges Symbol für Männlichkeit, Stärke und Zeugungsfähigkeit. Im Mithraskult und im alten Rom wurde zum Jahreswechsel ein Stier geopfert, und sein Blut symbolisierte die männliche Substanz, welche die weibliche Erde befruchtet und dem Land erneutes Leben schenkt. In Wirklichkeit ist die Symbolik des Stiers jedoch weniger eindeutig. Die Halbmondform seiner Hörner kennzeichnete ihn eher als Mond- denn als Sonnentier, insbesondere in den Kulturen des Mittelmeerraums und des Vorderen Orients. Als solches hat der Stier weibliche Konnotationen und galt bei den Römern als Attribut der Göttin Venus.

Europa und der Stier
In der griechischen Mythologie erschien Zeus als weißer Stier, der Europa entführte. Sie gebar ihm zwei Söhne, von denen einer, Minos, König von Kreta wurde. Im Christentum wurde der weiße Stier als Christus umgedeutet.

Der Ochse
Ochse und Büffel haben in ihrem Symbolgehalt große Ähnlichkeit mit dem Stier; im Taoismus und Buddhismus jedoch kommt ihnen eine besondere Kraft als Repräsentanten des Ego zu. Der taoistische Weise Lao Tzu wird häufig auf einem Büffel reitend dargestellt: ein Hinweis auf die Möglichkeit, das Ego zu zähmen.

Der Hirsch
Schamanen wurden häufig als Hirsch verkleidet dargestellt – ein Hinweis auf die Rolle dieses Tiers als Symbol der Weisheit. In den Kulturen des Mittelmeerraums wurde der Hirsch (wegen des verzweigten Geweihs) mit dem Baum des Lebens gleichgesetzt.

Der Bär
Bei den Ureinwohnern Nordamerikas und bei den Chinesen galt der Bär als Symbol für Tapferkeit und Stärke. Bei den Griechen war die Bärin der Artemis, der Göttin der Jagd (in der römischen Mythologie Diana), geweiht.

Schweine

Obwohl es in der modernen Welt ausgebeutet und gleichzeitig geschmäht wird, hat das Schwein doch eine ehrbare Geschichte und nimmt in der Symbolik zahlreicher Kulturen einen prominenten Platz ein. Wegen der großen Anzahl ihrer Jungen und ihrer vielen produktiven Brustdrüsen galt die Sau in der gesamten Welt der Antike als Symbol für Fruchtbarkeit. Die Ägypter glaubten, die weiße Sau sei der Großen Mutter Isis geweiht, während das schwarze Schwein Set, der dunklen negativen Kraft in der Schöpfung, zugeschrieben wurde. Einigen griechischen Legenden zufolge wurde Zeus von einer Sau gesäugt, als er sich vor seinem Vater Kronos verbarg; und Ceres und Demeter, den Göttinnen der Fruchtbarkeit, wurden regelmäßig Schweine geopfert. Auch die Hinduisten achteten die Sau und betrachteten sie als Symbol für Vajravarahi, den weiblichen Aspekt des Gottes Vischnu (der selbst einst als Eber inkarniert war).

Die Buddhisten betrachteten das Schwein als Symbol der Unwissenheit und Gier, während es in der jüdischen Tradition Unreinheit darstellte (vielleicht ursprünglich aus hygienischen Gründen). Die Christen übernahmen dieses Tiersymbol für Sinnlichkeit und die Sünde des Fleisches; im Neuen Testament treibt Christus unreine Geister in die Schweine, ein Symbol dafür, daß Männer und Frauen ihre niederen Triebe besiegen müssen.

Das Schwein als Symbol der Unersättlichkeit
Die Unersättlichkeit zählte zu den sieben Todsünden, da sie nach Ansicht der christlichen Kirche die grobe, materielle Seite der menschlichen Natur förderte. Ein wenig zu Unrecht wurde das Schwein zum Symbol der Unersättlichkeit, was zweifellos zu dem minderwertigen Bild dieses recht intelligenten Tieres beitrug.

Der Eber
Ein Symbol der Stärke und des Muts: Bei den Kelten stand der Eber aufgrund seines einsamen Lebens im Wald für Magie und Prophetie. In Westeuropa bedeutete der Eberkopf Gesundheit und Schutz vor Gefahr und durfte deshalb auf den Helmen der Krieger nicht fehlen.

Die Sau und ihr Wurf
Die Sau ist ein Symbol für die Mutterschaft, sowohl in Hinblick auf Fruchtbarkeit als Fürsorge. Die Ureinwohner Nordamerikas stellten das Schwein als Regenbringer dar, der dem Land Leben schenkt und allen Kindern des Großen Geistes Wohltaten bringt.

Niedere Wesen

Obwohl in den meisten Kulturen Vögel, Haustiere und große oder auffällige Kreaturen eine zentrale Stellung in der Symbolsprache innehaben, spielten in der magischen Welt unserer Vorfahren auch die niederen Tiere eine wichtige Rolle. Da ihre Leben eng mit der Natur verbunden war, glaubten sie, alle Dinge seien in einem komplizierten Gefüge miteinander verbunden, und verliehen allen Aspekten der Natur eine Bedeutung. Für sie war die gesamte Schöpfung von Bewußtsein durchdrungen – die Sterne am Nachthimmel, der Wind in den Bäumen, ja selbst das Huschen der kleinsten Wesen. Die Insekten, über deren Verhalten und Lebenszyklen die Menschen der Antike kaum etwas wußten, erhielten besonders reiche symbolische Bedeutungen. Die Fliegen beispielsweise galten als von dämonischen Kräften angetrieben: Beelzebub, später zum Synonym für den Teufel geworden, war ursprünglich eine syrische Personifikation der destruktiven Kraft für schwärmende Insekten.

Die Fledermaus
In vielen Kulturen verkörperte sie die Mächte der Dunkelheit und des Chaos. Die Buddhisten betrachteten sie als Symbol des unwissenden Geistes, die Chinesen als das des langen Lebens und des Glücks.

Die Kröte
Die Kröte wird häufig mit Hexerei und der abstoßenden Seite des Lebens in Verbindung gebracht. Doch wie die Schlange wird sie oft mit einem Edelstein auf dem Kopf dargestellt – ein Hinweis auf die Weisheit, die in allen Dingen das Heilige sieht.

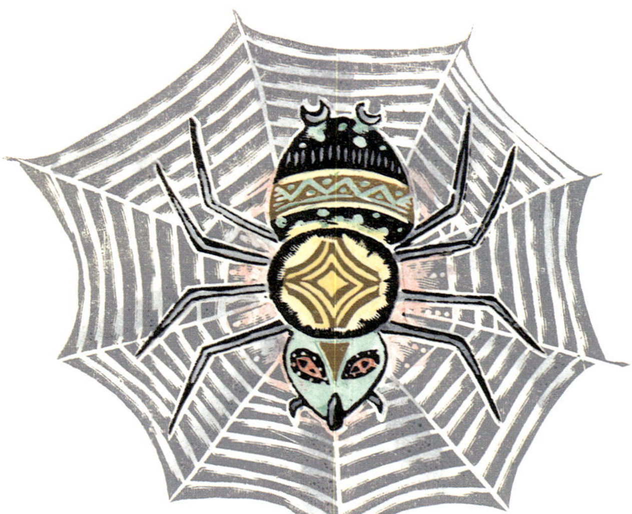

Die Spinne
Bei den Kelten war das Spinnennetz das Gewebe, welches das Leben zusammenhält. Die Ägypter und Griechen sahen darin das Symbol des Schicksals, die Christen die Fallstricke des Teufels. Die Spinne selbst symbolisiert den verschlingenden Aspekt der Großen Mutter.

Der Hase
Der Hase ist ein universelles Symbol für Liebe, Fruchtbarkeit und den Menstruationszyklus. Er galt lange Zeit als magisches Wesen – häufig trug man einen Hasenfuß bei sich, um Hexen und das Böse abzuwehren. Der Hase ist eng mit dem Mond verbunden.

Mischwesen

Phantastische Mischwesen haben zwei wichtige Funktionen: Sie vereinigen in sich die symbolischen Stärken verschiedener Tiere; und sie stellen – wie im Falle jener Mischwesen, die aus verschiedenen Arten von Lebewesen zusammengesetzt sind – die grundlegende Einheit der Existenz dar. Die Chimäre zum Beispiel – eine Mischung aus Löwe, Ziege und Schlange – symbolisierte die drei Abschnitte des Jahres – Frühling, Sommer und Winter. Für ihre Erfinder stellten die Mischwesen keine Widersprüche in sich dar, denn da alles Erschaffene miteinander verbunden war, gab es keinen Grund, warum bestimmte Teile der Schöpfung nicht in neuer und unterschiedlicher Weise zusammengesetzt sein sollten. Es gibt zahlreiche Hinweise darauf, daß der Mensch der Frühzeit Vorstellung und Wirklichkeit nicht voneinander trennte, wie wir es gewohnt sind. Wenn man sich etwas vorstellen konnte, so bestand auch die Möglichkeit seiner tatsächlichen Existenz.

In der Mehrzahl der Fälle hatten die Mischwesen eine positive symbolische Bedeutung. Sie waren in einem Reich beheimatet, das diese und andere Welten umspannte, und konnten daher nicht nur den Menschen in ihrem Kampf gegen die dunklen Mächte helfen, sondern dienten auch als Boten der Götter und als Quelle der Weisheit. Viele ägyptische Götter wurden halb als Mensch und halb als Tier dargestellt (siehe S. 26); und in der gesamten Welt der Antike herrschte der Glaube, die Götter könnten nach Belieben ihre Gestalt wechseln.

Garuda
Garuda, halb Mensch, halb Adler, dient im Hinduismus als Fahrzeug des Gottes Vishnu, im Buddhismus als Vernichter der *nagas* oder bösen Geister. Die Verehrer Vishnus benutzen Bildnisse Garudas, des Feindes der Schlangen, als ihr Emblem. Die in der indischen und tibetischen Kunst dargestellte Wildheit Garudas soll als Warnung dienen, daß die Feinde der natürlichen Ordnung bestraft werden.

Der Sphinx
Die Figur des Sphinx aus der ägyptischen Mythologie ist älter als die Steinskulptur, die neben der großen Cheopspyramide steht. Mit einem menschlichen (häufig weiblichen) Kopf, dem Körper eines Stiers, den Beinen eines Löwen und den Flügeln eines Adlers vereinigt der Sphinx die vier Wesen in sich, die die vier Elemente verkörpern. Der Sphinx symbolisierte das Rätsel der menschlichen Existenz.

Der Basilisk
Der Basilisk, das schrecklichste mythische Wesen, taucht in östlichen und westlichen Legenden als Symbol des Bösen, der Leidenschaft und der Krankheit auf (insbesondere der Syphilis, die im 15. Jahrhundert in Europa verbreitet war). Sein Blick galt als tödlich.

Der Satyr
Die Satyrn, Naturgeister im Gefolge des Dionysos (des griechischen Gottes der Ekstase), waren halb Mensch, halb Ziegenbock. Ursprünglich repräsentierten sie die vergnügungssüchtige Seite der menschlichen Natur, wurden jedoch später mit dem Teufel gleichgesetzt.

Die Chimäre
Die Chimäre, die auf das 5. Jahrhundert v. Chr. zurückgeht, ist ein altes Symbol für das elementare Chaos und die Gefahren zu Lande und zu Wasser. Sie kündigte Stürme, Schiffbrüche und Naturkatastrophen an, insbesondere Vulkanausbrüche. In der christlichen Kunst des Mittelalters taucht sie als Symbol für die Macht des Satans auf.

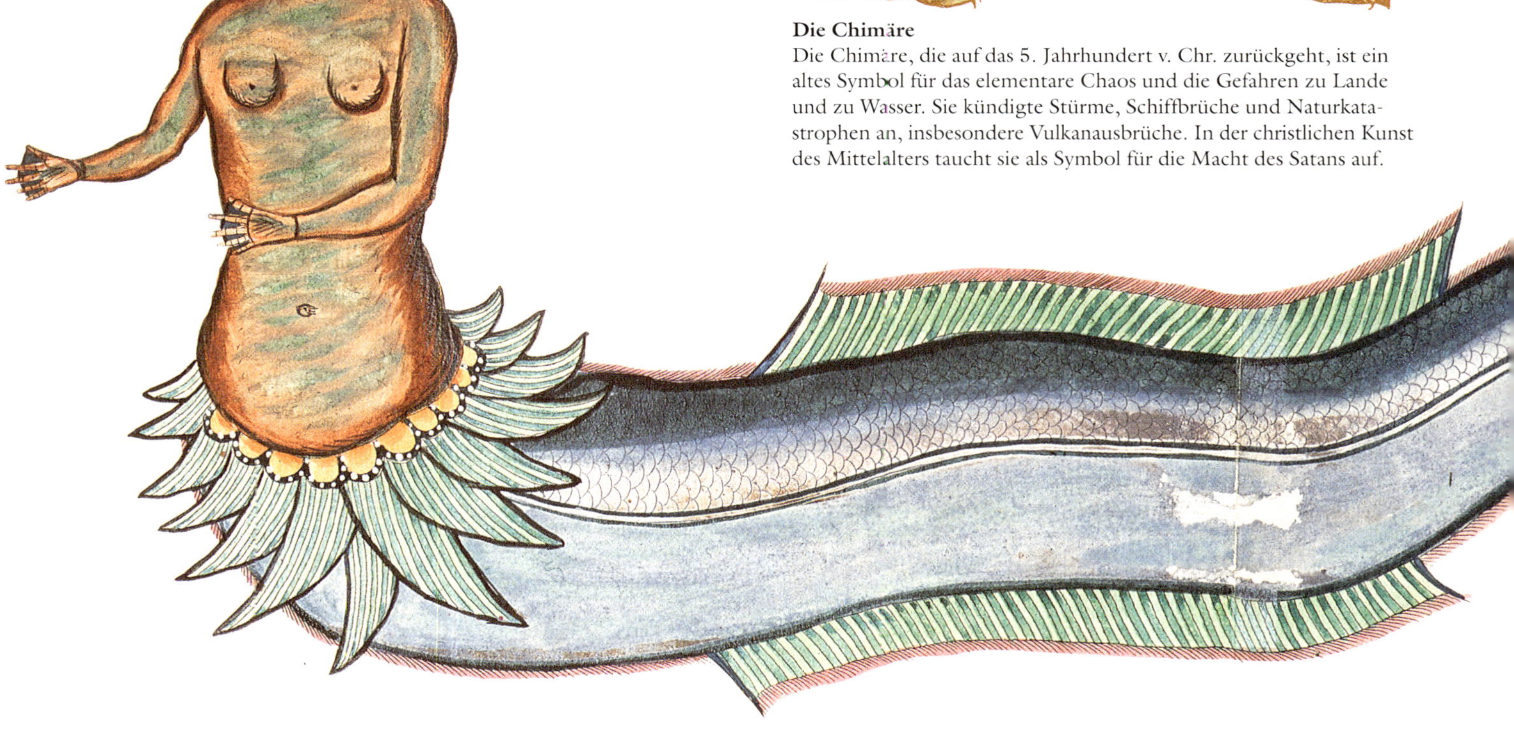

Die Harpyie
In der griechischen Mythologie waren die Harpyien weibliche Windgeister, die mit der Unterwelt und dem Flug der Seele aus dem Körper in Verbindung standen. Sie konnten Winde heraufbeschwören, Landstürme und Wirbelwinde auf dem Meer verursachen und waren, so glaubte man, dafür verantwortlich, wenn jemand plötzlich und unerwartet starb.

Die Sirenen
Die Sirenen, Töchter des griechischen Meeresgottes Poseidon, standen für die weibliche Schönheit in ihrer betörendsten und destruktivsten Form. Sie wurden als Vögel mit Frauenköpfen dargestellt und besaßen wunderbare Stimmen, die über dem Meeresrauschen vernehmbar waren und die Seeleute in den Tod lockten.

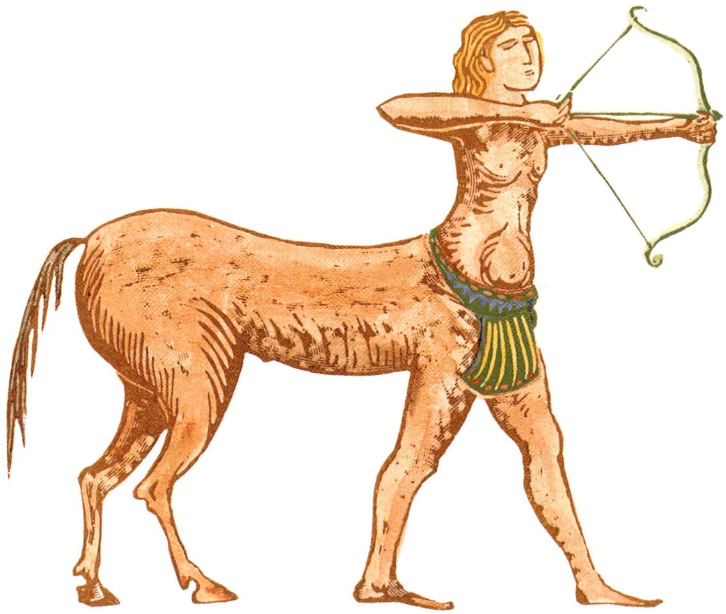

Der Kentaur
Der Kentaur, halb Mensch, halb Pferd, repräsentiert die wilde, gesetzlose, instinkthafte Seite des Menschen. Er ist die Antithese zum Ritter, der das Pferd der Triebe reitet (und somit kontrolliert). In der griechischen Kunst wurden die Kentauren häufig mit Dionysos als Reiter dargestellt, ein Hiweis auf ihre amourösen Abenteuer und ihre Trunksucht. Dennoch symbolisierte Chiron, der liebenswürdigste der Kentauren, die heilenden Kräfte der Natur, und seine Geschicklichkeit stand für die Macht und die Fruchtbarkeit der Natur.

Die Meerjungfrau
Meerjungfrauen galten bisweilen als Halluzination von Seeleuten, die unter dem Fehlen weiblicher Begleitung litten, und symbolisierten die idealisierte, schwer faßbare weibliche Schönheit, aber auch Eitelkeit und Launenhaftigkeit. Wie alle Wesen der Tiefe stehen sie für das Unbewußte, insbesondere für die Anima, den natürlichen weiblichen Aspekt der männlichen Psyche.

Die Welt der Natur

In früherer Zeit war die Wahrnehmung des Menschen außerordentlich stark durch die direkte Erfahrung der Natur bestimmt. Die Vorstellungen der Menschen von Raum und Zeit und ihre Stellung im Universum können nur aufgrund ihrer Beziehung zur natürlichen Welt verstanden werden, deren einzelne Aspekte als Manifestationen göttlicher Energien galten. Folglich waren die ersten Götter Verkörperungen der Natur. In fast allen alten Kulturen wurde die Erde und die Natur als Muttergöttin dargestellt: als Aranrhod bei den Kelten, als Nechbet bei den Ägyptern, als Nokomis bei den Algonkin und als Gaia bei den Griechen.

Weit verbreitet war auch die Vorstellung, daß alle Formen des Lebens untereinander austauschbar seien und der Mensch Teil der Natur und nicht ihr Beherrscher sei. In Darstellungen des mesopotamischen Hirtengottes Dumuzi (Tammuz) sind pflanzliche, tierische und menschliche Formen miteinander verschmolzen. Abbildungen eines Mischwesens aus Baum und Mensch (siehe S. 103) finden sich in zahlreichen westlichen Kulturen.

Zwar wurden die primitiven Naturgötter häufig durch ein größeres und komplizierteres Pantheon verdrängt, doch blieben Mythen und Symbole der natürlichen Welt in allen Kulturen lebendig. Die Beziehung zwischen dem Vogel (dem Symbol des Feuers, der Reinheit und der Seele) und der Schlange (Erde und Unterwelt) ist Gegenstand zahlreicher Mythen. Die Schildkröte ist in Nordamerika und in Südasien ein Symbol des Universums (ihr Rückenschild, Körper und Bauchpanzer stellen Himmel, Erde bzw. Unterwelt dar). Darstellungen vom Baum des Lebens (siehe S. 102) tauchen in fast allen Kulturen der Welt auf, ja noch im modernen Christentum ist der Lebensbaum ein Emblem für die Jungfrau Maria, die der Welt die Frucht ihres Leibes, Jesus Christus, schenkte.

Die Chrysantheme
In der östlichen Tradition war die Chrysantheme ein günstiges Symbol und stand für Kontemplation und den Beginn des Herbstes.

Der mystische Garten
Dieses Gemälde des phantastischen Malers Samuel Palmer aus dem 19. Jahrhundert stellt den Garten als in sich geschlossenes weibliches Prinzip dar.

Bäume

Der Baum ist eines der mächtigsten Symbole der Menschheit. Er ist die Verkörperung des Lebens, die Synthese von Himmel, Erde und Wasser und die Weltachse des gesamten Universums. Dem Baum wurde in alter Zeit die Fülle göttlicher Energie zugeschrieben (häufig in der Gestalt übernatürlicher Wesen verkörpert), durch die der Mensch Zugang zu anderen Daseinsstufen erhielt. Wälder, der Aufenthaltsort von Zauberern und Hexen, versinnbildlichten Geheimnis und Verwandlung.

Der Baum wurde fast überall verehrt, wo das Klima sein Wachstum begünstigte. Manche Baumsymbole besitzen universelle Gültigkeit. So steht etwa der Nadelbaum für langes Leben und Unsterblichkeit, Laubbäume hingegen für Erneuerung und Wiedergeburt; beide dienten dem Menschen zur Vergewisserung seines eigenen Fortbestehens. Bestimmte Baumarten hingegen erhielten in den verschiedenen Kulturen jeweils spezifische Bedeutungen. Die Eiche wurde bei den Kelten und den nordeuropäischen Völkern verehrt; bei den alten Griechen war der Holunder dem Pan geweiht, der Efeu dem Bacchus, der Lorbeer dem Apollon und dem Dionysos; in Ägypten war die Tamariske der heilige Baum des Osiris. Im alten China wurden Bäume in der Nähe von Gräbern und Tempeln besonders geschützt, da sie als Aufenthaltsort der Geister der Toten und der Götter galten.

Vielen Bäumen wurde heilkräftige Wirkung zugeschrieben, da sie bestimmte Krankheiten symbolisierten. Da die Espe im Wind zittert, wurde sie zur Behandlung von Fieberkrankheiten verwendet. Den Haselnußstrauch, dem magische Kräfte zugeschrieben wurden, verwendete man zum Wassersuchen und zur Herstellung des Zauberstabs. Auch Holz besaß eine symbolische Bedeutung; im Mittleren Osten und in Indien galt es als die *prima materia*, die Urmaterie, aus der alle Dinge entstanden sind.

Die Palme
Aufgrund ihrer Größe und weitausladenden Krone wird die Palme mit der Sonne in Verbindung gebracht; sie ist Symbol für Sieg, Ruhm und das Leben nach dem Tod.

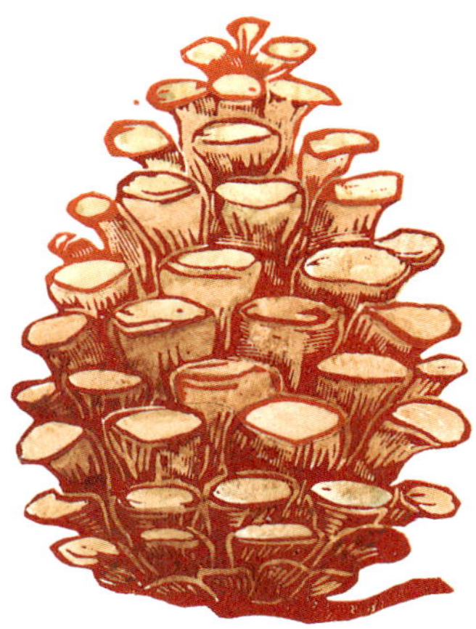

Der Pinienzapfen
Aufgrund seines flammenartigen Aussehens und der aufrechten Position am Baum war der Pinienzapfen für die Griechen ein männliches Symbol. Für die Römer galt er als Attribut der Venus und stand für Reinheit.

Der Weihnachtsbaum
Bei der Wintersonnenwendfeier der skandinavischen und nordeuropäischen Völker symbolisiert der geschmückte immergrüne Baum die Lebenskraft, die auch während der toten Monate des Jahres fortbesteht.

Der Wald

Der Wald erhielt eine symbolische Deutung bereits in jener Zeit, als in mühevoller Arbeit große Flächen gerodet werden mußten, um Ackerland zu gewinnen. Der Wald ist ein Ort der Finsternis, des Chaos und der Unwägbarkeiten im Gegensatz zur Ordnung und Offenheit des kultivierten Lands. Wer jedoch die Furcht überwindet, kann ihn als Refugium der Ruhe und des Friedens erfahren. Auf psychologischer Ebene ist der Wald ein Symbol des Unbewußten und der unentdeckten Geheimnisse, der dunklen Emotionen und Erinnerungen.

Der Baum des Lebens
Der Baum des Lebens, der inmitten des Paradieses steht, ist die Verkörperung vollkommener Harmonie. Die zwölf – manchmal auch zehn – Früchte in seinen Zweigen sind die Belohnung für geistiges Wachstum – darunter Weisheit, Liebe, Wahrhaftigkeit und Schönheit. Die Früchte sind Manifestationen der Sonne. Wer davon ißt oder ihren Saft trinkt, dem wird Unsterblichkeit zuteil.

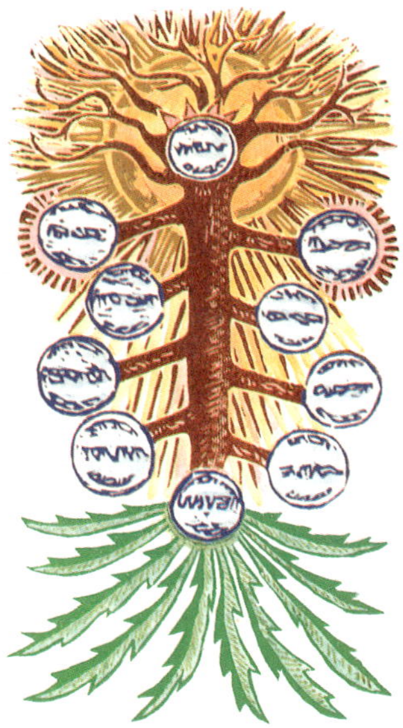

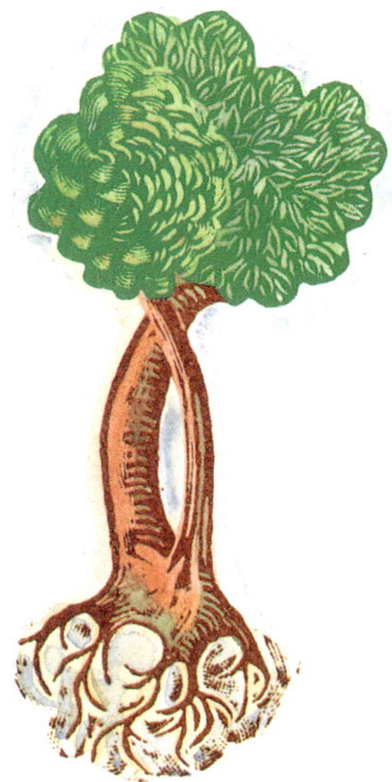

Der Weltenbaum
Verwurzelt in der Erde und mit seinen Zweigen bis in den Himmel reichend, symbolisiert der Weltenbaum den Aufstieg des Menschen aus dem dichten Reich der Materie in den ätherischen Bereich des Geistes. Eine bemerkenswerte Variante ist der skandinavische kosmische Baum Yggdrasil, an dem der nordische Gott Odin neun Tage und neun Nächte hing und schmachtete.

Der umgekehrte Baum
Der umgekehrte Baum hat seine Wurzeln in der spirituellen Welt und wächst hinunter zur Erde. Er stellt die kreative Kraft des Geistes dar und spiegelt die Vorstellung wider, menschliches Leben sei der Herabstieg des Geistes und seine Verwandlung in körperliche Gestalt. Der oben dargestellte kabbalistische Baum des Lebens ist mit den Sefirot versehen, den zehn Aspekten Gottes.

Zwei Bäume mit einer Wurzel
In esoterischen Überlieferungen heißt es, vor den Unterschieden der physischen Welt habe es einen Urzustand der Einheit gegeben. Der Adept des spirituellen Wegs muß die Splitter seiner wahren Natur aufsammeln. Die beiden Stämme aus einer Wurzel zeigen eine Dualität in der Einheit, die sich in der äußeren Erscheinung der zugrundeliegenden Wirklichkeit erhalten hat.

Der Baum als Frau
Nach außen hin symbolisiert er die Erdmutter, das ernährende weibliche Prinzip. Doch auf einer tieferen Ebene ist er die unsichtbare Lebenskraft, die in der Erde schlummert, bis sie von der männlichen Energie des Winds, des Regens und der Sonne befruchtet wird.

Der Baum als Mann
Als eines der stärksten Fruchtbarkeitssymbole verkörpert er die männliche Energie, die die Erde mit Leben befruchtet, selbst aber dem ewigen Kreislauf des Verfalls und der Erneuerung unterliegt. Manchmal wird er auch als Grüner Mann bezeichnet, und als solcher erscheint er in abendländischen Kulturen in Gestalt des Gottes Pan.

Der Baum der Erkenntnis (rechts)
Dieses dualistische Symbol verkörpert die Erkenntnis des Guten wie des Bösen. Indem Adam und Eva der Versuchung, von seiner Frucht zu kosten, nicht widerstanden, wurden sie in die Welt der Gegensätze hineingestoßen. Neben ihrer Rolle als Versucherin ist die um den Baum gewundene Schlange auch ein altes mystisches Symbol der schöpferischen Kraft der Erde.

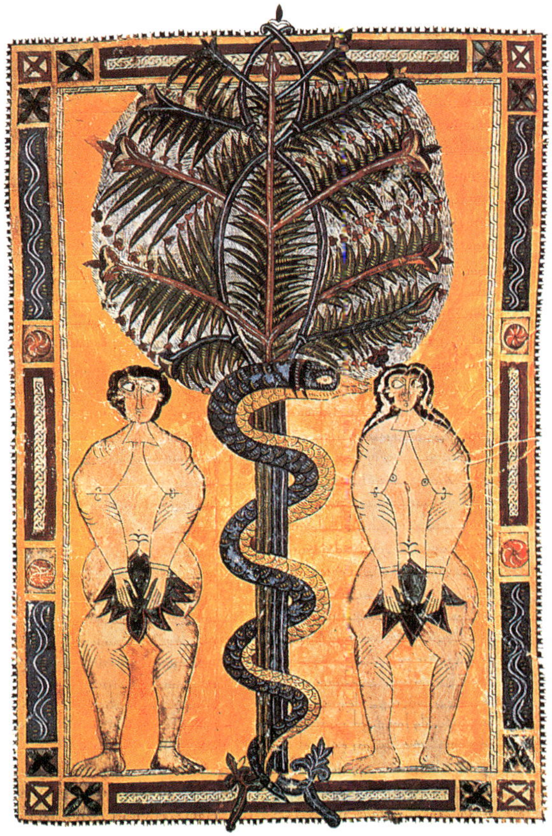

Einzelne Bäume (oben)
Verschiedene Baumarten haben eigene symbolische Bedeutungen. Für die Kelten und die vorkeltischen Druiden war die Eiche die Verkörperung von Göttlichkeit und Männlichkeit; für die Römer war sie das Emblem des Donnergottes Jupiter. Der Feigenbaum stellte das buddhistische Symbol der Erleuchtung dar. In der taoistischen Tradition Chinas steht der Pfirsichbaum für Unsterblichkeit.

Blumen und Pflanzen

Die Griechen glaubten, das Paradies sei mit Asphodill ausgelegt, und die Chinesen dachten, für jede Frau, die in dieser Welt lebe, blühe eine Blume in der nächsten. Diese Vorstellungen verdeutlichen die beiden meistverbreiteten Symbolgehalte der Blume: paradiesischer Zustand und weibliche Schönheit. Das Sichöffnen der Blüte aus der Knospe bedeutet Schöpfung (die Manifestation der Energie, die aus dem Zentrum nach außen tritt) und steht für die Kraft der Sonne. Die Blume ist das Symbol für Jugend und Lebenskraft, doch aufgrund ihrer Vergänglichkeit gleichzeitig für Gebrechlichkeit.

Pflanzen repräsentieren den Kreislauf des Lebens (Fruchtbarkeit, Tod und Erneuerung), und häufig glaubte man auch, ein Gott verleihe ihnen die Lebenskraft (durch seinen Körper oder sein Blut): In der Vorstellung der alten Ägypter entstand der Weizen aus dem Körper des Osiris. Viele Kräuter galten als heilig, teils wegen ihrer Heilkraft, teils, weil ihr Wuchs und ihr Aussehen eine Verbindung zu den Göttern oder Menschen nahelegten (etwa die Ähnlichkeit der Alraunwurzel mit dem menschlichen Körper).

Die Alraune
Der wie ein Mensch geformten Alraunwurzel, die auch im Zaubertrunk verwendet wurde (heute weiß man, daß sie giftige Halluzinogene enthält, wurden große Heilkräfte zugeschrieben. In der jüdischen Tradition symbolisierte sie Fruchtbarkeit.

Der Mistelzweig
Die Mistel wurde als weibliches Gegenstück zur männlichen Eiche angesehen, in deren Zweigen sie wuchs. Da sie weder ein Baum noch ein Strauch ist und auch keine Wurzeln im Boden besitzt, wurden der Mistel – die frei ist von irdischen Einschränkungen – Beziehungen zum Göttlichen nachgesagt.

Die Rose
Im Christentum symbolisiert die rote Rose die Jungfrau Maria oder das Blut, das Jesus am Kreuz vergossen hat. Sie steht für Verschwiegenheit (Beichtstühle sind häufig mit einer fünfblättrigen Rose geschmückt). Drei Rosen sind ein Symbol der Freimaurer und repräsentieren Licht, Liebe und Leben.

Die Girlande
Als Verbindung von Blumen- und Ringsymbolik bedeutet die Girlande Glück, Heiligkeit, Fruchtbarkeit und Initiation, aber sie stellt auch die Verbindung mit dem Jenseits her (eine Bedeutung, die traditionell in Begräbniskränzen zum Ausdruck kommt).

Knoblauch
Wie seine Verwandte, die Lilie, ist der Knoblauch ein Symbol der höheren Welt, nicht zuletzt aufgrund seiner Assoziation mit dem Blitz (der Geruch des Knoblauchs wird dem des Blitzes verglichen).

Der Lotos
Der Lotos, der im Schlamm eines Teichs wächst, erhebt sich über das Wasser und enthüllt seine Schönheit. Er ist ein Bild für die Seele, die sich über alles Materielle in die Klarheit der Erleuchtung erhebt.

Der Garten
Ein Symbol der Beherrschung der Natur und der menschlichen Seele, die wie der Garten gehegt und gepflegt werden muß. Der Garten steht auch für das Paradies und die Gefilde der Seligen. In Indien haben Gärten manchmal die Gestalt eines Mandala (siehe S. 60).

Kräuter
Die Symbolkraft von Kräutern basiert, wie die vieler anderer Pflanzen, auf ihren jeweiligen Eigenschaften. So bedeuten Gartenraute, Rosmarin und Thymian Reue, Erinnerung bzw. Reinheit; die Gartenraute hat den bitteren Geschmack der Reue, der Duft des Rosmarin ist langanhaltend wie die Erinnerung, und Thymian wird verwendet, um den Geschmack der Speise zu verstärken.

Speise und Trank

Speise wird mit Fruchtbarkeit, Fülle und Festen, noch häufiger aber mit Frieden und Lösung von Streitigkeiten in Verbindung gebracht. Dahinter verbirgt sich die Vorstellung, die Nahrung sei durchdrungen von Lebenskraft, die den Menschen mit der Urenergie in Berührung bringe und eine universale Gemeinschaft stifte. Bestimmte Nahrungsmittel, etwa Getreideprodukte, waren von besonderer Bedeutung. In vielen Kulturen galt es als Verstoß gegen das Gesetz der Natur, einem Menschen Böses anzutun, mit dem man das Brot gebrochen hatte.

Auch Getränke besitzen eine starke Symbolkraft. Wasser, die Urflüssigkeit, steht für Leben und Reinheit, Milch für die nährende Kraft der Erde und für Mutterschaft. Wein wird mit Blut und Opfer in Verbindung gebracht: In der Eucharistie symbolisiert dessen Vermischung mit Wasser die Doppelnatur Christi (Gott und Mensch). Aufgrund seiner bewußtseinsverändernden Kraft symbolisiert Wein auch die ekstatische Vereinigung mit den Göttern.

Honig
Wie Milch symbolisiert Honig den Überfluß des Gelobten Landes der Israeliten. Durch seine konservierende und aphrodisierende Wirkung steht er für Unsterblichkeit und Fruchtbarkeit.

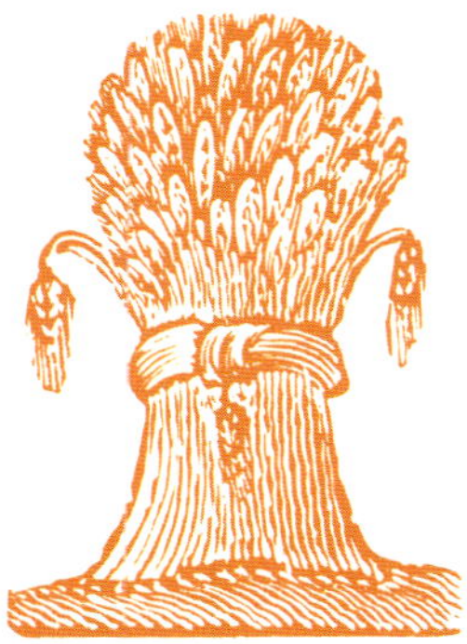

Getreidegarben
Ein Symbol der Fruchtbarkeit der Erde und des Geistes. Die Getreideähren galten als Kinder der Sonne und der Erde. Die Eleusinischen Mysterien (Initiationsriten zur Erlangung göttlicher Weisheit im alten Griechenland) wurden durch Getreideähren symbolisiert.

Pilze
Pilze, im Taoismus die Nahrung der Unsterblichen, sind für die Chinesen ein Symbol für Glück und Erneuerung. Im europäischen Volksglauben sind Pilze der Aufenthaltsort von Elfen und Kobolden; wegen ihrer Form wurden sie auch mit Fruchtbarkeit und sexueller Potenz assoziiert.

Der Granatapfel
Bei den alten Griechen war der Granatapfel das Symbol Persephones. Mit seinen unzähligen Samen stand der Granatapfel für Fruchtbarkeit und für Einheit in der Vielfalt. In der christlichen Tradition versinnbildlichte der Granatapfel die grenzenlose Liebe des Schöpfers zu seinen Kreaturen.

Dionysos
Der griechische Gott des Weins, des Glücks und der Vegetation verkörpert die Einheit von Himmel und Erde, von Spiritualität und Sinnlichkeit. Einer Legende zufolge wurde er getötet und von den Titanen verspeist, die daraufhin von Zeus verbrannt wurden. Den Menschen fiel die Aufgabe zu, Dionysos aus der Asche herauszuholen: ein Sinnbild für die Suche nach der wahren Identität des Menschen.

Das Letzte Abendmahl
In vielen religiösen Überlieferungen ist von Gottkönigen die Rede, die stellvertretend für ihr Volk den rituellen Tod erleiden. Das Letzte Abendmahl erhebt dieses Opfer in den Rang eines spirituellen Mahls, das in der Eucharistiefeier wiederholt wird; Brot und Wein symbolisieren (oder werden) Leib und Blut Christi.

Der Pfirsich
In China ist das Pfirsichsymbol mit Ehe, Unsterblichkeit und langem Leben verknüpft. Shou-lao, der Gott des langen Lebens, wird häufig dargestellt mit einem Zweig vom Pfirsichbaum aus dem Paradiesgarten, der nur alle 3000 Jahre Früchte trägt.

Der goldene Apfel
Der goldene Apfel steht für Zwist, da Paris ihn bei einem Schönheitswettbewerb der Aphrodite überreichte, was zum Trojanischen Krieg führte. Freyja, die nordische Göttin der Liebe und Zauberei, verteilte Äpfel der Unsterblichkeit an die Götter, um sie zu verjüngen.

Die Elemente

Im Altertum galten die Elemente als die grundlegenden, die Welt zusammenhaltenden Kräfte. Im Abendland sind es vier an der Zahl: Feuer, Wasser, Luft und Erde. Für die Chinesen war darüber hinaus auch Metall ein Element, für die Inder und Tibeter war ein geistiges Element (der »Äther«) eine die anderen vier durchdringende und belebende Kraft. Die Bedeutung der Elemente als Organisationsprinzipien des Universums ist in allen Kulturen verankert. Alchemisten entwickelten Kürzel zur Darstellung der Elemente, die auf der Form des Dreiecks beruhen (siehe unten): da die Flamme immer himmelwärts weist, wird sie durch ein mit der Spitze nach oben weisendes Dreieck dargestellt.

Die Elemente wurden darüber hinaus mit Temperamenten, Säften und Organen des menschlichen Körpers in Zusammenhang gebracht; nur wenn man sie im Gleichgewicht hielt – ähnlich dem Gleichgewicht der äußeren Welt –, blieb die physische und psychische Gesundheit erhalten.

Der menschliche Körper
Zusammengesetzt aus den vier Elementen und der unsichtbaren spirituellen Dimension war der (männliche) Körper das universelle Symbol des Lebens, das Bindeglied zwischen Himmel und Erde und die Personifikation der göttlichen Energie.

Der Sylphe
Die substanzlosen Sylphen waren Luftgeister, denen eine Verbindung zum Göttlichen nachgesagt wurde.

Der Salamander
In der abendländischen Tradition galt der in einem Vulkan lebende Salamander als Geist und Wächter des Feuers.

Die Undine
Der Geist des Wassers, gewöhnlich als schöne junge Frau dargestellt, gilt als verführerisch und treulos zugleich.

Der Gnom
Der böse Geist der Erde, der auch mit der Unterwelt in Verbindung gebracht wird, wurde mit Opfergaben besänftigt.

Luft

Isis
Isis, die wichtigste ägyptische Göttin, die ungeheure magische Kräfte besaß, ist die göttliche Mutter und Beschützerin. Häufig wird sie als Milan dargestellt, dessen Gestalt sie auf der Suche nach den verstreuten Glieder ihres Bruders Osiris annahm. Als sie seinen Leib wieder zusammengesetzt hatte, fächelte sie ihm den Lebensodem zu.

Das Segelschiff
Alle großen Seefahrerkulturen kannten Götter oder Heilige (Aiolos bei den Griechen, den hl. Nikolaus bei den Christen), die die Winde beherrschten und die vor Antritt einer Reise um Beistand angerufen wurden.

Prana
In vielen östlichen Philosophien existiert die Vorstellung, daß die Lebensenergien des Körpers durch die Luft strömen. Diese elementare Energie (symbolisiert durch das obige Zeichen) heißt *prana* bei den Indern, *chi* bei den Chinesen und *ki* bei den Japanern. Sie durchströmt den Körper entlang der sog. Akupunktur-Meridiane und kann durch Yogaübungen beeinflußt werden, um das Wohlbefinden zu verbessern, psychische Kräfte zu entwickeln und physische in spirituelle Energie zu verwandeln.

Pegasus
Das geflügelte Pferd, das aus dem Blut der von Perseus enthaupteten Medusa entstand, symbolisiert die Sehnsucht des Menschen, sich den Luftraum zu erobern. Die Zähmung des Pegasus durch Bellerophon mit Hilfe des Zaumzeugs der Athene zeigt, wie sich der Mensch durch den Beistand der Götter die Elemente nutzbar machen kann.

Feuer

Der Phönix
Der Phönix, halb Adler, halb Fasan, taucht in der mittelamerikanischen, der östlichen und der europäischen Mythologie auf. Er verbrennt sich alle hundert Jahre, erhebt sich aber nach drei Tagen aus der Asche zu neuem Leben. Er ist ein Symbol für Auferstehung, Unsterblichkeit und den unzerstörbaren Geist des Menschen.

Agni
Dieser bedeutende Gott des frühen Hinduismus wird gewöhnlich auf einem Widder (dem Symbol der Sonnenenergie) reitend und mit sieben Zungen (der mystischen Zahl der Schöpfung) dargestellt. Ihm wurden Opfergaben in Form von zerlassener Butter dargebracht, die er, wie man glaubte, mit seinen sieben Zungen aufleckte.

Weihrauch
Im Orient gilt Weihrauch als Schutz gegen böse Geister. Er wird mit Reinheit und mit dem Aufstieg der Seele in den Himmel in Verbindung gebracht.

Rauch
In der Kultur der nordamerikanischen Ureinwohner symbolisiert die Rauchsäule Frieden und den Pfad, den der Mensch nach dem Tod beschreitet.

Die Schiffsbestattung
In Skandinavien wurden die Leichen der Wikingerführer auf Langschiffen verbrannt; der aufsteigende Rauch symbolisierte die Rückkehr der Seele zur Sonne.

Prometheus
Der griechischen Mythologie zufolge raubte Prometheus das Feuer von den Göttern (durch den Besitz des Feuers, d.h. der Weisheit, unterschieden sich diese von den Menschen), verbarg es in einem hohlen Stab und brachte es zur Erde. Prometheus steht für den Mut.

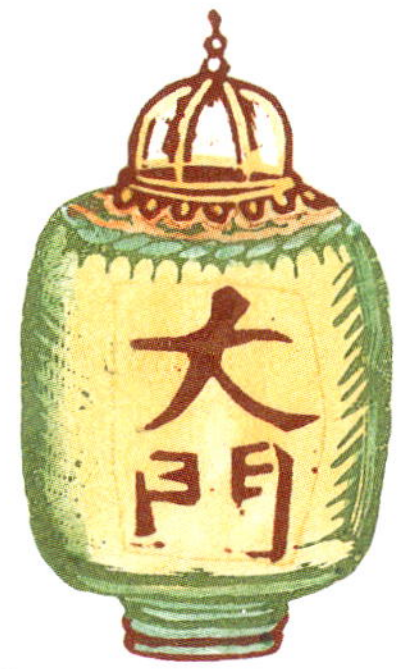

Die Laterne
Die Schatten einer entzündeten, verzierten Laterne galten im Orient als Träger einer eigenständigen Existenz. Laternen wurden deshalb bei vielen Feierlichkeiten zur Darstellung von glückbringenden Symbolen verwendet.

Der Knallkörper
In China sind Knallfrösche Glücksbringer und wehren böse Geister ab. Sie werden in Dreierpaaren entzündet: für die Gaben Gesundheit, Reichtum und langes Leben.

Wasser

Flüsse
Als Lebensquelle und Verbindungswege der alten Kulturvölker sind Flüsse wichtige Bedeutungsträger. Sie markieren die Grenzen zwischen Ländern oder auch zwischen Leben und Tod. Im Hinduismus symbolisieren Flüsse die Reinigung – der Ganges kann alle Verfehlungen hinwegwaschen –, häufig aber auch das Verstreichen der Zeit.

Dampf
Wasser, das als Dampf aufsteigt, ist die Umwandlung von Materie in Geist. Die nordamerikanischen Ureinwohner glaubten, Dampf besitze die reinigende Kraft von Feuer und Wasser gleichermaßen; die Zeremonie des Schwitzhauses dient den Menschen zur Reinigung und zur Wiederbelebung von Körper, Geist und Seele.

Ströme
Die Bedeutung von Strömen ist in vielem der der Flüsse ähnlich, doch stehen sie den kreativen Kräften näher und sind damit Symbole des Lebens und des »Bewußtseinsstroms«, in dem der Mensch lebt. Es heißt, daß vier Ströme vom Baum des Lebens im Paradies ausgehen und die Lebenskraft in die vier Himmelsrichtungen tragen.

Quellen
Da Wasser gewöhnlich in die Erde fließt, gilt sein Aufstreben aus der Erde gewöhnlich als heiliges Geschenk aus dem Schoß der Erdmutter. In der islamischen Tradition stehen Quellen für das Paradies. Meist weiblichen Geschlechts, wird der Quelle auch heilende Wirkung sowie die Kraft, Wünsche zu erfüllen, zugeschrieben.

Boot und Floß
Boot und Floß symbolisieren die sichere Überfahrt ans andere Ufer. Für alle, die reinen Herzens sind, stellt Wasser keine Gefahr dar. Christus ging über das Wasser, und in vielen Kulturen gibt es Legenden von heiligen Männern und Frauen, die auf ähnlich wunderbare Weise sicher ans andere Ufer gelangen. Der heilige Patrick, der Schutzpatron Irlands, soll ein steinernes Floß benutzt haben, Bodhidharma (oben), der den Zen-Buddhismus nach China brachte, soll den Jangtse auf einem hohlen Schilfrohr überquert haben.

Eis und Schnee
Eis steht für Unfruchtbarkeit, Kälte und Erstarrung sowohl des Menschen als auch der Natur insgesamt. Das Schmelzen von Eis kündigt daher die Rückkehr des Lebens an. Schnee bedeutet darüber hinaus verborgene Weisheit und Wahrheit. In China gilt alles, was über dem Eis liegt, als männlich (Yang), das Wasser darunter als weiblich (Yin).

Wolken und Nebel
Wolken symbolisieren Geheimnis und Heiligkeit: in vielen Kulturen werden die Götter in Wolken verhüllt dargestellt. Die Chinesen glaubten, Wolken seien aus der Vereinigung von Yin und Yang entstanden (siehe S. 129), und sahen in ihnen ein Zeichen der Versöhnung. Für die Römer symbolisierten die nebelverhangenen britischen Inseln das magische Land am Ende der Welt.

Regen
Als lebenspendender Segen des Himmels war Regen stets ein Zeichen göttlicher Gunst und Offenbarung, der Herabkunft der Gnade auf die Erde. Doch kann der Zorn der Götter oder das Bestreben, die Erde von Verderbnis zu befreien, auch zu einer Sintflut führen. Die Vorstellung von der Sintflut ist stets mit der Erneuerung allen Lebens verknüpft.

Poseidon
Der römische Neptun, Bruder des Zeus, symbolisierte einst die kosmische Kraft, die das Meer fruchtbar macht, und wurde deshalb auch mit dem Dreizack dargestellt (die Zahl Drei stand für die Schöpfung). Später wurde er mit der Gewalt des Meeres gleichgesetzt, und von seiner Gunst hing die sichere Überfahrt der Schiffe ab. Er galt als gewalttätiger Gott, dem auch Erdbeben zugeschrieben wurden.

Erde

Der Vulkan
Für die Menschen, die an seinem Fuß leben, ist der Vulkan ein furchterregendes Beispiel der zerstörerischen Energie der Erde. Die Perser brachten den Vulkan mit Ahriman in Verbindung, der destruktiven Kraft des Universums. Er wurde als im Innern der Erde gefesselt und auf den Tag des Jüngsten Gerichts wartend vorgestellt. In der griechischen Mythologie war die Aktivität von Vulkanen ein Zeichen für das Wirken des Schmiedegottes Hephaistos.

Die Pagode
Die japanische Pagode, wohl eine Weiterentwicklung des buddhistischen Stupa (siehe S. 59), stellt den Aufstieg zum Himmel dar; sie hat gewöhnlich sieben Etagen, die die einzelnen Stationen dieses Aufstiegs symbolisieren. Die Pagode repräsentiert auch den Berg Meru, die Weltachse im Mittelpunkt des Universums.

Das Tal
Dieses schützende weibliche Symbol wird mit Fruchtbarkeit, Ackerbau und Wasser in Beziehung gesetzt. In der chinesischen und christlichen Tradition ist das Tal mit Dunkelheit und dem Unbekannten verknüpft.

Der Berg
Als Schnittpunkt von Himmel und Erde symbolisieren Berge Männlichkeit, Ewigkeit und den Aufstieg von der tierischen zur geistigen Natur. Die Spitze der Berge gilt als Sitz der Wettergottheiten.

Die Höhle
Die Höhle als weibliches Symbol besitzt eine Vielzahl von Bedeutungen. Sie ist Herz der Welt, Sitz des Unbewußten, Eingang in die Unterwelt, Ort der Initiation und des esoterischen Wissens.

Regenbogen

In der alten Welt, als man die Phänomene am Himmel als Zeichen göttlichen Wirkens betrachtete, wies das Erscheinen des Regenbogens nach einem heftigen Sturm auf die Anwesenheit einer gütigen Gottheit hin. Da der Regenbogen die Kluft zwischen Himmel und Erde zu überspannen schien, galt er als ein besonders wirkungsmächtiges Symbol der Kommunikation mit dem Göttlichen. Die Inkas brachten den Regenbogen mit dem Sonnengott in Verbindung, und im alten Griechenland wurde er durch die geflügelte Göttin Iris dargestellt, die den Menschen die Botschaften der olympischen Götter überbrachte. Sie erwies den Göttern und den Sterblichen gleichermaßen ihr Wohlwollen (jenen gab sie Nektar und Ambrosia; und als der Held Patroklos im Trojanischen Krieg umkam, befahl sie den Winden, das Begräbnisfeuer für ihn zu entfachen). Im Christentum symbolisiert der Regenbogen die göttliche Vergebung und den Bund Gottes mit den Menschen; als nach der Sintflut die Arche Noah trockenes Land erreichte (siehe S. 24), erschien der Regenbogen am Himmel. Bei vielen europäischen Völkern heißt es, dort, wo der Regenbogen die Erde berühre, befinde sich ein Topf mit Gold.

In den Mythen zahlreicher Kulturen ist der Regenbogen im metaphorischen Sinn die Brücke zwischen dieser Welt und der Welt der Götter. So bildet in der skandinavischen Mythologie der Regenbogen die Brücke namens Bifröst zwischen Asgard, dem Wohnsitz der Götter, und der Erde. In China gilt der Regenbogen als Symbol des Himmelsdrachens, der Vereinigung von Himmel und Erde sowie von Yin und Yang.

Der Regenbogenleib
Der Regenbogenleib ist in der hinduistischen und buddhistisch-tantrischen Tradition die höchste Stufe der Versenkung. Die vier Elemente, aus denen der Körper besteht, lösen sich symbolisch in das Licht des Regenbogens auf.

Der Regenbogen
In manchen afrikanischen Gesellschaften wird der Regenbogen mit der Himmelsschlange gleichgesetzt, einem Symbol für die zwischen Himmel und Erde strömende positive Energie. Die Könige und Priester der bantusprachigen Völker der Nil-Sahara-Region rechtfertigten ihre soziale Vorrangstellung durch Mythen, in denen sie als Abkömmlinge des Regenbogens dargestellt wurden.

Donner und Blitz

Donner und Blitz wurden nahezu in allen Kulturen als Manifestation der Götter sowie als Ausdruck göttlichen Zorns interpretiert. Die chinesische Göttin Tien Mu galt als Verkörperung des Blitzes, dessen Lichtstrahl auf die Bösewichter fiel, die dann vom Donnergott Lei Kung zergeschmettert wurden. Der Donner wurde aber auch als »Lachen des Himmels« interpretiert. Die nordamerikanischen Ureinwohner schrieben die Macht des Donners und Blitzes dem Universalgeist, dem Donnervogel, zu; im europäischen Volksglauben galt der Donner als das Geräusch riesiger Kugeln, die über den Himmel rollten, wenn die Götter Sport trieben. Der griechischen Mythologie zufolge bat Semele Zeus, in seiner wahren Gestalt zu ihr zu kommen; er erschien als Blitzstrahl, dessen Feuer sie verzehrte. Eine ähnliche Symbolik fand Eingang in den jüdisch-christlichen Glauben, demzufolge Donner und Blitz die Anwesenheit Gottes, in der Regel des grollenden Gottes, anzeigten. In trockenen Regionen hingegen standen diese Phänomene, von Regen begleitet, für Fruchtbarkeit und Vitalität.

Der Blitz
Der Blitz ist immer mit Intuition und Inspiration assoziiert worden. In der schamanistischen Tradition wird die Initiation mit dem vom Blitz Getroffenen gleichgesetzt, während der tödliche Blitzschlag direkt in das Reich der Toten führt.

Thor
Der nordische Donnergott ließ den Himmel erbeben, als er auf seinem Wagen über ihn hinwegjagte und seinen riesigen Hammer schwang. Das Symbol des Hammers soll das Haus vor Feuersbrunst schützen.

Das Dorje
Dieses donnerkeilförmige Zepter des tibetischen Buddhismus wurde in rituellen und magischen Zeremonien benutzt. Es steht für männliche Energie, und die beiden Kugeln symbolisieren von Himmel und Erde.

Die Schamanenmaske
Schamanen kleideten sich zur Steigerung ihrer Macht häufig in Tierfell; sie werden aber auch in der Zickzackform des Blitzstrahls dargestellt, der ihre Fähigkeit zur Grenzüberschreitung zum Ausdruck bringt.

Tag und Nacht

In Christentum, Buddhismus und Islam ist das Licht ein Aspekt der Göttlichkeit und des Königtums, und der Tag ist mit göttlichem Wirken und göttlicher Schöpferkraft verbunden; so schuf Gott die Welt in »sieben Tagen«, und der »Tag des Brahma« ist der äonenlange Zyklus der Manifestationen des hinduistischen Schöpfergottes. Im Hinduismus sind Tag (Geist) und Nacht (Materie) auf das Öffnen und Schließen der Augen Shivas zurückzuführen. In europäischen Kulturen steht der Tag meist für Leben und die Nacht für den Tod; die Morgendämmerung entspricht der Auferstehung und der Freude. In der Renaissance wurden Nacht und Tag als Facetten ein und desselben Prozesses betrachtet: des unaufhaltsamen Verstreichens der Zeit. Dabei galten Tag und Nacht gleichermaßen als negative Symbole für Altern, Verfall und Tod – bildlich dargestellt als eine schwarze und eine weiße Ratte.

Die Nacht galt als die Zeit der Totengeister und der »Mächte der Finsternis« (u.a. Satans, des Fürsten der Finsternis). Im christlichen Europa mußten Anhänger heidnischer Religionen ihre Rituale heimlich nachts vollziehen, um der Verfolgung zu entgehen – eine Tatsache, die den negativen Symbolgehalt der Nacht verstärkte. Noch im 17. Jahrhundert glaubte man, in der Nacht zöge man sich eher Krankheiten zu als am Tage; und Geschichten über die nächtliche Verwandlung von Menschen in Werwölfe und fledermausartige Vampire waren weit verbreitet. Doch die Nacht bedeutete auch die Rast von den Beschwernissen des Tages sowie die Rückkehr in den schützenden Schoß der Mutter Natur, die ihre Kinder nach Sonnenuntergang zu sich holt. In der griechischen Mythologie personifizierte die Göttin Nyx die Nacht. Häufig dargestellt mit sternenübersätem Schleier und schwarzem Kleid, war sie die Bringerin des Schlafs, der Träume und der geschlechtlichen Lust; in ihrem negativen Aspekt als Mutter von Moros (Verhängnis), Thanatos (Tod) und Hypnos (Schlaf) soll sie sogar von den Göttern gefürchtet worden sein.

Schlaf
In vielen Kulturen wird der Schlaf als eine Phase betrachtet, in der die Seele den Körper verläßt und Erinnerungen sowie Visionen in Träumen aufleben. Für die Tibeter ist er eine Einübung des Sterbens.

Der Flammenkessel
Im Zoroastrismus ist der Flammenkessel das Symbol des Lichtbringers Ahura Mazda, der in einen fortwährenden Kampf mit Ahriman, dem Urheber des Bösen und der Nacht, verwickelt ist.

Die Amme der Götter
Bei den Griechen und Mesopotamiern stellt die göttliche Amme sowohl die Morgenröte als auch das Ende der Zeit dar. Die beiden Kinder, die sie im Arm hält, symbolisieren den Schlaf (weiß) und den Tod (schwarz).

Edelsteine, Gold und Silber

Wegen ihrer Schönheit und Beständigkeit werden Edelsteine und Edelmetalle seit jeher als Talismane und Amulette verwendet; mit ihnen verbindet sich eine reiche Symbolik. Alchemisten beispielsweise suchten nach dem »Stein der Weisen«, der Metall in Gold verwandelt (siehe S. 146–151); und in der Astrologie entspricht jedem Tierkreiszeichen ein Stein, der die Attribute des Sternzeichens symbolisiert.

Ein in einer Höhle versteckter und von einem Drachen bewachter Schatz aus Gold und Edelsteinen steht für die spirituelle Weisheit des Unbewußten. In vielen Religionen sind bestimmten Gottheiten oder Heiligen Edelsteine zugeordnet: so steht im Christentum Quarz für die Jungfrau Maria. Geschliffene Edelsteine symbolisieren das Innere der Seele, die die Last des Körpers abgeschüttelt hat; die funkelnden Facetten stehen für die Widerspiegelung des göttlichen Lichts in der Seele. Edelsteine können jedoch auch negative Konnotationen haben. Der christlichen Mythologie zufolge entstanden diese Steine, als Luzifer vom Himmel hinabgestoßen wurde und sein Licht sich in Millionen glänzender Fragmente zersplitterte, die für das dem materiellen Besitz innewohnende Böse stehen.

Gold und Juwelen können ebenso für die Tricks des Zauberers stehen. Feen lockten mit Gold und Edelsteinen Menschen nachts von Haus und Familie weg; doch im kalten Licht des Tages verwandelte sich der vermeintliche Schatz in die welken Blätter der menschlichen Eitelkeit. Die Ambivalenz der Symbolik von Edelsteinen spiegelt sich auch in der östlichen Vorstellung wider, daß Juwelen aus dem Schleim von Schlangen entstehen und gleichermaßen Gift und spirituelle Weisheit bedeuten.

In vielen westlichen und östlichen Traditionen galten Gold und Silber als Verfestigung der Energie von Sonne bzw. Mond. Gold bleibt stets makellos wie die Sonne, Silber hingegen ist, wie die Oberfläche des Mondes, Unvollkommenheiten unterworfen.

Lapislazuli
Lapislazuli gilt als Zeichen für göttliche Gnade, Erfolg und Begabung, aber auch als Symbol der selbstlosen Liebe und des Mitleids. Für die Chinesen symbolisierte der Stein visionäre sowie heilende Kraft. Im alten Mesopotamien stand der Stein für das Firmament und wurde zur Ausschmückung von Tempeldecken verwendet.

Achat
Als Symbol für Erfolg und Glück bringt Achat auch seinem Träger Sympathien ein. Schwarzer Achat steht für Mut, Gedeihen und Lebenskraft, roter Achat für Gesundheit, Langlebigkeit und Geist.

Perlen
Die Perle besitzt aufgrund ihres blaß schimmernden Glanzes lunare und damit weibliche Eigenschaften. Ihre Herkunft aus der Schale einer Auster führte dazu, daß man sie mit Geheimwissen in Verbindung brachte. Perlen symbolisieren auch Geduld, Reinheit und Frieden, und aufgrund ihrer Transparenz bedeuten sie Tränen der Trauer oder der Freude.

Gold und Silber
Aufgrund seiner Unzerstörbarkeit ist Gold ein nahezu universelles Symbol der Sonne, der göttlichen Erleuchtung, Reinheit, Männlichkeit, Unsterblichkeit und Weisheit. Im alten Ägypten bedeutete Gold die sichtbare Präsenz der Götter in der Materie. Die Azteken betrachteten Gold als Ausscheidung des Sonnengottes, die chinesischen Taoisten als Essenz des Himmels. Silber, ein lunares, weibliches Symbol, steht für Jungfräulichkeit und Beredtsamkeit (die silberne Zunge). Glänzend poliert, steht Silber für die von Sünden gereinigte Seele; im Christentum symbolisiert Silber auch den Verrat an Christus.

Jade
Für die Chinesen ist dies der wertvollste Stein; er steht für Vollendung, Unsterblichkeit und magische Kräfte, die im Kaiser verkörpert sind; der Himmel wurde häufig als durchlöcherte Jadescheibe dargestellt. Jeder Farbe des Jade wurden magische Kräfte zugeschrieben, doch Apfelgrün erfreute sich besonderer Wertschätzung, da es angeblich die Fähigkeit verlieh zu schweben.

Rubin
Dieser Edelstein symbolisiert Königtum, Kraft und Leidenschaft. Aufgrund seiner tiefroten Farbe wurde er mit dem Planeten Mars in Verbindung gebracht, galt aber bisweilen auch als Heilmittel gegen Geistesstörungen.

Smaragd
Als Symbol für Fruchtbarkeit und Regen (aufgrund seiner grünen Farbe) wurde der Smaragd von den Alchemisten mit Weisheit, von den Christen mit dem Glauben in Verbindung gebracht. In der Astrologie ist er Jupiter assoziiert.

Diamant
Als der »edelste der Edelsteine«, auch Regina gemmarum genannt, steht der Diamant für Beständigkeit und Unzerstörbarkeit. Er symbolisiert Sonne und Licht. Im Buddhismus ist ein Diamantthron als »Sitz der Erleuchtung« bekannt.

Saphir
Der Saphir symbolisiert das Himmelsblau, das Element Luft und die göttlichen Tugenden Wahrheit, religiöse Meditation und Keuschheit. Die Alchemisten hielten ihn für ein Mittel gegen den Biß giftiger Spinnen und Schlangen.

Sonne, Mond und Sterne

Der Himmel war für die alten Völker ein Raum für tiefgründige Spekulationen und die Projektion spiritueller Bedürfnisse. Die Sonne als Urquell von Licht und Wärme verband sich mit dem Regen, um Leben hervorzubringen und zu erhalten. Die aktive und schöpferische Energie der Sonne galt als Attribut der Männlichkeit, und aufgrund ihrer hohen Position am Himmel und der Klarheit ihres Lichts galt die Sonne als allsehend. In zahlreichen Kulturen wurde sie als (zumeist männliche) Gottheit verehrt.

Den Inkas galt die Sonne als göttlicher Urvater, dessen Tempel mit Gold – der Farbe der Sonne – reich geschmückt waren. Auch im Christentum gilt die Sonne als bedeutendes Symbol Gottes und der Unparteilichkeit, mit der er seine Gaben unter den Menschen verteilt (»Er läßt seine Sonne scheinen über Gute und Böse«). Im Hinduismus symbolisiert die Sonne das höhere Selbst des Menschen, und die *Upanishaden* (die hinduistischen Schriften) erzählen von der Seele, die nach dem Tod durch die Sonnenstrahlen zur Sonne aufsteigt, »dem Tor zur Welt, dem Eingang für den Wissenden, der dem Unwissenden verschlossen bleibt«.

Der Mond wird allgemein als weiblich betrachtet, was z.T. auf die Entsprechungen von Mondmonat und Menstruationszyklus zurückzuführen ist. Der Mond, der seine Gestalt und seine Position am Himmel unablässig verändert, gilt als launisch, symbolisiert aber zugleich Auferstehung, Unsterblichkeit und die zyklische Natur aller Dinge. Er steht für die Macht der Finsternis, für die geheimnisvolle Seite der Natur; die Mondgöttin wurde als Weberin des Schicksals und Herrscherin über das Geschick aller Menschen, aber auch über die Gezeiten, das Wetter, den Regen und die Jahreszeiten betrachtet.

Während Sonne und Mond die Hauptgötter symbolisierten, stellten die Sterne die untergeordneten Göttergestalten dar, die einen geringeren Einfluß auf das Schicksal der Menschen hatten. Der Mond als Königin des Himmels wird häufig als von Sternen umgeben dargestellt und symbolisiert die Ehrerbietung der anderen Naturkräfte ihm gegenüber.

Der buddhistische Sonnenschirm
Die Sonne besitzt eine zerstörerische Natur, sie kann die Erde austrocknen, die Ernte zerstören und Menschen vernichten. Im Buddhismus waren hochrangige Persönlichkeiten durch einen Sonnenschirm geschützt, der so zum Symbol der Erhabenheit von Buddhas und Bodhisattvas wurde. Der Sonnenschirm stellte sowohl die Sonne als auch den Schutz vor Unheil dar.

Die geflügelte Sonnenscheibe
Sie symbolisiert die Majestät des ägyptischen Sonnengottes Re, des Beherrschers der Sonne und des Himmels. Re, der Schöpfer der Welt, wurde von den Pharaonen verehrt, die sich als seine Söhne betrachteten. Er residierte in der alten Stadt Hieropolis, wo er in Gestalt eines Obelisken angebetet wurde, der als versteinerter Sonnenstrahl galt.

Der Pflug (Großer Bär)
Astronomen versuchten schon früh, die Sternbilder zu deuten, indem sie in ihnen Ähnlichkeiten mit Menschen, Göttern und Objekten sahen. Die Konstellation des Pflugs (Großer Bär) galt als Verkörperung jener Energie, die die ursprüngliche Einheit des Seins in die vielgestaltige Welt der Schöpfung aufspaltete.

Die Morgendämmerung
Zwar gilt die Sonne gemeinhin als männlich, doch wird die Dämmerung als weiblich, in der griechischen Mythologie als Eos (Aurora), die Schwester des Sonnengottes Helios und der Mondgöttin Selene, betrachtet. Häufig wird sie als aus dem Meer aufsteigend oder in einem von Pferden gezogenen Wagen über den Himmel jagend dargestellt. Im Buddhismus symbolisiert die Morgendämmerung das klare Licht der Leere (die letzte Wirklichkeit), das der Mensch im Augenblick des Todes erblickt und das ins Nirwana führt (zur höchsten Glückseligkeit). In den meisten Kulturen ist die aufsteigende Sonne das Zeichen der Hoffnung und des Neuanfangs.

Der Komet
Kometen haben eine traditionell negative Bedeutung. Sie wurden als Ausdruck des Zorns der Sonnengötter betrachtet, als Bringer von Unheil, Krieg und Seuchen. Man glaubte, daß ihre ungestümen Kräfte die Harmonie der Natur stören.

Der Vollmond
Der Mond in seiner ganzen Fülle macht die Makel sichtbar, die ein Zeichen des Verfalls aller zyklischen Dinge sind. Der Vollmond erinnert an die Symbolik des Kreises und an Ganzheit und Vollkommenheit.

Der zunehmende Mond
Er symbolisiert Kreativität, Wiedergeburt, weibliche Fruchtbarkeit und Schwangerschaft. In europäischen Kulturen glaubte man, die Aussaat bei zunehmendem Mond beschleunige den Keimvorgang.

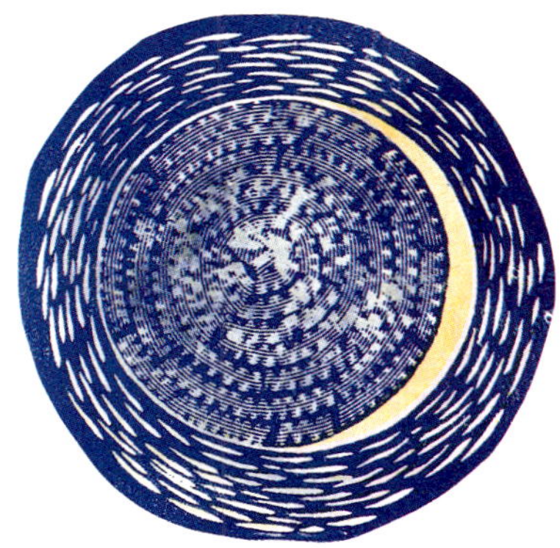

Der Neumond
Symbol des Aufstiegs aus der Unterwelt (die drei Tage des dunklen Mondes). Die Mondsichel ist ein Attribut der Isis, der Großen Mutter der alten Ägypter, und – in christlicher Ikonographie – der Jungfrau Maria.

Körper und Geist

In den meisten esoterischen Traditionen gelten Geist und Materie als Gegensätze, die nur im Menschen miteinander versöhnt sind. Der menschliche Geist wird als Bestandteil der universellen Energie, des göttlichen Prinzips, betrachtet: Er bestimmt die besondere Beziehung des Menschen zu Gott und unterscheidet ihn vom Tier. Die Beziehung zwischen Körper und Geist des Menschen wird in verschiedenen Kulturen jeweils unterschiedlich gesehen, und die Art, wie beide miteinander in Einklang gebracht werden, spiegelt sich in allen Lebensbereichen wider.

Traditionell betont die christliche Theologie die Trennung zwischen Geist und Körper: der Körper gilt als Vehikel der Seele (oder des Geistes), die das »wahre« Wesen des Menschen ausmache. Die unsterbliche Seele, das Geschenk Gottes, verbindet sich nur vorübergehend, für die Dauer eines Lebens, mit dem Körper.

Östliche Weisheits- und Geheimlehren dagegen betonen die Wechselwirkung zwischen Körper und Geist. Deren Trennnung wird durch eine Reihe von Zwischenebenen (oder Energiebereichen) überbrückt: Von solchen Zwischenebenen ist in den hinduistischen Schriften der *Bhagavadgita* die Rede, die den *Sefirot* des kabbalistischen Lebensbaums (siehe S. 153) vergleichbar sind. Auf diesen Ebenen manifestiert sich die Menschheit, deren Wesen – die Seele – ein Produkt von Geist *und* Materie ist. So ist es auch nicht überraschend, daß in östlichen Traditionen bestimmten Teilen des Körpers eine bestimmte spirituelle Bedeutung zugeschrieben wird. Dem Hinduismus und Buddhismus zufolge gibt es im Körper sogenannte *Chakren* (siehe S. 182), Zentralpunkte, an denen geistige und materielle Energie zusammenwirken. Ähnlich kann die chinesische Akupunktur die Lebenskraft (*chi*), die den Körper entlang bestimmter Meridiane durchströmt, dadurch beeinflussen, daß an gewissen Punkten Nadeln angebracht oder Druck ausgeübt wird. Die Notwendigkeit physischer Übung zur Erreichung spiritueller Ziele betont auch das Yoga der indischen Philosophie.

Ein großer Teil der Symbolik des Körpers ist jedoch Orient und Okzident gemeinsam. So zeigt sich der Glaube, der Mensch sei nach dem Bild Gottes geschaffen, in den Darstellungen des Menschen als Mikrokosmos und in der Konstruktion christlicher Kirchen und hinduistischer Tempel, die jeweils ihr Bild von der Form des menschlichen Körpers widerspiegeln (siehe S. 76).

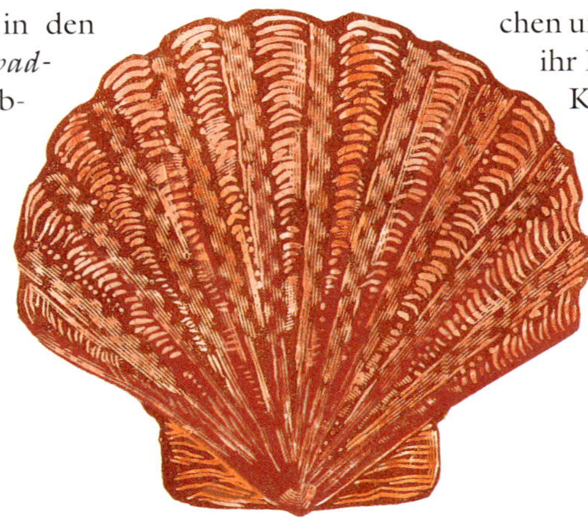

Die Muschelschale
Der Form der Vulva ähnlich, symbolisiert sie das weibliche Prinzip, sexuelle Leidenschaft, Ehe und Fruchtbarkeit.

Die Schöpfung
Die letzte Stufe der Schöpfung, die Erschaffung des Menschen, war ein beliebtes Thema mittelalterlicher christlicher Kunst. Schöpfungsgeschichten zählen wohl in allen Kulturen zu den wichtigsten Mythen; sie legen die Beziehung des Menschen zu den Göttern und dem Kosmos dar und bilden das Fundament aller weiteren Mythen.

Sexualität und Fruchtbarkeit

Sexualität war für die Menschen früherer Epochen nicht so sehr ein physisches Phänomen oder eine Quelle der Lust und ein Mittel der Fortpflanzung. Die Vereinigung männlicher und weiblicher Energie, um Leben hervorzubringen, lag symbolisch allen Schöpfungsakten zugrunde, auch der Fruchtbarmachung der Erde. Dem indischen Tantrismus zufolge (siehe S.180) gründete der Kosmos auf der Vereinigung des männlichen Prinzips (Shiva) mit dem weiblichen Prinzip (Shakti). Durch den Nachvollzug dieser Vereinigung im Geschlechtsverkehr zwischen Mann und Frau konnte ein Zustand glückseliger Erleuchtung erreicht werden.

Sexuelle Symbole finden sich auch in Kunst und Mythologie der vorchristlichen europäischen Kulturen, doch sind sie eher mit Fruchtbarkeit oder obszönen Vergnügungen verbunden. Priapos, der altgriechische Gott der Fruchtbarkeit und sexuellen Potenz zum Beispiel, wurde als die Karikatur eines Mannes mit einem riesigen Phallus dargestellt: Esel, Symbole der Geilheit, wurden ihm zu Ehren geopfert. Sein weibliches Gegenstück Baubo, in der griechischen Mythologie eine Begleiterin der Göttin Demeter, wurde ähnlich grotesk dargestellt: als ein Gesicht, das sich über einer riesigen Vulva erhebt. Als Heiterkeit erregende Gestalt wurde sie manchmal auch rittlings auf einem Schwein sitzend dargestellt. Bei den Kelten wurden männliche Gottheiten meist mit einem großen oder auch dreifachen Phallus abgebildet, um deren Sexualität und Fruchtbarkeit zu betonen.

Viele Fruchtbarkeitssymbole entstammen der natürlichen Welt: Tiere mit großer Nachkommenschaft wie Hase, Frosch, Schildkröte und Heuschrecke stehen für Wiedergeburt. Das Ei, das neues Leben enthält und zugleich den Hoden ähnelt, steht für die Kontinuität des Lebens. In der christlichen Tradition ist das Ei mit Ostern verbunden, der Zeit des neuen Werdens und der Auferstehung Christi; und in den Mythologien Japans, Indiens, Polynesiens, Skandinaviens, Perus und Chinas ist die Welt aus einem Urei entstanden. Auch viele Heroen sollen nicht wie Menschen geboren, sondern aus Eiern geschlüpft sein.

Die Getreidepuppe
Aus Getreidehalmen und Ähren gefertigt, wurde die Getreidepuppe als Talisman von Frauen benutzt, die schwanger werden wollten.

Artemis
Artemis, die römische Diana, war die Göttin der Erde, der Fruchtbarkeit und der Geburt; sie symbolisierte die Natur in allen ihren Aspekten.

Das Füllhorn
Es symbolisiert die Vereinigung des Männlichen und des Weiblichen, da es phallisch und hohl zugleich ist. Die alten Griechen betrachteten es als Attribut der Amalthea, jener Nymphe, die sich in eine Ziege verwandelte und den neugeborenen Zeus nährte.

Der Maibaum
In vielen Kulturen - von Europa bis nach Nordamerika – tanzt man im Frühjahr während der Fruchtbarkeitsrituale um einen geschmückten Pfahl: ein phallisches Symbol, das das alljährliche Erwachen der Natur darstellt. Auf einer tieferen Bedeutungsebene steht der Pfahl für die Weltachse, die den Himmel stützt und ins Reich der Götter führt.

Der Hochzeitskuchen
Hochzeitsfest und Hochzeitskuchen symbolisieren die Verbindung zwischen Essen und Sexualität (wie es die Freudsche Psychologie betont), aber auch den Friedensvertrag (das Brotbrechen) zwischen den beiden Familien, die durch die Heirat miteinander verbunden werden. Das Wort »Vermählung« geht auf das Hochzeitsmahl zurück.

Der Linga
Ein Symbol der männlichen schöpferischen Energie, für die der hinduistische Gott Shiva steht. Der Linga bedeutet Wiedergeburt, und in Verbindung mit dem Yoni (einem Vulva-Symbol, meist in Form eines Rings) die Vereinigung der beiden Geschlechter.

Der phallische Riese
In weiten Teilen Europas wie auch auf den Pazifischen Inseln wurden Darstellungen von Riesen und Naturgeistern mit erigiertem Phallus in Holz und Stein gehauen. Sie repräsentierten Fruchtbarkeit und die männliche Schöpferkraft innerhalb des Universums.

Körper, Jugend und Alter

In Shakespeares Drama *Wie es euch gefällt* teilt Jaques das menschliche Leben in sieben Stufen ein: Hilflosigkeit (»das Kind, das in der Wärt'rin Armen greint und spuckt«); Unterdrückung (»das weinerliche Schulkind«); Narrheit (»der Verliebte, der wie ein Ofen seufzt«); falscher Stolz (»der Soldat, auf Ehre eifersüchtig«); Selbstzufriedenheit (»der Richter mit rundem Bauche«); Nutzlosigkeit (»der besockte, hagre Hanswurst«); und schließlich Verfall und Auflösung (»die zweite Kindheit, gänzliches Vergessen«). In den meisten Kulturen wird der Gang des Menschen durchs Leben weniger zynisch in drei Phasen unterteilt: Kindheit und Jugend, Reife und Alter.

Die Verspieltheit des Kindes wird im Hinduismus durch Krishna symbolisiert, der die Hirtinnen neckt; im Christentum durch den Jesusknaben, der die Schriftgelehrten im Tempel mit Fragen in die Enge treibt, und im alten Ägypten durch den Knaben Horus (in Gestalt von Harpocrates, dem Gott des Schweigens), der der Stimme des Universums lauscht. Die Taten und Pflichten des Erwachsenen repräsentieren der heilige Georg und Christus; bei den alten Griechen war dies Theseus, der den Minotaurus tötete, damit keine Menschen mehr geopfert werden mußten. Die Weisheit des Alters ist symbolisch im griechischen Gott Saturn dargestellt, der das Universum im Goldenen Zeitalter regierte; in christlichen Darstellungen ist dies Gott Vater als alter Mann. In den meisten östlichen Traditionen werden Jugend und Alter als komplementäre Aspekte – Unschuld und Weisheit – einer Wirklichkeit betrachtet.

Häufig ist der menschliche Körper auch ein Symbol für die ihm innewohnende Seele. Die alten Ägypter mumifizierten den Körper, damit die Seele auf ihrer Reise mit seiner Hilfe Verbindung mit der Welt der Formen aufnehmen konnte. Buddhisten, Hindus und die Christen des Mittelalters verehrten die leiblichen Überreste verstorbener Heiliger. Die nordamerikanischen Ureinwohner und die sibirischen Schamanen werden bei ihrer Initiation symbolisch zerstückelt, um danach als eine neue Ganzheit wiederbelebt zu werden.

Doch der Körper als Symbol ist ambivalent. Er ist heilig und doch profan, da er die Sinnenlust der animalischen Welt kennt. In westlichen und östlichen Kulturen gilt besonders der weibliche Körper als Sinnbild der Verderbnis, da er, wie man meinte, die Reinen und Starken von ihren Zielen ablenke. Die Gestalt der Verführerin taucht in vielen Mythen auf, von den Sirenen der alten Griechen bis zu der deutschen Loreley – beide Wassergeister, deren Gesang die Männer in den Tod lockt.

Kleidung und Schmuck
Im Unterschied zur Nacktheit, die Unschuld und Befreiung von irdischem Unrat bedeutet, sind Kleider mehrdeutig. Der Umhang symbolisiert Geheimnis und magische Kräfte, feine Kleider hingegen Autorität und Privilegien, daneben aber auch Dummheit und Stolz. Dieser Holzschnitt aus dem 18. Jahrhundert soll die Laster Eitelkeit und Weltlichkeit zum Ausdruck bringen.

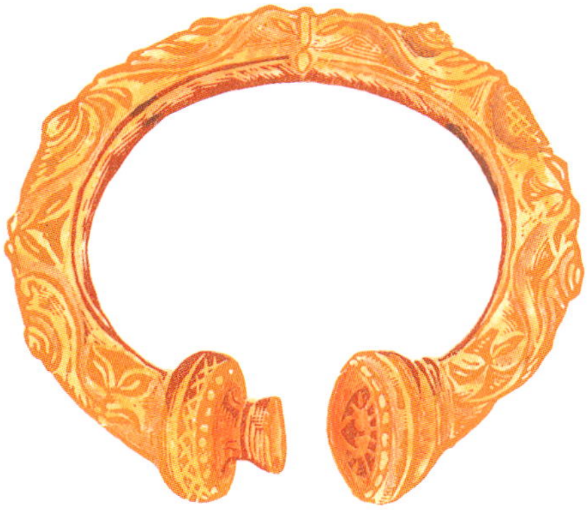

Geschmeide
Das Tragen von Schmuck wird häufig als Versuch betrachtet, das Werk Gottes zu verbessern, und ist deshalb oft negativ besetzt. Das einzelne Schmuckstück hat eine eigene, meist positive Symbolik.

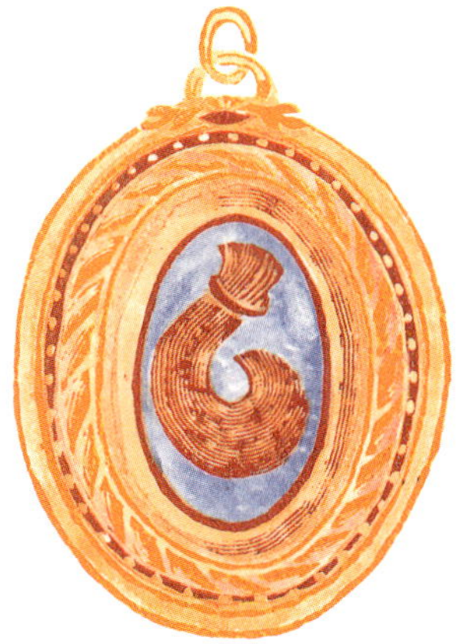

Medaillon mit Haarlocke
Haar, das nach dem Tod noch eine Zeitlang weiter wächst, symbolisiert die Lebenskraft eines Menschen: das Medaillon mit der Haarlocke eines geliebten Menschen ist Ausdruck des Gedenkens.

Das Urteil des Paris
Bei der Hochzeit der griechischen Göttin Thetis warf Eris (der Streit) einen goldenen Apfel unter die Gäste, den die Schönste der Anwesenden erhalten sollte. Die Göttinnen Hera, Athene und Aphrodite forderten jeweils den Preis für sich. Daraufhin ernannte Zeus Paris, den Sohn des trojanischen Königs Priamos, zum Richter im Schönheitswettbewerb. Paris erwählte Aphrodite, die ihm die Liebe der von ihm erwählten Frau versprach und die Schönheit Helenas, der Frau des Königs von Sparta, pries. Paris entführte Helena nach Troja und beschwor so den Trojanischen Krieg herauf, in dem er den Tod fand. Dieser Mythos will zeigen, daß Schönheit auch zerstörerisch sein kann.

Die Hand
Die rechte Hand wird meist mit Aufrichtigkeit, die linke mit Unaufrichtigkeit verbunden. Gesten der Hand tragen bestimmte Bedeutungen: so symbolisierte der gestreckte Daumen Männlichkeit. Hindus und Buddhisten kennen in Ritual und Tanz mehr als 500 Gesten, sogenannte *mudras*.

Fuß und Fußabdruck
Füße stehen für Stabilität und Freiheit. Man glaubte, sie könnten Energie aus der Erde anziehen. Einkerbungen in Felsen wurden als Fußabdruck der Götter betrachtet. Der Fußabdruck Buddhas (oben) trägt Symbole der Göttlichkeit: Der Mensch, der ihm folgt, gelangt zur Erleuchtung.

Das Herz
Das Herz ist das Grundsymbol für Aufrichtigkeit, Liebe und Mitleid sowie für den Mittelpunkt aller Dinge. Von einem Pfeil durchbohrt und in Verbindung mit einem Kreuz oder einer Dornenkrone ist es ein Symbol der Heiligen; ein geflügeltes Herz stellt Christus dar.

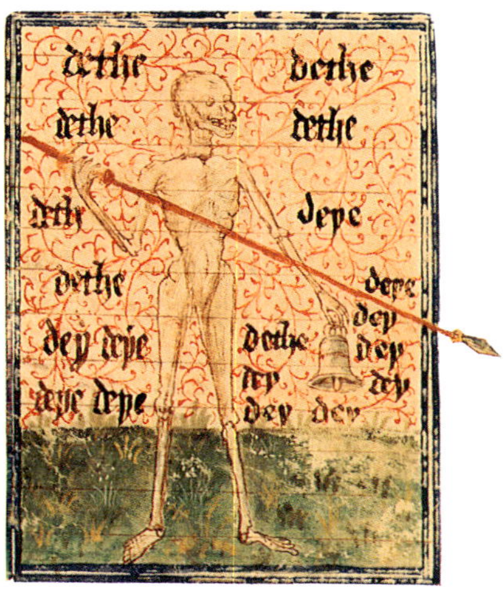

Das Skelett
Es bedeutet gewöhnlich Sterblichkeit und Eitelkeit des menschlichen Strebens, kann aber auch für asketisches Leben stehen. In der alchemistischen Symbolik wird das Skelett mit der Nigredo gleichgesetzt (siehe S. 149), dem Stadium des Todes vor der Auferstehung.

Der Sensenmann
Als Symbol für die Vergänglichkeit menschlichen Strebens und für den Tod wird der Sensenmann mit Kronos, dem griechischen Gott, der seine Kinder verschlang, gleichgesetzt. Oft sind ihm auch ein Stundenglas oder eine Sanduhr beigegeben.

Gut und böse

Das Gute und das Böse, die antagonistischen Kräfte des Universums, werden meist als unversöhnliche Gegensätze dargestellt: zum Beispiel als Schönheit und Häßlichkeit, Mut und Feigheit. In der christlichen Symbolsprache ausgedrückt, schlagen nur wenige den geraden Pfad zum ewigen Leben ein, die meisten folgen der breiten Straße ins Verderben. Das Gute und das Böse verkörpern auch die Dreifaltigkeit und der Teufel, der manchmal – um den Vergleich augenfällig zu machen – auch mit drei Gesichtern dargestellt wurde. In den meisten Kulturen wird der Lohn für gutes Verhalten als Schatz dargestellt, dessen Suche sich lohnt, die Strafe, die den Bösen erwartet, hingegen als fürchterlich beschrieben. Die östliche Vorstellung des Karma ist dagegen nicht so endgültig und bietet unbegrenzte Möglichkeiten zur Wiedergutmachung. Jede menschliche Tat hat eine Wirkung in diesem Leben, im Leben nach dem Tod oder in einer weiteren Reinkarnation in dieser Welt. Aus dieser Gesetzmäßigkeit, die zur natürlichen Ordnung gehört wie Alter oder Schwerkraft, gibt es kein Entrinnen.

Doch lehnen viele esoterische Richtungen die Vorstellung von gut und böse als Gegensatzpaar ab und lehren, daß jedes Handeln beide Elemente enthält. So kann beim Bestellen des Feldes das Gleichgewicht der Natur zerstört werden; oder derjenige, dessen Leben gerettet wird, kann anderes Leben zerstören. Umgekehrt fügt ein Arzt Schmerz zu, um eine Wunde zu behandeln, oder ein Soldat tötet ein Leben, um hundert andere zu retten. Unser alltägliches Dasein beruht auf dem Tod von Pflanzen und Tieren, ohne den kein menschliches Leben möglich wäre. So stehen also das Gute und das Böse nicht miteinander im Widerstreit, sondern bedingen sich gegenseitig.

Tai Chi (Yin Yang)
Dieses alte östliche Symbol stellt das Gleichgewicht zwischen den gegensätzlichen Kräften dar, die die Welt der Formen hervorbringt. Jede trägt in sich den Keim der anderen. Männlich und weiblich, gut und böse brauchen ihr Gegenteil, um zur Geltung zu kommen.

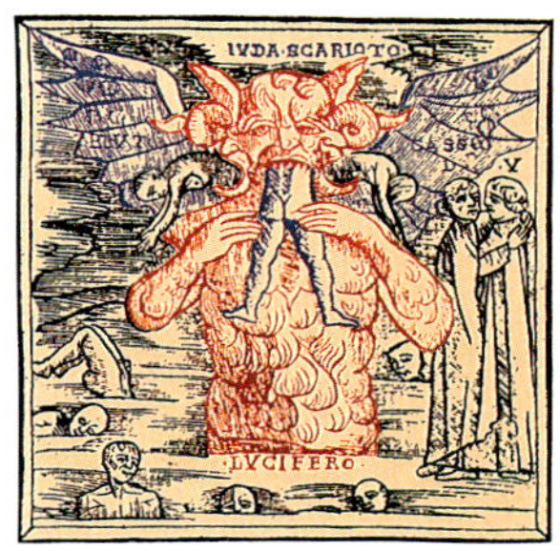

Der Dämon
Das Griechische *daimon* (später *daemon*) hieß ursprünglich Gott, bevor seine Bedeutung verfiel und es nur noch für Naturgeist bzw. später Höllenwesen verwendet wurde. Heute symbolisiert der Dämon die aktive Kraft des Bösen im Sinne des Teufels.

Der Erzengel
Erzengel, die zuerst in den westlichen Religionen auftauchten, sind Aspekte der göttlichen Kraft. Im Christentum tragen die Erzengel Michael, Raphael, Uriel und Gabriel ein Schwert, einen Pilgerstab, ein Buch bzw. eine Lilie und symbolisieren damit göttliches Gericht, Schutz, Weisheit bzw. Gnade.

Der Mönch
Er steht für Frömmigkeit, Strenge, Rückzug aus der Welt in ein Leben, das der spirituellen Entwicklung geweiht ist. Der Mönch steht außerdem für Heilung (die Krankenpflege wurde zuerst in Klöstern praktiziert), für Zuflucht des Reisenden, Gelehrsamkeit und diszipliniertes Arbeiten.

Heiligenschein, Maske und Schatten

Der Glorienschein oder Nimbus wurde seit dem 2. Jahrhundert in der christlichen Ikonographie verwendet, doch war er schon in der griechischen und östlichen Kunst als Zeichen der Göttlichkeit bekannt. Er repräsentiert die Aura, das Energiefeld, das, wie man glaubte, den menschlichen Körper umgibt; oder er steht für die Sonne und damit für den göttlichen Glanz, der vom Menschen ausgeht.

Negativ mit dem Glorienschein verbunden ist der Schatten – jener Aspekt des Menschen, der das Strömen des Lichts vom Himmel zur Erde unterbricht. Er ist ein Symbol unserer materiellen Natur, der Dichte der Form im Gegensatz zur Transparenz des Geistes. Die Maske kann für das künstliche, nach außen gekehrte Gesicht stehen, welches das Wesen eines Menschen verbirgt. Doch im Schamanismus und im tibetischen Buddhismus gilt die Maske als Hilfsmittel, um über sich hinauszugelangen, das Ich aufzugeben und es den Geistern hilfreicher Tiere oder Götter zu ermöglichen, von dem Schamanen Besitz zu ergreifen und durch ihn zu wirken.

Die Gloriole
Ein Symbol des göttlichen Glanzes und der göttlichen Weisheit sowie der Emanation von Lebenskraft. In der christlichen Kunst ist der Heiligenschein meist rund und weiß oder goldfarben. In der Orthodoxen Kirche befindet sich darin eingelassen häufig ein Kreuz.

Der Schatten
Der Schatten ist ein Zeichen der Materialität, und man glaubte, Geister hätten keinen Schatten. Mit C. G. Jung könnte man sagen, der Schatten sei der unterdrückte oder unvollständig erkannte Teil des Selbst.

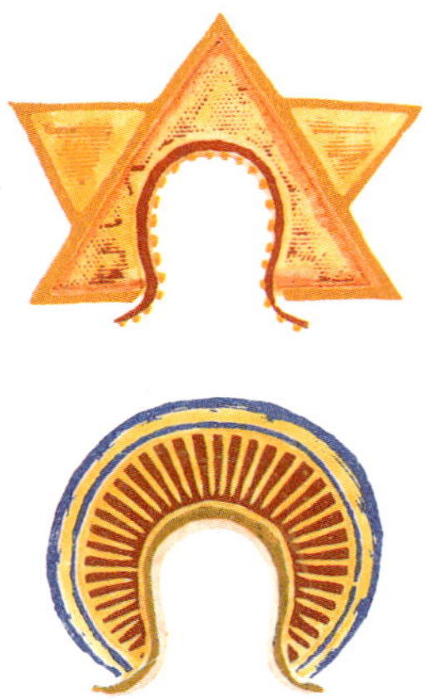

Varianten der Heiligenscheine
In manchen Kulturen zeigt ein Quadrat oder ein sechseckiger Glorienschein an, daß dessen »Träger« noch lebt, ein runder Glorienschein dagegen weist darauf hin, daß der Heilige bereits verstorben ist.

Die Mandorla
Die ovale Mandorla (italienisch »Mandel«) ist eine Variante des Glorienscheins und umgibt den gesamten Körper eines Heiligen. Sie symbolisiert Kraft und Spiritualität und taucht in zahlreichen Darstellungen von Christi Himmelfahrt auf.

Die Maske

Masken bedeuten Verhüllung oder Verwandlung. Mit ihrer Hilfe wollte man in engeren Kontakt mit Göttern, Geistern und dem instinktiven Wissen von Tieren gelangen. Im Osten gilt die Maske als Symbol der großen Täuschung des Seins: die Welt ist *maya*, die Maske Gottes. Im griechischen Theater und im japanischen No-Theater signalisieren Masken die Eigenschaften der einzelnen Figuren und erlauben dem Zuschauer eine stärkere Identifikation mit ihnen, da sie von den Darstellern losgelöst zu sehen sind.

Götter und Göttinnen

Frühe schriftliche Zeugnisse, z.B. das hinduistische *Rigveda* (in Teilen bereits 1000 v. Chr. entstanden), lassen darauf schließen, daß Menschen den Leben hervorbringenden und erhaltenden Energiekräften schon immer eine große Verehrung entgegenbrachten. Da jedoch der Ursprung dieser Kräfte jenseits allen Verstehens und Beschreibens lag, machten sich die Menschen ein symbolisches Bild von den letzten Wirklichkeiten. Psychologisch gesehen projizierten sie den Archetyp (siehe S. 13) der höheren Mächte nach außen. So entstand die Vorstellung von Göttern, die mit all jenen Eigenschaften ausgestattet waren, nach denen der Mensch selbst strebte. In vielen Kulturen nahm die Zahl der Götter im Laufe der Zeit zu, und sie symbolisierten jeweils einen bestimmten Aspekt der Natur (Donner, Meer, Feuer, Krieg) oder eine bestimmte Eigenschaft des Menschen (Mitleid, Schönheit, Weisheit). In den höher entwickelten Formen der Religion waren die einzelnen Götter einer letzten höheren Macht untergeordnet, die als Sonne oder Himmelsgott oder auch abstrakter als unendliche Kraft oder Leere dargestellt wurde.

Die Götter sind nicht als Ausgeburten der reichen menschlichen Phantasie zu sehen, sondern die Kraft, die das Universum erschuf und erhielt, teilt sich dem Menschen in symbolischer Form mit, da sie dem menschlichen Vermögen entspricht, erste und letzte Zusammenhänge zu verstehen. In diesem Sinn sind die Götter das Ergebnis des Zusammenspiels von göttlicher Energie und den Grenzen des menschlichen Denkens.

C.G. Jung glaubte, die menschliche Psyche besitze eine »natürliche religiöse Funktion«, ein drängendes Bedürfnis, den unbewußten Archetypen Ausdruck zu verleihen. Dieses Bestreben – an Intensität dem Sexual- und dem Aggressionstrieb ähnlich – erklärt die ungeheure Energie, mit der die Menschen Tempel und Kathedralen bauen, Religionskriege führen und andere bekehren wollen. Jung behauptete, wenn man diese Bedürfnisse ersticke (vor allem im zunehmenden Alter, wenn jugendliche Ambitionen keine hinreichende Motivation mehr darstellen), könne dies zu psychischer Instabilität oder körperlichem Zusammenbruch führen.

Gottvater
In der christlichen Kunst, die die Sichtweisen vorwiegend patriarchalischer Gesellschaften widerspiegelt, wird Gott meist als weiser Vater mit langem weißem Bart (Symbol der Würde) dargestellt. Vor dem 15. Jahrhundert waren solche Abbildungen selten, und Darstellungen biblischer Geschehnisse zeigten Gott in Gestalt Christi, der durch einen kreuzförmigen Glorienschein hervorgehoben ist. Der Islam verbietet die Darstellung Allahs, um Fehldeutungen zu vermeiden, die den Glauben behindern.

Das Tetragramm
Der Name Gottes, der Mose durch die vier hebräischen Buchstaben JHWH enthüllt wurde, ist als Tetragramm bekannt. Dieses heilige Wort leitet sich, so glaubt man, von der Selbstbeschreibung Gottes im Buch Exodus ab: »Ich bin, der ich bin«.

Kuan Yin
Ein chinesisches Symbol der göttlichen Reinheit und Weisheit. Buddhisten betrachten Kuan Yin als weibliche Form von Avalokiteshvara, dem tausendarmigen Bodhisattva der unendlichen Barmherzigkeit.

Durga
In der hinduistischen Symbolik befinden sich männliche und weibliche Schöpfungsenergien stets im Gleichgewicht. Deshalb hat auch jeder Gott eine Gemahlin, die ihm an Bedeutung nicht nachsteht. Durga, die Gemahlin Shivas, ist die göttliche Mutter des Universums, die Kämpferin gegen das Böse (worin sie manchmal mit der schrecklichen Kali gleichgesetzt wird) und das Symbol der Einsicht, des Unterscheidungsvermögens, der Hingabe und der Glückseligkeit. Oft wird sie als zehnarmig (Symbol der Majestät und Stärke) und auf einem Löwen reitend (spirituelle Kraft) dargestellt.

Quetzalcoatl
Die gefiederte Schlange, der oberste aztekische Gott des Windes und des Westens. Quetzalcoatl war ein Symbol der Güte, Weisheit und Gesetzgebung; er besiegte die alles verschlingende Erdschlange und machte die Erde bewohnbar. Menschenopfer wurden nicht Quetzalcoatl selbst dargebracht, sondern dienten zur Beschwichtigung der blutrünstigen Erdschlange.

Saturn
Der römische Gott der Aussaat, des Ackerbaus und der Fülle (mit dem griechischen Gott Kronos gleichgesetzt) regierte die Erde im Goldenen Zeitalter, der mythischen ersten – paradiesischen – Epoche nach der Erschaffung der Welt. Die Saturnalien, ein Fest der Ausgelassenheit, mit dem die Wintersonnenwende gefeiert wurde, gilt als der Ursprung des christlichen Weihnachten.

Shiva
Shiva, einer der drei hinduistischen Hauptgötter und Herr des kosmischen Tanzes, zerstört, damit sich Leben erneuern kann. In einer seiner vier Hände trägt er die verzehrende Flamme, in einer anderen die Rassel, deren Klang die Schöpfung hervorbringt. Die dritte Hand streckt er in einer Geste der Furchtlosigkeit aus, und die vierte weist auf den Zwerg der Unwissenheit zu seinen Füßen.

Hexen, Priester, Magier

Ob verehrt oder geschmäht – durch ihre Nähe zu den tiefsten Geheimnissen wahrer Erkenntnis hatten diese Menschen immer schon eine besondere Stellung in der Gesellschaft. Der Glaube an Hexerei ist alt und war in Europa, Afrika und Nordamerika weit verbreitet; Ethnologen schreiben diesem Volksglauben eine genau definierte soziale Funktion zu. Da die Hexe als von bösen Geistern besessen gilt, ist sie der Sündenbock, auf den Unglück und soziale Konflikte übertragen werden können. Seit dem Christentum wurden Hexen als Werkzeug des Teufels betrachtet; der biblische Aufruf, »keine Hexe am Leben zu lassen«, wurde noch im Jahr 1692 wörtlich genommen, als neunzehn angebliche Hexen in der Kolonie Salem an der Massachusetts Bay gehängt wurden. Hexen wurden häufig als Verführerinnen oder Menschenfresserinnen charakterisiert, und als Eulen, Katzen und Kröten dargestellt, da man glaubte, sie könnten sich in diese Nachttiere verwandeln.

Im Unterschied zur Hexe symbolisierte der Priester meist den gesellschaftlich sanktionierten Gebrauch der inneren Weisheit; er war der Sachwalter der Religion, auf die sich die politischen Anführer beriefen. In der altägyptischen Gesellschaft und in einigen südamerikanischen Kulturen waren die Priester zugleich die Könige – eine Stellung, die sie aufgrund ihrer geistigen Kräfte innehatten.

In wenigen Kulturen war das Priestertum eine reine Männerdomäne: Weibliche Energie wurde als Verkörperung der geheimnisvollen und verborgenen Seite der Natur betrachtet; in den meisten Gesellschaften des Mittelmeerraumes wurde den Frauen deshalb eine deutlich größere spirituelle Kraft zugeschrieben als den Männern – eine Überzeugung, die in der weit verbreiteten Verehrung weiblicher Gottheiten wie Isis und Artemis zum Ausdruck kam.

Die Rolle der Magier ist zwischen Hexen und Priestern angesiedelt, da sie, wie man meinte, dem Guten wie dem Bösen dienen können. Sie übten ihre Kunst insbesondere in Form ritueller Praktiken aus, öffneten ihr Bewußtsein der Vereinigung mit dem Göttlichen und trachteten nach der Beherrschung der Naturkräfte.

Der Magier
Magier symbolisieren Zauberkräfte des Guten (Magier des rechten Pfads) oder des Bösen (die des linken Pfads); sie stehen aber auch für die Weisheit des Alters und für die Einsamkeit des Gelehrtendaseins.

Die Hexe
Die Hexe, die für Zerstörung und dunkle Kräfte steht, ist meist, aber nicht immer, weiblich. Im Westen wird sie auf einem Besenstiel reitend vorgestellt, in Afrika ist sie fett vom Genuß von Menschenfleisch und hat rote Augen von ihren nächtlichen Unternehmungen.

Himmel und Hölle

In alter Zeit galt der Himmel als der natürliche Aufenthaltsort der Götter, die Sonne, Regen und andere Naturkräfte, von denen das Leben abhing, in ihrer Gewalt hatten. Häufig glaubte man, die Götter lebten auf einer festen Kuppel (oder dem Firmament) über der Erde, wo sie das Treiben der Sterblichen beobachteten und richteten. Der oder die Himmel (in den meisten Sprachen bedeutet es dasselbe) waren demnach die Belohnung für ein gutes Leben. Und als Gegenteil des Himmels wurde die Hölle – die dunkle Unterwelt – zum Ort für Strafe und Vergeltung.

Beschreibungen des Himmels unterscheiden sich je nach Kultur sehr stark. In vielen westlichen Kulturen ist der Himmel nur die Potenzierung irdischer Freuden. Christliche Künstler stellten den Himmel als schönen Garten im Sinn des Paradieses dar, und der altnordische Walhalla-Himmel zeichnete sich durch unablässiges Fest- und Trinkgelage aus. Bei den Inka und im alten Ägypten hatte der Himmel als Ort des inneren Friedens und der Freiheit von fleischlichen Begierden eine spirituelle Dimension. Ähnlich unterschiedlich sind die Vorstellungen von der Hölle. In der christlichen Kunst war die Hölle der Sitz des Teufels, der vom dreiköpfigen Hund Cerberus (aus der griechischen Mythologie entlehnt) bewacht wurde; und es wurde ernstlich vor den Strafen für bestimmte Sünden gewarnt: Ehebrecher, so glaubte man, würden dadurch bestraft, daß Insekten und Kröten ihre Genitalien fressen. In der islamischen Vorstellungswelt denkt man sich die Körper der Sünder vergrößert, um ihr Leiden in der Hölle noch zu verstärken. Die alten Griechen glaubten, Hades, die Unterwelt, bestehe aus drei Bereichen: Asphodill, einer Vorhölle, in der die Seelen ziellos umherirren; Elysium, das den Glückseligen vorbehalten ist, sowie Tartarus, wo die Bösen hart bestraft werden.

In den östlichen Religionen hingegen stehen die Wiedergeburt und die letztliche Erlösung aus dem Kreislauf des Werdens stärker im Vordergrund. So werden zum Beispiel im Buddhismus Himmel und Hölle als Orte gesehen, an denen der Mensch die Verdienste oder Fehler verarbeiten muß, bevor er erneut in die Welt der Inkarnation zurückkehrt.

Paradies
Das Paradies gilt als Ort des Friedens, des Lichts und der Schönheit, als Widerspiegelung der ursprünglichen Vollkommenheit der Natur. Manchmal symbolisiert es den Himmel, manchmal eine Stufe auf dem Weg dorthin. Das Paradies wird als Garten oder, wie in der christlichen Tradition, als Neues Jerusalem, dargestellt.

Tsitigarbharaja
Die Vorstellung der ewigen Hölle widerspricht der buddhistischen Lehre. Der Bodhisattva Tsitigarbharaja, der beständige Liebe und Mitleid verkörpert, steigt in die Hölle hinab, um zu predigen, zu lehren und die Leidenden zu retten.

Die Jakobsleiter
In der Genesis träumt Jakob von Engeln, die auf einer Leiter zwischen Himmel und Erde auf- und absteigen. Diese Leiter steht für die Möglichkeit des Menschen, in den Himmel hinaufzusteigen, aber auch für den Herabstieg des Göttlichen auf die Erde.

Die japanische Hölle
Sünder werden hier durch Emma-o gerichtet, den Herrn der Unterwelt, der oft mit einem Zepter in der Hand dargestellt ist. Nach dem Gericht gelangen sie in eine der sechzehn Regionen des Feuers oder des Eises, aus der sie nur die Gebete der Lebenden erretten können.

Das Flammenschwert
Als Adam und Eva aus Eden vertrieben wurden, stellte Gott östlich des Gartens »ein loderndes Flammenschwert« auf. Es symbolisiert das Opfer, das von nun an jedem auferlegt ist, der den Garten wieder betreten will: Er muß sein Ego aufgeben, das sich von Gott unabhängig glaubt.

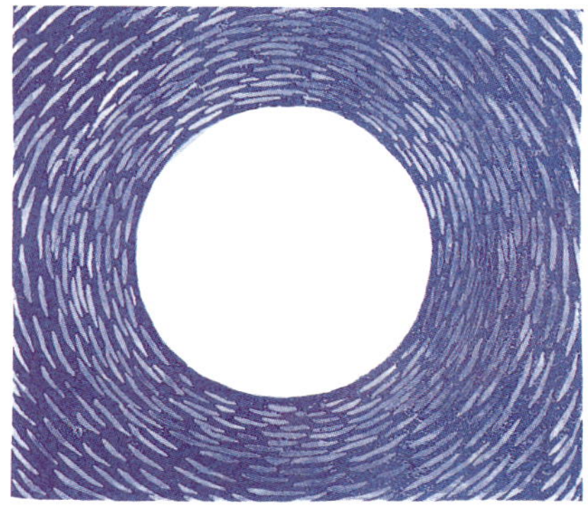

Nirwana
Das höchste Ziel des Buddhismus, das Nirwana, übersteigt alle Beschreibungen: Es ist die äußerste Stille, das Loslassen aller Begrenzungen der Existenz, und es ist nur in abstrakter Form symbolisiert.

Charon und Styx
Den Tod stellte man sich schon immer als Reise vor – als Flug der Seele ins Reich des Osiris, als Seefahrt zu den Inseln der Seligen, als Ritt mit den Walküren in die Walhalla. Für die Griechen war der Tod eine Reise über den Fluß Styx, und Charon war der Fährmann. Damit die Toten für diese Überfahrt bezahlen konnten, begrub man sie mit Münzen im Mund.

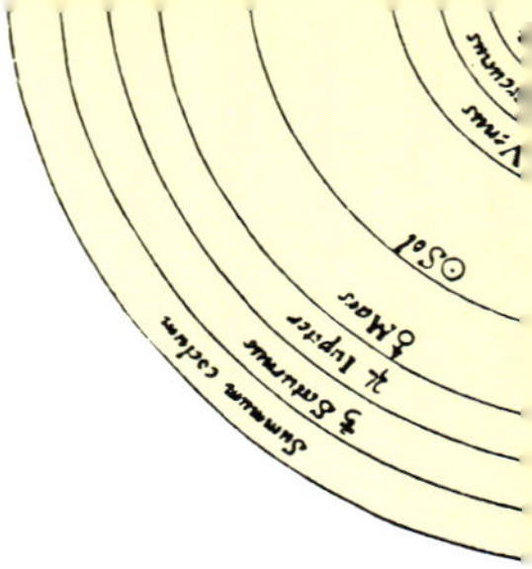

SPHÆRA ZODIACI
SPHÆRA SATVRNI
SPHÆRA IOVIS
SPHÆRA MARTIS
SPHÆRA SOLIS
SPHÆRA VENERIS
SPHÆRA MERCVRII
CIRCVLVS
GEMINI
TAVRVS
PISCES
AQVARIVS
CAPRICORNVS
MOTÛS TERRÆ ANNUI
Controversia Secunda.

Symbolsysteme

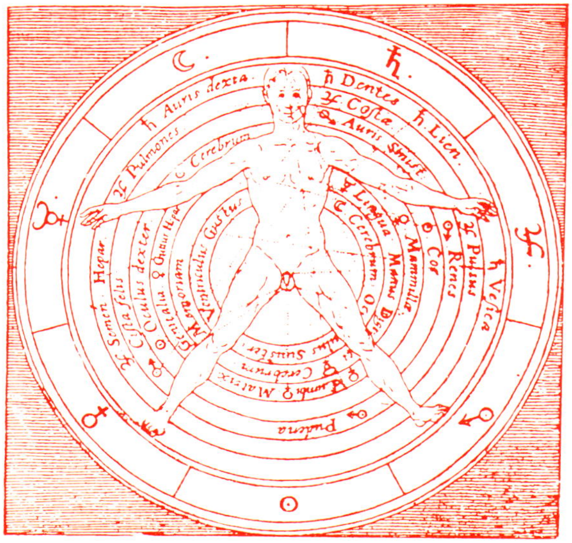

In so reichen und komplexen Symbolsystemen wie dem Tarot, der Astrologie oder der Kabbala kommt die menschliche Kreativität besonders deutlich zum Ausdruck. Doch die Faszination von Symbolsystemen beruht nicht zuletzt darauf, daß sie mit grundlegenden Aspekten des menschlichen Wesens übereinstimmen und uns Wahrheiten vermitteln, die wir zwar zu erkennen, jedoch nicht in Worte zu fassen vermögen. Höchstwahrscheinlich entstammen die Symbolsysteme der Vorstellungskraft von Menschen, die in engerem Kontakt zu den tieferen Wirklichkeiten standen, als wir es heute tun.

Ein Symbolsystem ist eine symbolische Landkarte der Wirklichkeit, eine Topographie des Geistigen und Emotionalen, die sich nur dem inneren Blick enthüllt. So wie man eine Stadt nicht richtig beurteilen kann, wenn man sich nicht Zeit nimmt, sie in allen Einzelheiten zu erforschen, so kann auch ein Symbolsystem nur dann seine volle Bedeutung entfalten, wenn wie uns mit all seinen Aspekten vertraut machen. In einem solchen System hat nicht nur jedes Symbol eine eigene Bedeutung, sondern muß auch in Zusammenhang mit den anderen Symbolen gesehen werden. Wie bei einem vielschichtigen Orchesterstück ist auch hier das Ganze mehr als die Summe seiner Teile.

Der griechisch-armenische Mystiker und Philosoph Georgi Iwanowitsch Gurdjeff (1872–1949) meinte einmal, wir seien wie Menschen, die in wunderschönen Häusern lebten, sich jedoch niemals aus dem Keller heraustrauten. Der Geist ist tatsächlich einem schönen Haus vergleichbar, und wenn wir nicht auch jene Teile erforschen, die jenseits des Alltagsdenkens liegen, bleiben wir – in einem sehr wörtlichen Sinn – uns selber fremd. Das Studium eines Symbolsystems kann uns den Schlüssel zu einem besseren Verständnis unseres Geistes liefern und uns befähigen, dessen Reichtum besser zu nutzen.

Wenn man versucht, sich auf der spirituellen Landkarte eines Symbolsystems zu orientieren, stellt man gewöhnlich fest, daß ein System eine größere Anziehungskraft ausübt als die anderen. Zum Teil ist dies auf kulturelle Faktoren zurückzuführen, doch spielt auch das Temperament des einzelnen eine Rolle. Wer eine künstlerische Ader hat oder hochentwickelte visuelle Fähigkeiten besitzt, für den ist wahrscheinlich ein auf Bildern beruhendes System (wie das Tarot) am attraktivsten. Wer den Körper über den Intellekt stellt, der mag sich eher an einem System orientieren, das sich auf die Energiezentren des Körpers konzentriert (z.B. das asiatische Yoga-System). Hinzu kommt, daß bestimmte Symbolsysteme höhere Anforderungen stellen als andere. Bei einigen Geheimlehren ist zum Beispiel die Initiation ein langwieriger Prozeß, bei dem die inneren Wahrheiten der magischen Symbole dem Adepten nur stückweise enthüllt werden; auf diese Weise soll er vor dem seelischen Schaden bewahrt werden, der durch ein plötzliches Freiwerden psychischer Energie verursacht werden kann. So ist auch die Anordnung der alchemistischen Symbole bewußt verschlüsselt, um die Entschlossenheit und Motivation des Suchenden auf die Probe zu stellen.

Eine neue Synthese

Alle großen Symbolsysteme sind ein Versuch, paradoxe Wahrheiten über die letzte Wirklichkeit in Formen jenseits der Alltagssprache wiederzugeben; denn so sehr sich diese auch für praktische Belange eignet, so vermag sie doch nicht, unter die Oberfläche der Dinge zu dringen. Abgenutzt durch häufigen Gebrauch, kann sie die tieferen Wirklichkeiten nicht erhellen. Und auch die rationale Logik reicht nicht aus, uns die wichtigsten Wissensbereiche zu erschließen. Im Zeitalter der Moderne müssen wir die intuitiven, vorwissenschaftlichen Wahrheiten wieder neu für uns entdecken – jene Anschauungen, die uns durch die spirituellen Symbolsysteme überliefert sind.

Das geduldige Studium eines dieser Systeme wird den Geist nicht zuletzt dadurch erneuern, daß es uns eine andere Art der Weltsicht vermittelt. Natürlich wäre es töricht, sich von den Erkenntnissen der Wissenschaft abzuwenden. Doch am Ende des 20. Jahrhunderts ist auch die Wissenschaft sich ihrer selbst nicht mehr so sicher, und mit neuen Entwicklungen wie der Quantenmechanik gewinnen wir allmählich auch das Gefühl für das Mysterium zurück. Die Quantentheorie behauptet, daß wir zwar die Position eines Teilchens oder seinen Impuls, niemals aber beides gleichzeitig messen können und daß unsere Erkenntnisse von unserem jeweiligen Standpunkt abhängen. Einsteins zunächst ungeheuerlich erscheinende, später aber durch Beweise verifizierte Theorie vom gekrümmten Raum erscheint dem, der in den modernen Mysterien der Wissenschaft bewandert ist, heute als gängige, ja beinahe schon altmodische Erkenntnis.

Wir bewegen uns auf eine Synthese der verschiedenen wissenschaftlichen Disziplinen zu, deren traditionelle Unterscheidungen sich allmählich auflösen. Wir können nur hoffen, daß sich vergangenes und gegenwärtiges Wissen, materielle und spirituelle Bereiche gegenseitig ebenso stützen und daß die Vergangenheit ein erhellendes Licht auf die Gegenwart wirft. Diesen Schritt haben bereits jene vollzogen, die die Vielschichtigkeit der traditionellen Symbolik erkannt und die darin verborgenen Bedeutungen entschlüsselt haben.

Vishnu als Makrokosmos
Diese indische Darstellung zeigt Krishna, den am meisten verehrten Avatar Vishnus, der zugleich sehr menschliche Eigenschaften besitzt; Krishna ist das Sinnbild der Welt: In seinen Körper sind Menschen, Tiere und die Bereiche des Himmels einbeschrieben. In den vier Händen hält er seine Attribute: Rad, Muschel, Lotosblüte und Keule.

Geheimlehren

Der Begriff »okkult« hat für viele einen negativen Beigeschmack, bedeutet aber lediglich soviel wie »verborgen«. Bei einem okkultistischen System handelt es sich um ein Wissenssystem, das geheimgehalten wird. Den verschiedenen Geheimlehren gemeinsam ist der Gebrauch symbolischer Bilder, die eine grundlegende Veränderung des Bewußtseins bewirken und dem Adepten Wahrheiten über seine Natur und über die Wirklichkeit selbst vermitteln sollen.

Die Ursprünge des abendländischen Okkultismus können bis auf die Texte der *Hermetika* aus dem 1. bis 3. Jahrhundert n. Chr. zurückverfolgt werden. Diese Schriften sind in Form von Dialogen zwischen Göttern abgefaßt, und meist ist der griechische Gott Hermes Trismegistos beteiligt. Die *Hermetika* beinhalten bereits zahlreiche Vorstellungen, die in den Geheimlehren erst später zum Tragen kommen, wie beispielsweise die Dualität von Materie und Geist oder den Gedanken, daß Erlösung eher durch Wissen als durch Glauben erreicht werden kann. Die *Hermetika* betrachten den Menschen als unsterblichen Geist, der in einem sterblichen Körper gefangen ist, aus dem er sich aber befreien und sich so mit Gott vereinigen kann, indem er seine wahre Natur erkennt. Außerdem handeln diese Texte davon, wie die Menschen in alter Zeit die Götterstatuen zum Leben erweckten, indem sie die Attribute der Götter um die Statuen herum anordneten und Geheimwörter sprachen, die ihnen von den betreffenden Göttern offenbart worden waren.

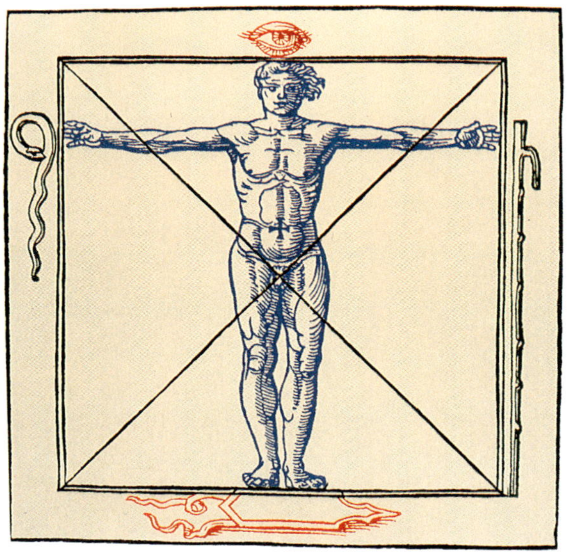

In den *grimoires*, den magischen »Handbüchern« des Mittelalters (das bekannteste ist *Der Schlüssel Salomos*), wird ein System dargelegt, nach dem Selbsterkenntnis und somit vollkommene geistige Entwicklung durch den Gebrauch von Geister beschwörenden Symbolen erreicht werden kann. Wenn der Praktizierende sein Gewand angelegt und seine magischen Waffen zurechtgelegt hatte, zeichnete er ein mehrschichtiges Symbol (eine Art abendländisches Mandala) auf den Boden, das seinen Körper, seinen Geist und seine Seele darstellte, und daneben ein Dreieck. Dann wurde der Geist in das Dreieck gerufen, und der Magier stellte sich ihm entgegen. Wenn es ihm nicht gelang, den Geist zu unterwerfen, drang dieser in das Mandala ein und zerstörte es. Diesen Vorgang könnte man in einem psychisch-spirituellen Zusammenhang sehen, wobei die Geister diejenigen Eigenschaften des Magiers darstellten, die er besiegen mußte, um sich zu einer ganzheitlichen Persönlichkeit entwickeln zu können.

Spätere Geheimbünde wie der hermetische Order of the Golden Dawn (1887 in London gegründet) waren von den Theorien Eliphas Lévis (siehe gegenüberliegende Seite) beeinflußt. Wie bei vielen anderen Lehren gab es auch hier sieben Stufen der Initiation – Neophyt, Zelator, Theoricus, Practicus, Philosophus, Adeptus Minor und Adeptus Major. Auf der höchsten Stufe hatte der Praktizierende drei Aufgaben – Wahrsagung, Beschwörung und Anrufung. Zur Wahrsagung verwendete der Adept Symbolsysteme wie das Tarot oder das I Ging; bei der Beschwörung breitete er um sich herum Symbole des Gottes (oder jenes Teils seines Bewußtseins) aus, mit dem er in Kontakt treten wollte. Im Lauf von mehreren Tagen versetzten diese Symbole den Adepten in den gewünschten Bewußtseinszustand, so daß er dann im richtigen Augenblick und durch entsprechende Rituale die Gottheit und die Kräfte, die er besaß, anrufen konnte.

Magische Schriftzeichen (links)
Der englische Okkultist und Mathematiker John Dee, ein Astrologe am Hofe Königin Elisabeths I., brachte magische Zeichen mit der pythagoräischen Geometrie und mit mathematischen Proportionen in Verbindung. Die seinen magischen Schriftzeichen zugrundeliegende Philosophie wurde von zahlreichen Geheimbünden übernommen.

Magisches Diagramm (gegenüberliegende Seite)
In diesem Diagramm aus der von Cornelius Agrippa verfaßten Schrift *De Occulta Philosophia* aus dem 16. Jh. sind um den Menschen herum vier magische Symbole angeordnet: Auge, Stab, Schlange und Schild.

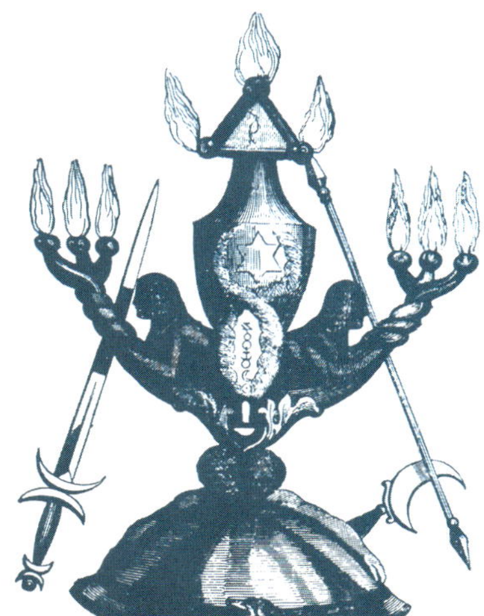

Das Rosenkreuz
Die Geheimlehre der Rosenkreuzer, im 17. Jahrhundert in Deutschland entstanden, basiert auf der Schrift mit dem Titel *Fama fraternitatis oder Entdeckung der Bruderschaft des löblichen Ordens des Rosen-Creutzes*, die einem wohl fiktiven Verfasser, dem deutschen Adeligen Christian Rosencreutz, zugeschrieben wird. Rosencreutz galt als der Gründer eines mystischen Geheimordens, dessen okkulte Praktiken und Philosophie viele Gemeinsamkeiten mit Alchemie und Kabbala aufweisen. Das Symbol der Rosenkreuzer ist das Kreuz mit den vier Rosen; es stellt die Entfaltung der spirituellen Welt im Innern des Menschen dar. Den Armen des Kreuzes sind die vier hebräischen Buchstaben des Tetragamms einbeschrieben (siehe S. 133).

Die Magie des Eliphas Lévi
Eliphas Lévi, geboren 1810, wandte sich nach einer kurzen Zeit als Priester der rituellen magischen Praxis zu. Er gilt als einer der wichtigsten Theoretiker des Okkultismus und formulierte drei grundlegende Prinzipien. Das Gesetz der Entsprechung besagt, der Mensch sei ein »kleines Universum« und jeder Teil seines Körpers entspreche einem Teil des größeren Universums. Im Dogma der Hohen Magie wird der menschliche Wille, wenn er geschult und gelenkt wird, als fähig zum Erreichen aller seiner Ziele vorgestellt. Das Astrallicht betrachtet Lévi als unsichtbare, das Universum durchdringende Kraft. Die Abbildung oben aus Lévis *Transzendentaler Magie* zeigt die Werkzeuge des Magiers: Lampe, Stab, Dolch und Schwert.

Alchemie

Die Alchemie gilt gemeinhin als Pseudowissenschaft, die sich mit der Verwandlung unedler Metalle in Gold befaßt – eine Kuriosität, die nur deshalb erwähnenswert ist, weil sie zur Entwicklung der Chemie beitrug. Diese irrige Auffassung ist insoweit nachvollziehbar, als das wahre Ziel der Alchemie – die Erleuchtung – bewußt von einem Schleier des Geheimnisses umgeben wird. Auf höchst esoterischer Ebene symbolisierte das unedle Metall des Alchemisten das unerlöste Selbst, das reine, immer glänzende Gold das verwandelte spirituelle Selbst. Absicht der Alchemisten war, das Alltagsdenken und die Alltagserfahrung von allem Unrat zu befreien und zu spiritualisieren.

Die Symbolik der alchemistischen Transformation diente dazu, eine von der mächtigen europäischen Kirche des Mittelalters als häretisch verurteilte Praxis zu verschleiern. Diese beruhte auf dem Glauben, daß sich der einzelne – ohne die Vermittlung durch die etablierte Religion – aus eigener Kraft erlösen könne. Doch die Alchemie war mehr als nur das Symbol der inneren Wandlung: Sie lieferte auch die Mittel, mit denen man diese erreichen konnte. Die Alchemisten wollten das unedle Metall in den »Stein der Weisen« oder das Lebenselixier verwandeln. Das alchemistisch gewonnene Gold war ein Beweis für dessen Macht, doch das Elixier war auch selbst das Ziel. Der Weg zur Erleuchtung – bei den Alchemisten das Große Werk – hatte miteinander in Wechselwirkung stehende physische und spirituelle Dimensionen.

Man glaubt, daß die Alchemie ihren Ursprung in Ägypten hat und Bestandteil des esoterischen Wissens der Griechen, Araber, Inder und Chinesen war. Der erste alchemistische Text, der in Westeuropa auftauchte, war eine Übersetzung des arabischen *Buches der alchemistischen Zusammensetzung* ins Lateinische. Sie stammt aus dem 12. Jahrhundert, ihr Verfasser war der Engländer Robert of Chester. Die der alchemistischen Praxis zugrundeliegende Theorie beruht auf der alten Weltsicht, nach der die gesamte Wirklichkeit, also auch der Mensch, aus einer nichtphysischen *materia prima* (erste Materie) – dem universellen magischen Element – entstanden ist, die sich in Form der Elemente Erde, Feuer, Luft und Wasser manifestiert. Aus der Tatsache, daß jedes dieser Elemente sich jeweils in ein anderes verwandeln kann, gehe klar hervor, daß alles Materielle auf dem Prinzip der Verwandlung beruhe. Demzufolge sei es möglich, eine Substanz in die *materia prima* oder umgekehrt die *materia prima* in die verschiedenen Formen der Welt zurückzuverwandeln.

Die Darlegung der alchemistischen Praxis in den mittelalterlichen Texten ist bis zur Unverständlichkeit dunkel und überfrachtet mit Symbolik. Manche Wissenschaftler vertreten die These, daß durch die Ablehnung der konventionellen Logik die Entschlossenheit des Suchenden auf die Probe gestellt werden soll, da er nur durch Inspiration und Intuition auf den Weg der Erleuchung gelangen kann. Spötter hingegen behaupten, daß die umständlichen Beschreibungen lediglich verschleiern sollen, daß es sich um einen Schwindel handelt. Klar ist jedenfalls, daß der Alchemist das Große Werk mit der *materia prima* beginnt, nach der er selbst suchen muß und die die Form eines »Steins« hat (nicht zu

Alchemistische Zeichen
Dieser Druck – eine von zwölf Darstellungen der »Zeichen« des Alchemisten – enthält Symbole, die sich auf die einzelnen Stufen des alchemistischen Prozesses beziehen. Sonne und Mond sind das männliche bzw. weibliche Element der Alchemie; die – rote und weiße – Rose symbolisieren den Roten König und die Weiße Königin. Zwischen ihnen befindet sich das Symbol für Mercurius (Quecksilber), die verwandelnde Kraft im alchemistischen Prozeß: Quecksilber entstammt der *materia prima* und wird durch den Alchemisten verwandelt und vervollkommnet. Feuer, in der Alchemie eine von außen wirkende Kraft, ist hier in einem glühenden hölzernen Kohlebecken dargestellt; in alchemistischen Texten ist häufig von einem Kohlefeuer die Rede, das den Kessel des Alchemisten langsam erhitzt, wie eine Henne, die ihre Eier ausbrütet. Löwe und Schlange schließlich sind Symbole der rohen, unbearbeiteten Materie.

Der Aufstieg zur Erleuchtung (gegenüberliegende Seite)
Das Große Werk der Alchemisten ist hier als Besteigen eines Berges, des *Mons Philosophorum*, dargestellt. Gekrönt wird der Berg von einer Perle, dem Symbol der Regenbogenfarben, in die sich die *Nigredo* am Ende der ersten Stufe des Großen Werks verwandelt (siehe S.149).

Der Stein der Weisen
Diese Darstellung aus dem *Mutus Liber*, dem »Stummen Buch« aus dem 17. Jahrhundert, zeigt den »Stein der Weisen« im Athanor (dem alchemistischen Schmelzofen); als dessen Personifikation galt Merkur (oben), der zwischen zwei Engeln steht. Die Darstellung will zeigen, daß die physischen Operationen der Alchemie der Spiegel einer spirituellen Wirklichkeit sind – eine Vorstellung, die der französische Alchemist Pierre-Jean Fabre mit folgenden Worten wiedergibt: »Alchemie ist nicht einfach die Kunst oder Wissenschaft der Umwandlung von Metallen; es ist eine wahre und mächtige Wissenschaft, die lehrt, wie man zum Kern der Dinge gelangt, der in der göttlichen Sprache der Geist des Lebens genannt wird.«

verwechseln mit dem »Stein der Weisen« selbst). Dieser Stein, dessen genaue Identität nirgendwo enthüllt wird, wird pulverisiert und mit einem »ersten Agens« vermischt, das rätselhaft als »trockenes Wasser« oder »Feuer ohne Flamme« beschrieben wird. Dieses Agens gewinnt man, so wird stellenweise behauptet, mittels eines geheimen Verfahrens aus Pottasche. Die aus diesen beiden Substanzen gewonnene Legierung wird mit Frühlingstau befeuchtet, in ein versiegeltes Gefäß, das »Ei des Weisen«, gelegt und über lange Zeit bei gleichbleibender Temperatur erhitzt.

Während der Inkubation sollen sich die beiden Prinzipien in der *materia prima* – meist als »Sulfur« (rot, männlich, Sonne, heiße Energie) und »Mercurius« (weiß, weiblich, Mond, kalte Energie) bezeichnet – heftig bekämpfen, sich schließlich gegenseitig töten und eine schwarze Fäulnis, die *Nigredo*, »die Schwärze der Schwärzen«, hervorbringen. Damit ist die erste Stufe des Großen Werks vollendet. Im zweiten Stadium legen sich Regenbogenfarben (manchmal als Pfauenschwanz oder Perle dargestellt) über das Schwarz, die wiederum von einem Weiß, der *Albedo*, überdeckt werden. An diesem Punkt erscheinen die beiden Prinzipien der *materia prima* wieder, jedoch in neuer Gestalt; der »Rote König« (Sulfur des Weisen) tritt aus dem Schoß der »Weißen Königin« (Mercurius oder Weiße Rose) hervor. Aus der Vereinigung des Königs und der Königin im Feuer der Liebe entsteht die Vollkommenheit, der »Stein der Weisen«, der Katalysator für die Verwandlung unedler Metalle in Gold und der Schlüssel zur Erleuchtung.

Für die Alchemisten war die richtige Motivation ein wesentliches Moment bei dem Großen Werk. Die Bemühungen derjenigen, die sich nur auf den chemischen Prozeß konzentrierten, waren zum Scheitern verurteilt. Der von Gier beherrschte Suchende könne, wie es in einem Text heißt, »nur Rauch ernten«. Statt dessen solle Ziel sein, »die Natur und ihr Werk zu verstehen und dieses Wissen dazu nutzen ... zum Schöpfer zu gelangen«. Der ursprüngliche »Stein«, nach dem der Suchende selbst graben muß, symbolisiert das tiefe innere Sehnen danach, die eigene wahre Spiritualität zu entdecken, das sogenannte aktive Prinzip.

Das »erste Agens« steht für das »passive Prinzip«, die jedem Menschen innewohnende Energie, derer sich die meisten bei ihrem Gang durchs Leben nicht bewußt sind, die jedoch das Potential für spirituelles Wachstum in sich birgt. Sobald im »Schmelzofen« tiefer Meditation der Kontakt zwischen dem aktiven und dem passiven Prinzip hergestellt ist, entsteht ein Kampf der beiden Kräfte. Das aktive Prinzip, gewohnt, durch die Ausübung des Willens seine Ziele zu erreichen, muß feststellen, daß das passive Prinzip auf diese Weise nicht bezwungen werden kann. Es folgt die sogenannte dunkle Nacht der Seele, von der die Mystiker sprechen: das aktive und das passive Prinzip scheinen sich gegenseitig ausgelöscht zu haben, und der Mensch fühlt sich schrecklich verloren. Doch aus dieser Verzweiflung entsteht die regenbogenfarbene Erkenntnis, daß nicht Gewalt, sondern Liebe erforderlich ist, aus der die Vereinigung der beiden Prinzipien – des Roten Königs und der Weißen Königin – folgt, deren Nachkommen aus Wasser und Geist geboren werden.

Welche spirituellen Praktiken aber standen hinter diesem symbolischen Vorgang? Die Meditation der alchemistischen Symbole durch alle Stadien der Verwandlung spielte sicherlich eine bedeutende Rolle. Doch ein alchemistischer Text aus China, *Das Geheimnis der Goldenen Blüte*, gibt uns näheren Aufschluß. Darin heißt es, durch Meditation könne man visualisieren, wie sich physische Energie im unteren Teil des Körpers, am »Ort der Kraft« unterhalb des Nabels, konzentriere, dort eine ungeheure Hitze entwickle, dann (symbolisch) »den Siedepunkt« überschreite und »wie fliegender Schnee nach oben aufsteigt ... zum Gipfel der Schöpferkraft«.

Vielleicht gelang den Alchemisten (oder einigen wenigen von ihnen) trotz ihrer seltsamen und dunklen Sprache die Vereinigung des Roten Königs und der Weißen Königin, und sie verwandelten tatsächlich das unedle Metall des physischen Seins in das reine Gold des höheren spirituellen Selbst.

Der Androgyn
Die Elemente Schwefel (das, was brennt) und Quecksilber (das, was flüchtig ist) sind im Androgynen oder Hermaphroditen zu einer Einheit verschmolzen. Die Vereinigung dieser gegensätzlichen Prinzipien ist das Ziel der Alchemie und des menschlichen Strebens überhaupt. Der Androgyn trägt die Krone der Vollkommenheit. Er steht auf einem Drachen – einer Schlange mit Vogelkrallen –, was die Herrschaft über Land, Meer und Luft symbolisiert. Die vier Köpfe des Drachen stellen die vier Elemente dar: Feuer, Luft, Wasser und Erde.

Der Löwe, der die Sonne frißt
Die Alchemie spielt in zahlreichen Denksystemen eine Rolle und wurde zu verschiedenen Zeiten in Nordeuropa, Griechenland, Indien, China und im Vorderen Orient ausgeübt. Daher überrascht es nicht, daß alchemistische Symbole verschieden, manchmal sogar gegensätzlich interpretiert werden. Der grüne Löwe beispielsweise (oben), der die Materie im Urzustand repräsentiert, verschlingt das männliche Prinzip, oder er setzt den Sulfur des Weisen frei (beides kann durch die Sonne symbolisiert werden).

Alchemie und Christentum
Viele Alchemisten waren gute Christen, suchten jedoch Wissen durch unmittelbare Erfahrung zu erlangen statt durch blinden Glauben. Thomas von Aquin und Isaac Newton zum Beispiel betrachteten die Alchemie als Ergänzung zur etablierten Philosophie und Religion. Das oben abgebildete Detail der »Ripley-Rolle« zeigt den Vogel des Hermes (Merkur), der von heiligem Tau durchtränkt wird. Die Ripley-Bildrolle wurde von Sir George Ripley verfaßt, einem englischen Adeligen, der dem Augustinerorden Bridlington, Yorkshire, angehörte.

Der König und die Königin
Auf diesem Holzschnitt aus der aus dem Jahr 1550 stammenden Ausgabe des *Rosarium Philosophorum* sind der König und die Königin, die Symbole für das männliche (solare) und weibliche (lunare) Prinzip in sexueller Vereinigung im archetypischen »Meer« des Geistes dargestellt. In der Psychologie Jungs entsprechen der König, die Königin und andere alchemistische Symbole den universellen Archetypen des Unbewußten (siehe S. 13).

Kabbala

Die Kabbala, eine außergewöhnliche theoretische wie praktische Weisheitslehre, war nicht nur ein Weg zu geistigem und spirituellem Wachstum, sondern auch eine symbolische Landkarte der Schöpfung selbst. Die Kabbala (hebr. »Überlieferung«), deren Wurzeln in der Mystik des 3. Jahrhunderts zu suchen sind, stammt aus jüdischer Tradition; die ersten bekannten kabbalistischen Texte, die *Sefer Yezira*, entstanden zwischen dem 3. und 6. Jahrhundert. Die Anziehungskraft der Kabbala war so groß, daß sie im 15. Jahrhundert Eingang in das christliche Denken fand. Der italienische Gelehrte Giovanni Pico della Mirandola meinte: »Keine Wissenschaft kann uns besser von der Göttlichkeit Jesu Christi überzeugen als die Magie und die Kabbala.« Andere christliche Autoren glaubten, die Kabbala beinhalte eine inzwischen verlorengegangene Offenbarung, mit deren Hilfe man die klassisch-griechischen Lehren Pythagoras', Platos und der Orphiker vollständig verstehen könne.

Gott, der Schöpfer
Dieser christlichen Deutung der Kabbala nach hat Gott die Gesetze aufgestellt, die im Universum gelten. Der Thron des Schöpfers spiegelt den Makrokosmos wider: Das Dach ist ein Abbild des Himmels, das Rückenteil stellt die Planeten dar.

Die Kabbala ist eine esoterische Lehre mit einem System von Symbolen, die das Geheimnis Gottes und des Universums widerspiegeln und zu der der Kabbalist den Schlüssel finden muß. Auf theoretischer Ebene erlauben ihm (ein Kabbalist war traditionell männlichen Geschlechts) diese Schlüssel, die spirituellen Dimensionen des Universums zu verstehen, auf praktischer Ebene kann er die Kräfte des Universums für magische Zwecke nutzen (das heißt für den Prozeß der physischen, psychischen oder spirituellen Wandlung). Die Schlüssel zur Kabbala liegen in den göttlichen Offenbarungen der heiligen Schriften verborgen. Wie Gott, so sind auch die inneren Geheimnisse der göttlichen Botschaft verborgen. Die Geheimnisse der Schriften können durch ein System numerischer Gleichungen oder *gematria* entschlüsselt werden; jedem Buchstaben des hebräischen Alphabets ist eine Zahl zugeordnet, und jeder Buchstabe kann auf verschiedene Weise vertauscht oder abgekürzt werden. Die eherne Schlange zum Beispiel, die Mose anfertigt und an eine Fahnenstange hängt, damit jeder, der »von einer Schlange gebissen wurde und zu der Kupferschlange aufblickte, am Leben bleibt« (Numeri 21,9), wird durch *gematria* in die Zahl 358 verwandelt, die das numerische Äquivalent für das Wort »Messias« ist. Die eherne Schlange gilt somit als Weissagung der Ankunft des Messias, der all jene retten wird, die von dem Verlangen nach spiritueller Wahrheit geleitet beziehungsweise »gebissen« sind. Für christliche Kabbalisten war daher die Schlange über einem Kreuz ein Symbol für Christus.

Die Möglichkeiten der *gematria* sind so vielfältig, daß zum Studium der Kabbala eine Kenntnis des Hebräischen erforderlich ist. Früher stellten die Kabbalisten aber noch weitere Aufnahmebedingungen: Die Kandidaten mußten ein moralisch reines Leben führen, große Konzentrationsfähigkeit besitzen und sich der Aufgabe vollständig verschrieben haben. Deshalb ist die Kabbala den meisten Menschen nur in ihrer zugänglichsten Form bekannt, nämlich als *Sefirot* oder Lebensbaum (rechts). Doch trotz seiner scheinbaren Einfachheit ist der Lebensbaum ein vielsagendes und umfassendes Symbol.

Grundsätzlich sind die Sefirot eine Erklärung der Schöpfung. Als Ursache für das Sein wird angenommen, daß Gott sich selbst schauen wollte. So zog er seine Gegenwart – das Absolute Ganze – von einer Stelle zurück, so daß er »sein eigenes Gesicht erblicken« konnte. Bei der Erschaffung des Universums enthüllte Gott zehn seiner Attribute, die in den Sefirot jeweils durch eine *Sefira* dargestellt werden.

Die zehn Sefirot sind durch präzise festgelegte Beziehungen miteinander verbunden: Keter (die Krone) beinhaltet alles, was war, ist und sein wird, und am unteren Ende steht Malkut (Reich), das der Gegenwart Gottes in der Materie entspricht. Der Pfad von Keter zu Malkut – über die Attribute Weisheit, höchste Intelligenz, Barmherzigkeit, Gerechtigkeit, Schönheit, Sieg, Pracht und Fundament – wird von den drei göttlichen Prinzipien Wille, Gnade und Gerechtigkeit beherrscht. In den meisten Darstellungen verläuft der Pfad in Zickzack- oder Blitzform, da die drei göttlichen Prinzipien, die mit Gleichgewicht (Wille), Ausdehnung (Gnade) und Beschränkung (Gerechtigkeit) in Zusammenhang stehen, wechselweise wirksam sind.

Obwohl alle Gesetze des Seins und der Schöpfung in die Sefirot eingebettet sind, handelt es sich um unverwirklichte Entwürfe. Um den vielen Manifestationen Gottes gerecht zu werden, gibt es in der Kabbala die Vier Welten oder kosmischen Zyklen, die jeweils einen eigenen Lebensbaum haben.

Die Vier Welten – Manifestation, Schöpfung, Formung und Handeln – können als die verschiedenen Aspekte Gottes betrachtet werden, durch die das Universum entstand. Sie entsprechen auch der Weltenhierarchie, die im 6. Jahrhundert v. Chr. dem Propheten Ezekiel offenbart wurde. In einer Vision sah er die Gestalt des Ruhmes Gottes (Manifestation) auf einem Thron (Schöpfung) sitzend und in einem Wagen fahrend (Formung) über der Welt (Handeln). Jede Welt besitzt alle Eigenschaften der oben dargestellten, so daß sie

Der kabbalistische Baum
Die erste grafische Darstellung der Sefirot wurde im Mittelalter veröffentlicht; später entstanden auf dieser Grundlage zahlreiche Varianten. In dieser Version der Geheimbruderschaft des Ordens vom Goldenen Kreuz aus dem 20. Jahrhundert sind die zehn Sefirot durch zweiundzwanzig Pfade miteinander verbunden – entsprechend der Zahl der Grundbuchstaben im hebräischen Alphabet. Jedem Pfad ist ein Buchstabe zugeordnet, und zusammen mit den zehn Sefirot selbst ergibt dies zweiunddreißig Wege zur Weisheit. Die Art der einzelnen Verbindungspfade wird durch die entsprechenden Buchstaben und die beiden Sefirot bestimmt, die er verbindet. Den vorliegenden Sefirot einbeschrieben ist die Große Schlange, die die Kundalini-Energie darstellt.

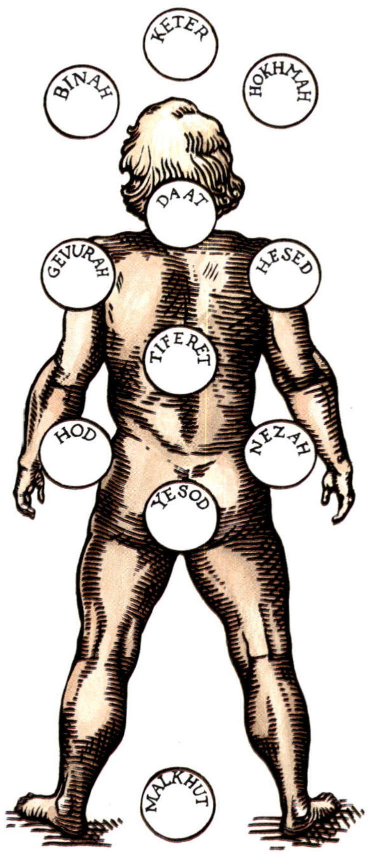

Adam Kadmon
In der Kabbala heißt es, der erste Mensch, Adam Kadmon genannt, sei in Gestalt der Sefirot aufgetreten. In dieser menschlichen Gestalt, ausgestattet mit Wille, Vernunft, Gefühl und der Fähigkeit, sich seines göttlichen Schöpfers bewußt zu werden, war Adam Kadmon eine Abbild Gottes und ein Ausdruck göttlicher Eigenschaften; in ihm konnte Gott sein eigenes Spiegelbild ansehen. Adam Kadmon wird meist von hinten dargestellt – wie auch Mose im Alten Testament Gott von hinten sah; später benutzten die Kabbalisten Adams Gesicht jedoch als Metapher für die Gnade, durch die der göttliche Glanz ausströmte. Adam Kadmon ist der Vorläufer des biblischen Adam, durch den das Abbild Gottes in die Welt der Formen gelangte (den Garten Eden).

komplexer und vielen Gesetzmäßigkeiten unterworfen ist. Die Vier Welten werden gewöhnlich als vier miteinander verbundene Sefirot dargestellt – der erweiterte Lebensbaum.

Die Muster und Beziehungen in den Sefirot sind elementarer Bestandteil des Seins und können daher auf alle Gebiete menschlichen Wissens und Strebens angewendet werden. Richtig verstanden und gebraucht sind die Sefirot ein Strukturplan, mit dessen Hilfe alle Phänomene – von den kosmischen Kräften bis zu menschlichen Beziehungen, vom Aufstieg der Seele zu Gott bis zum Verlauf der Weltwirtschaft – erfaßt, erklärt und schließlich beherrscht werden können.

Bei der Kabbala handelt es sich im wesentlichen um eine mündliche Tradition, und der Adept wird meist von einem erfahrenen Mentor angeleitet, der sein unvollständig entwickeltes Bewußtsein ausgleicht und ihn an den Gefahren der mystischen Erfahrung vorbeiführt. Der Adept beginnt in der Regel mit dem Studium der zehn Sefira, indem er im Baum bis zur vollkommenen Erleuchtung aufsteigt. Jedes Sefira stellt einen Aspekt des Selbst dar, der erst vollkommen entwickelt werden muß, bevor der Schüler zur nächsten Stufe fortschreiten kann. Wenn er beispielsweise Malkut, die Welt des Körpers und seiner Energien, noch nicht vollständig erfaßt und geistig bewältigt hat, kann er nicht zu Yesod, dem Verbindungsglied zwischen Körper und Geist, fortschreiten.

Hat der Kabbalist aber einmal ein theoretischen Verständnis der zehn Sefirot erlangt – durch weiteres Studium und Meditation und indem er erfährt, wie die mit den zweiundzwanzig Pfaden zwischen den einzelnen Sefira verbundenen Aufgaben seinem Fortschritt dienen –, kann er ernsthaft mit dem Aufstieg durch den Baum beginnen. Solch ein Aufsteigen kann sein ganzes Leben lang dauern – es schließt Askese, Kawwana (Absicht) und Torafrömmigkeit ein –, und nur wenige erreichen tatsächlich den Endpunkt. In Keter, der Krone des Baumes, aber erkennt man Gott und gelangt über die Symbolik hinaus zur Erfahrung der göttlichen Unendlichkeit.

Das Haus als Mensch
Die Dynamik der Sefirot kann auf jeden Organismus, jedes System und jede Handlung übertragen werden. In diesem Druck aus dem 17. Jahrhundert werden ein Haus und der menschliche Körper entsprechend den Prinzipien des Lebensbaums interpretiert.

Astrologie

Die Sterne haben den Menschen seit jeher fasziniert, und schon in alter Zeit hat er die Bewegungen und Konstellationen der Himmelskörper mit jenen mystischen Kräften in Zusammenhang gebracht, die das menschliche Schicksal beherrschen. In der modernen Astronomie ist die alte, deterministische Sicht des Universums zwar in Ungnade gefallen, doch unsere Ehrfurcht vor dem Kosmos ist unvermindert.

In den ersten Stammesgemeinschaften waren die Himmelsphänomene von großer praktischer Bedeutung. Die Jahreszeiten wurden nach den längsten bzw. kürzesten Tagen und nach der Tag- und Nachtgleiche bemessen. Nach diesem einfachen Kalender richteten sich Aussaat und Jagd. Mit zunehmender Differenzierung der Himmelsbeobachtungen wurden die Sterne zu Sternbildern zusammengefaßt und die Bewegungen der Himmelskörper aufgezeichnet. Mit der Zeit wurden die Sternbilder mit bestimmten Gegenständen, Tieren und mythischen Gestalten in Zusammenhang gebracht, und auf die Bewegungen von Sonne, Mond und Planeten wurden menschliche und göttliche Eigenschaften projiziert. Der Himmel war bevölkert mit Göttern, Lebewesen und Helden, und zahlreiche mit ihnen verbundene Geschichten wurden von Generation zu Generation weitergegeben. Diese Erzählungen erhielten im Lauf der Zeit eine tiefe mystische Bedeutung für die Erklärung des menschlichen Schicksals und später für die Analyse des menschlichen Charakters.

Diese Verbindungen zwischen Erde und Universum werden um so glaubwürdiger, wenn man bedenkt, daß die Menschen in alter Zeit die Schöpfung als ein großes Gewebe miteinander verbundener Kräfte betrachteten.

Tierkreiszeichen
Die den zwölf Tierkreiszeichen zugeordneten Bilder waren ursprünglich mit der Stellung der Sterne am Himmel verbunden. Zusätzlich sind den einzelnen Bildern grafische Symbole zugeordnet, wie bei dieser Übersetzung eines arabischen Textes aus dem 15. Jahrhundert.

Nichts blieb unbeeinflußt durch das, was andernorts geschah, wie weit dies auch immer entfernt sein mochte. Die Eingeweide eines Opfertieres konnten den Ausgang einer Schlacht in einem fernen Land anzeigen; die Zukunft wurde in Träumen vorhergesehen; und eine Handvoll auf den Boden geworfener Steine konnte die Handlungsweise eines Menschen bestimmen. Das menschliche Leben war ein Spiegel der in den Himmel eingeschriebenen Wirklichkeit.

Die Astrologie – eine Weissagungslehre auf der Grundlage der Konstellationen der Sterne – hat ihren Ursprung in der babylonischen Kultur. Bis ins 7. Jahrhundert v. Chr. zurückreichende Tafeln zeigen den Einfluß von vier Himmelsgottheiten auf den Menschen – Schamasch (die Sonne), Sin (der Mond), Ischtar (der Planet Venus) und Adad (der Wettergott). Im Lauf der Jahrhunderte gelangten diese mesopotamischen Prinzipien der Weissagung in den Vorderen Orient, nach Indien und China, wo sie später jeweils eine eigene Entwicklung erfuhren; doch erst in hellenistischer Zeit wurden in der astrologischen Wissenschaft bedeutende Fortschritte erzielt. Im 2. Jahrhundert n. Chr. erhielten die Sternbilder durch Ptolemäus ihre heutigen Namen. Bessere Beobachtungsmethoden erlaubten dann den griechischen Gelehrten, die Bewegungen der Planeten in bezug auf feste Koordinaten in der Himmelssphäre (am sichtbaren Himmel) – und nicht mehr nur in bezug auf die Kompaßpeilung – aufzuzeichnen. Auf diese Weise bildeten die Konstellationen der Gestirne einen Hintergrund, vor dem die scheinbaren Bewegungen von Sonne, Mond und Planeten (fünf von ihnen waren in der Antike bekannt) graphisch dargestellt wurden.

Die Tierkreiszeichen und der menschliche Körper
Der menschliche Körper galt als Mikrokosmos himmlischer Prinzipien, und jedem Tierkreiszeichen wurde eine bestimmte Körperfunktion zugeordnet. Ereignisse am Himmel wie die Position eines Planeten in einem Zeichen hatten ihre Entsprechung im physischen und geistigen Wohlbefinden eines Menschen. Die Darstellung des menschlichen Körpers als Modell des Kosmos war in der mittelalterlichen Literatur ein häufig wiederkehrendes Motiv (diese Abbildung stammt aus einer französischen Handschrift des 15. Jahrhunderts); im 16. Jahrhundert war dieses System hoch entwickelt, und der »Körpersaft« und die Beschwerden eines Patienten wurden nach seinem Tierkreiszeichen diagnostiziert.

Die Sonne und die Planeten schienen sich (in bezug auf die Sterne) innerhalb eines schmalen Himmelsbandes zu bewegen, und dieser Gürtel (oder Tierkreis) wurde in zwölf Kreise von jeweils 30° eingeteilt, die jeweils einem der zwölf Tierkreiszeichen entsprachen. Die Zeichen waren ursprünglich nach den größten Sternbildern benannt, die in sie fielen. Doch infolge der natürlichen Schwankung der Erde auf ihrer Achse im Laufe der Jahrtausende verschoben sich die Konstellationen in bezug auf ihre jeweiligen Zeichen. So erscheint zum Beispiel zu Jahresbeginn die Sonne nicht mehr im Schützen, sondern im Steinbock.

Mit der Entwicklung der Astrologie wurden die Bewegungen am Himmel mit den Zyklen auf der Erde in Übereinstimmung gebracht, und dem Tierkreis wurde ein Symbolsystem zugeordnet, in dem die Bedingungen auf der Erde dem Himmelsausschnitt entsprachen, in dem sich die Sonne befand. Am Höhepunkt des Sommers zum Beispiel kündete Leo (der Löwe) von der glühenden Hitze der Sonne. Auf dieses Zeichen folgt Virgo (die Jungfrau), Symbol der Saaternte für das nächste Jahr. Libra (die Waage) stand für das Gleichgewicht zwischen Sommer und Winter, die Tag- und Nachtgleiche im Herbst.

Der Einfluß der Planeten
Merkur, hier in einem *Bauernkalender* aus dem 16. Jahrhundert, wurde als männlicher Planet betrachtet, der Einfluß auf die Verständigung mit anderen hatte. Wer unter Merkur geboren war, galt als aufgeweckt, von schneller Auffassungsgabe, gewandt, mit einem Hang zur Wissenschaft.

Schon zur Zeit des Ptolemäus stellten die Griechen fest, daß man die Menschen nach Kategorien von Persönlichkeiten einteilen konnte, die von dem Zeitpunkt ihrer Geburt bestimmt zu sein schienen. So entwickelten sich allmählich zwölf Persönlichkeitstypen, die annähernd den Tierkreiszeichen entsprachen, und damit der Gedanke individueller Horoskope auf der Grundlage des Geburtsdatums und verschiedener anderer, sehr komplexer Faktoren. Eine Schicksalsastrologie hat sich in mehr oder weniger gleichbleibender Form bis heute erhalten.

Die zwölf Tierkreiszeichen sind in vier Dreiergruppen eingeteilt, wobei jede Gruppe mit einem bestimmten Element (Feuer, Wasser, Luft und Erde), einer bestimmten Eigenschaft und einem bestimmten Geschlecht in Zusammenhang steht. Die Feuerzeichen (Widder, Löwe und Schütze) sind mit kraftvollen, energetischen Eigenschaften verbunden; die Wasserzeichen (Fische, Krebs und Skorpion) mit emotionalen und intuitiven Zügen; die Luftzeichen (Wassermann, Zwillinge und Waage) mit Logik und Intellekt; und die Erdzeichen (Steinbock, Stier und Jungfrau) mit praktischen Fähigkeiten und Zuverlässigkeit. Außerdem gelten Feuer- und Luftzeichen als extravertiert, Wasser- und Erdzeichen als introvertiert.

Die Zeichen sind in Hauptzeichen, feste und veränderliche Zeichen eingeteilt, entsprechend den drei elementaren Charakteristika des Lebens – Schöpfung (Hauptzeichen), Bewahrung (feste Zeichen) und Zerstörung (veränderliche Zeichen). Hauptzeichen sind aktiv und leiten Geschehnisse ein; feste Zeichen sind passiv und bewirken, daß die Dinge in Gang bleiben; veränderliche Zeichen bereiten den Weg zur Wandlung. Die Zeichen sind auch den Geschlechtern entsprechend zu unterscheiden und entweder »männlich« oder »weiblich«. Schließlich können die zwölf Zeichen auch in sechs Paare oder Polaritäten eingeteilt werden (Widder–Waage, Stier–Skorpion, Zwillinge–Schütze, Krebs–Steinbock, Löwe–Wassermann und Jungfrau–Fische), wobei jedes Paar sich im Gleichgewicht befindet.

Der Einfluß der Himmelskörper auf die Erde wurde auf die Positionen der Planeten innerhalb der Tierkreis-

Sonne und Mond

In der Astrologie werden Sonne und Mond wie Planeten behandelt. Der Mond repräsentiert die Vorstellungskraft und den reflektierenden Geist, während die Sonne das wahre Wesen des Seins symbolisiert. Die dunkle Seite der Mondscheibe, die unsichtbar ist, wenn wir die Mondsichel sehen, ist ein Symbol für das Unbewußte. Der Mond wird häufig mit dem Meer in Zusammenhang gebracht, so auch auf dieser italienischen Miniatur aus dem 15. Jahrhundert., wo der weibliche Mond den Seeleuten den Weg weist.

Die Planetensymbole

- ☉ **Sonne**
- ☽ **Mond**
- ☿ **Merkur**
- ♀ **Venus**
- ♂ **Mars**
- ♃ **Jupiter**
- ♄ **Saturn**
- ♅ **Uranus**
- ♆ **Neptun**
- ⯓ **Pluto**

zeichen zurückgeführt; und da die Planeten als treibende Kräfte von Menschen und Geschehnissen auf der Erde galten, waren sie eng mit den Göttern verbunden. Jeder Planet (zehn insgesamt, da Sonne und Mond in der Astrologie wie Planeten behandelt werden) hat ein Symbol und »regiert« ein oder mehrere Zeichen. Die Position der Planeten im Verhältnis zueinander und aus dem Blickwinkel der Erde bestimmt die Wechselwirkung der Kräfte, die die Planeten repräsentieren. Diese Kräfte können zusammenwirken, wenn die Planeten sich annähernd an der gleichen Stelle am Himmel (in Konjunktion) befinden; wenn die Planeten in einem 90°-Winkel voneinander getrennt sind, wirken die Kräfte gegeneinander.

Um ein Horoskop zu erstellen, wird der Himmel (der Erdkreis) im Verhältnis zum Horizont in zwölf Einheiten oder »Häuser« eingeteilt. Die Häuser werden beziffert und nicht benannt und geben Hinweise auf Aspekte im Leben des einzelnen wie persönliche Beziehungen, Gesundheit, Arbeit und Kreativität, je nachdem, welche Zeichen und Planeten sich darin befinden. Die Eigenschaften der einzelnen Zeichen, die Einflüsse der Planeten und die Häuser bilden gemeinsam ein komplexes Beziehungsgeflecht, wobei es sich sowohl um Komplementaritäten als auch um Gegensätze handeln kann, die alle zusammengenommen das Schicksal des Menschen bestimmen. Die Wissenschaft hat diese Verbindungen jahrhundertelang geleugnet und behauptet, die Sternbilder aus alter Zeit bestünden aus Himmelskörpern, die durch unermeßliche Räume voneinander getrennt und so weit entfernt von unserer Erde seien, daß die Möglichkeit irgendeiner Verbindung zum Leben der Menschen nicht zur Debatte stünde. Die Astrologie gilt daher als Pseudowissenschaft, allenfalls als Vorläufer der modernen Astronomie. Doch der Glaube, daß unser Schicksal mit den Sternen verknüpft ist, besteht fort, und das Symbolsystem der Astrologie hat einen starken Einfluß auf unser Bewußtsein.

Gewisse neuere Trends in der Wissenschaft lassen jedoch auf eine Annäherung schließen. So steht etwa die moderne Physik nicht mehr auf dem Standpunkt, daß das Universum aus einer Ansammlung voneinander

Sternkarten
Schon die ältesten Kulturen kannten Sternkarten. Die ersten Kalender basierten auf Aufzeichnungen der Bewegungen leicht erkennbarer Sterne oder Sternbilder. Diesen Sterngruppen wurden dann Darstellungen von Tieren oder mythologischen Gestalten zugeordnet, die in der jeweiligen Gesellschaft geläufig waren. Später gruppierte Ptolemäus über 1000 Sterne zu 48 Sternbildern, und die griechische Astronomie gelangte durch Sanskrit-Abschriften nach Indien, wo Sternkarten wie die hier abgebildete entstanden. Das ptolemäische System bildet die Grundlage der modernen Sternkarten.

unabhängiger Materiebündel zusammengesetzt sei. Die Schöpfung gilt zunehmend als ein Gewebe von Energieformen, ein Gedanke, der in gewisser Weise der Weltsicht unserer Vorfahren ähnelt. Und obwohl die Anziehungskraft und das Licht aller Himmelskörper außer der Sonne und des Mondes zu schwach sind, um Einfluß auf uns auszuüben, steht keineswegs fest, daß dies auch für andere elektromagnetische Kräfte im All gilt. Überall im Sonnensystem gibt es starke Magnetfelder, und die Erdatmosphäre wird ständig mit Sonnenwind, einem Strom subatomarer Sonnenteilchen, bombardiert. Der Sonnenwind und die Magnetfelder der Planeten unseres Sonnensystems scheinen sich auf verschiedene subtile und noch unvollständig erkannte Art und Weise zu beeinflussen. Und die Hintergrundstrahlung in jenem Bereich, der einst leerer Raum hieß, gilt heute als Relikt des »Urknalls« bei der Entstehung des Universums. Das Argument, es gebe keine wissenschaftlichen *Mechanismen*, mit denen man einen Einfluß des Himmels auf den Verlauf des menschlichen Lebens erklären könne, ist daher immer weniger plausibel; insbesondere wenn die Fähigkeit von Fischen, Vögeln und anderen Lebewesen, sich an den magnetischen Feldern der Erde zu orientieren, darauf hinweist, daß das Nervensystem lebender Organismen hochempfindlich gegenüber elektromagnetischen Einflüssen ist.

Die Himmelsgöttin
Nut war die Himmelsgöttin der ägyptischen Mythologie. Sie wurde häufig als Frau dargestellt, die mit ihren Finger- und Zehenspitzen den Boden berührte und deren überlanger Körper sich über die Erde wölbte und den Himmelsbogen bildete. Die Milchstraße, so glaubte man, sei ihr mit Sternen übersäter Bauch. Nut wurde zur Beschützerin der Toten; ihr Bildnis war häufig auf der Innenseite der Sarkophage zu finden. Dieser Holzsarg vom Anfang des 2. Jahrhunderts n. Chr. zeigt Nut von Tierkreiszeichen umgeben.

Feuerzeichen

Widder
Zeit: 21. März – 20. April
Symbol: Widder
Planet: Mars

Widder steht für Feuer und dessen urtümlichste Eigenschaften – impulsiv, kraftvoll, dynamisch, initiativ, forschend, jedoch auch unbeherrscht und zerstörerisch. Die Energie des Widder muß durch eine Kraft von außen in die richtigen Bahnen gelenkt werden; diese Kraft stellt der diesem Zeichen zugeordnete Planet Mars dar. Er symbolisiert das Selbstbewußtsein eines Menschen, seine besondere Natur, die ihn von allen anderen unterscheidet. Das grafische Symbol (unten) steht für die Hörner des Widders beziehungsweise für die Nase des Menschen und seine Augenbrauen, die die Persönlichkeit eines Individuums symbolisieren.
Die Eigenschaften des Widders sind allgemein bekannt: Das tapfere und wilde Tier senkt den Kopf und stürzt sich entschlossen auf die Dinge, die seine Aufmerksamkeit erregt haben. Der vorstoßende Widder steht auch für den ersten Wachstumsschub der Saat zu Beginn des Frühlings. Widder bedeutet Erneuerung der Sonnenenergie und gilt traditionell als erstes Tierkreiszeichen. Der arabische Astronom Abumasar schrieb die Entstehung der Schöpfung der Konjunktion von Sonne, Mond, Merkur, Venus, Mars, Jupiter und Saturn im Sternbild Widder zu (d. h. diese Planeten befanden sich alle im selben Teil des Himmels).

Löwe
Zeit: 23. Juli – 23. August
Symbol: Löwe
Planet: Sonne

Löwe ist das Feuer in seinem kontrollierten, festen Aspekt, das stetig brennt und allen, die mit ihm in Berührung kommen, Wärme und Glanz verleiht. Der Löwe symbolisiert Leben, Stärke, Vitalität, königliche Würde, Stolz und Mut. Er ist König der Tiere, der von dem mächtigsten aller Planeten, der Sonne, beherrscht wird. Der Löwe bedeutet eine klarere und stetigere Form der Macht als der Widder und ist außerdem mit Ehrgeiz verbunden, der sich in extremer Form als Tyrannei äußern kann. Der Löwe ist ein weitverbreitetes Symbol für Macht, Männlichkeit und Führerschaft und taucht deshalb auch häufig in Wappen auf.
Löwe, ein festes Zeichen, sorgt für die Hitze im Hochsommer, die das Getreide für die Ernte reifen läßt. Das Zeichen repräsentiert somit den lebenspendenden, allsehenden Vater im Zentrum der Dinge, von dem alle Energie und alles Leben ausgeht. Die beiden Kreise im grafischen Symbol für Löwe (unten) weisen auf die Verbindung zwischen dem göttlichen und dem menschlichen Willen hin.

Die Wasserzeichen

Schütze
Zeit: 23. November – 21. Dezember
Symbol: Kentaur/Schütze
Planet: Jupiter

Das dritte Feuerzeichen besitzt die Eigenschaften der anderen beiden, jedoch in reinerer und umfassenderer Form. So hat der Schütze die Initiativkraft des Widders, doch kommt diese Kraft zielgerichteter und subtiler zur Wirkung. Der Ehrgeiz und die Dominanz des Löwen kommen hier in einer spirituelleren und weniger egoistischen Form zum Ausdruck. Der unsterbliche Kentaur steht für die Verbindung der höheren geistigen Kräfte des Menschen mit der physischen Stärke des Pferdes. Das grafische Symbol (unten) stellt die moralische Grundlage dar, auf der die Zivilisation aufbaut, der Pfeil bedeutet Inspiration.
Der Schütze symbolisiert ein entschlossenes Wesen und die Fähigkeit, das Ziel zu treffen – Pfeil und Bogen sind Symbole der Macht. Wie Widder und Löwe ist auch der Schütze ein Führungszeichen, jedoch auch mit Sensibilität und Offenheit gegenüber den Bedürfnissen und Gedanken anderer verbunden. Der Schütze verkörpert Unruhe, die zum Teil auf seinen Forschergeist – wie beim Widder –, zum Teil aber auch auf die suchende, spirituelle Seite seines Wesens zurückzuführen ist. Er ist das letzte Zeichen vor dem neuen Jahr und markiert den Übergang vom Herbst zum Winter.

Fische
Zeit: 20. Februar – 20. März
Symbol: Fische
Planet: Neptun/Jupiter

Wasser ist tief und geheimnisvoll und kann still und ruhig sein; in der modernen Psychologie symbolisiert es die Energie des Unbewußten. So wie der Widder Feuer in seiner elementaren Form darstellt, so sind die Fische Wasser in seiner reinen Form. Fische-Eigenschaften sind Emotionalität, Sensibilität, Unbestimmtheit und Weltferne; Fische-Menschen geben sich der Welt der Träume hin und sind vom Unbekannten fasziniert. Gleichzeitig ist der Fische-Mensch äußerst anpassungsfähig und kann sich auch in schwierigen Situationen zurechtfinden. Das fließende Wasser weist auch auf die Offenheit gegenüber anderen Menschen hin, auf ein freundliches, mitfühlendes Wesen, das sich auch verwundbar zeigen kann.
Die Zeit der Fische umfaßt jenen Teil des Jahres, in dem die Regenfälle am Ende des Winters und am Anfang des Frühlings die Erde auf die explosiven Kräfte des Frühjahrs (Widder) vorbereiten.
Auf der einfachsten Ebene stellt das grafische Zeichen (unten) die Fische dar. Aus esoterischer Sicht steht ein Bogen für das endliche Bewußtsein des Menschen, der andere für das Bewußtsein des Universums. Der Strich, der die Bögen teilt, repräsentiert die Erde, den Punkt, an dem sich spirituelle und materielle Lebenssphäre treffen.

Krebs
Zeit: 22. Juni – 22. Juli
Symbol: Krebs
Planet: Mond

Krebs ist das Wasser in seinem ruhigeren, kontrollierteren Aspekt. Der Krebsmensch ist, wie der Fisch, sensibel, liebevoll und emotional, in Beziehungen zu anderen Menschen jedoch weniger verwundbar und eher bereit zur Kommunikation. Der vom Mond beherrschte Krebs hat einen launischen Aspekt, besitzt aber auch die Tiefe, die mit allen Wasserzeichen verbunden ist.
Andere Eigenschaften des Krebses sind geistige Unabhängigkeit und Gradlinigkeit, Gelassenheit, visionäre Klarheit und Zuverlässigkeit. Seine Ruhe läßt auf einen Hang zum Traditionellen schließen, doch das Zeichen hat (wie alle Wasserzeichen) auch eine starke phantasievolle und intuitive Seite.
Krebs ist die Weltenmutter; in der griechischen Mythologie wurde dem Krebs durch die Muttergöttin Hera ein Platz im Himmel zugewiesen. Es ist die Zeit der Sommersonnenwende, einem der wichtigsten Ereignisse im Jahreskreislauf. In alter Zeit setzten die Philosophen den Krebs mit der »Menschenpforte« gleich, durch die die Seele vom Himmel in den menschlichen Körper herabsteigt. Das grafische Zeichen (unten) steht für die Vereinigung des männlichen und des weiblichen Prinzips (Sperma und Ei).

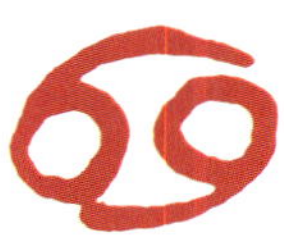

Skorpion
Zeit: 24. Oktober – 22. November
Symbol: Skorpion/Adler
Planet: Mars/Pluto

Als das tiefgründigste und emotionalste Zeichen des Tierkreises verkörpert der Skorpion die Ruhe der Wasserzeichen sowie eine starke Selbstdisziplin. Der Skorpion ist auf die innere Welt gerichtet; in ihm verbindet sich die Intuition der Fische mit der Standfestigkeit und Klarheit des Krebses. Das Zeichen symbolisiert eine starke, häufig zurückgezogene Persönlichkeit, die hartnäckig ihre Ziele verfolgt. Der Skorpion steht auch für die Fähigkeit, andere anzustacheln, entweder durch Offenlegung ihrer Schwächen oder durch seine Kraft zur Inspiration. Der Adler, der die Energien des Wassers und der Luft in sich vereinigt, steht für spirituelle Wandlung und die Höhen und Tiefen innerer Erkenntnis.
Mars gibt dem Skorpion Zielstrebigkeit, während Pluto Eifersucht und Besitzergreifen bedeuten kann. Die Zeit des Skorpions, eines festen Zeichens, stellt den Höhepunkt des Herbstes dar. Tiere ziehen sich (vor dem Skorpion) in den Winterschlaf zurück, aus dem sie zu neuem Leben erwachen. Das grafische Zeichen (unten) stellt die männlichen Fortpflanzungsorgane dar und ist das Gegenstück zur Halbschlange, die durch das Sternzeichen Jungfrau symbolisiert wird (siehe S. 167).

Die Luftzeichen

Wassermann
Zeit: 21. Januar – 19. Februar
Symbol: Wasserträger
Planet: Saturn/Uranus

Der Wassermann zeigt das Element Luft in seiner freiesten, alles beherrschenden Form. Dies verleiht dem Wassermann-Menschen den Sinn für das Universelle und läßt ihn gute Taten vollbringen und anderen helfen. Der Wassermann ist das menschlichste Zeichen im Tierkreis: Er ist mitfühlend, visionär, voller Hoffnung, hat Sinn für die Gemeinschaft und gemeinsame Ziele. Doch trotz seiner sozialen Eigenschaften liebt er, teils aufgrund der Gegenwart Saturns, die Zurückgezogenheit.
Das Wasser, das er trägt, ist das Wasser des Wissens und symbolisiert sein Verlangen, zu lernen und das Erlernte auch weiterzugeben. Die beiden gezackten Linien des grafischen Symbols (unten) können die Schlangen der Weisheit – Intuition und Rationalität – verkörpern, aber auch als Wellen auf dem Wasser des Bewußtseins gedeutet werden und Kommunikation bedeuten. Die Lernbereitschaft des Wassermanns wird, so heißt es, durch die Gegenwart des Uranus als Mitregenten unterstützt. Uranus trägt auch zu einem originellen und erfinderischen Geist bei sowie zu einem Hang zu Wissenschaft und Technik; außerdem geht auf ihn der klare Verstand zurück, mit dem der Wassermann die verschiedensten Probleme zu lösen versucht.

Zwillinge
Zeit: 21. Mai – 21. Juni
Symbol: Die himmlischen Zwillinge
Planet: Merkur

Während Wassermann die Luft in ihrem suchenden, alles durchdringenden Aspekt darstellt, sind die Zwillinge die Luft in ihrer veränderlichen, launenhaften, sprunghaften Form. Die Zwillinge, die bisweilen als das kindlichste Tierkreiszeichen gelten, haben ein starkes Bedürfnis, mit anderen Menschen in Beziehung zu treten. Das Zeichen symbolisiert Widersprüche, eine Tendenz zu gegensätzlichen Extremen. Der Zwilling-Mensch ist anpassungsfähig und mit seinem paradoxen Wesen zufrieden. Wie alle Luftzeichen haben auch die Zwillinge eine stärkere Verbindung zum Intellekt als zu Gefühlen.
Das grafische Symbol (unten), das an die römische Zahl II erinnert, steht für Dualität. Die Spartaner verwendeten es zur Darstellung ihrer Zwillingsgötter bei der Schlacht. Es verweist auf die Vereinigung einer intuitiven und einer rationalen Seele, um größere schöpferische Kraft zu erlangen, oder auf die Einheit von Verstand und Geist.

Die Erdzeichen

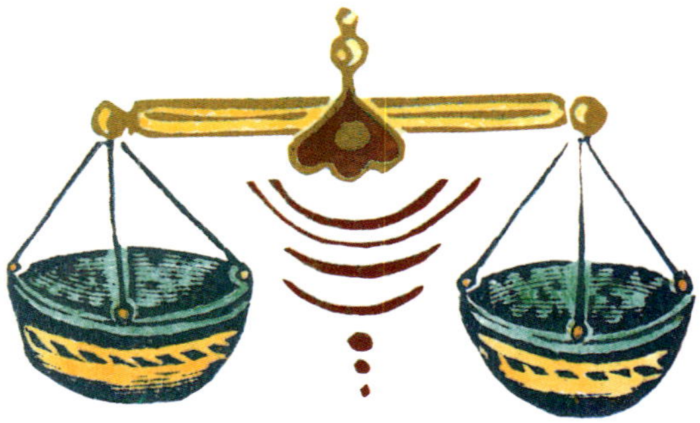

Waage

Zeit: 24. September – 23. Oktober

Symbol: Waage

Planet: Venus

Wie das Symbol bereits nahelegt, ist die Waage das Zeichen für Gerechtigkeit. Der Waage-Mensch vereinigt in sich die Menschlichkeit des Wassermanns und die Neugier der Zwillinge und hält diese und andere Eigenschaften im Gleichgewicht. Wie die anderen Luftzeichen verkörpert die Waage Intellekt, doch ihre Ausgeglichenheit verhindert, daß eine streng rationale Lebensweise die Intuition verdrängt. Sie repräsentiert außerdem das Gleichgewicht zwischen Körperlichkeit und Spiritualität.

Die Gegenwart des Planeten Venus verbindet die Waage mit Schönheit, Ordnung und einem Gefühl für Harmonie, welches die Grundlage ihres friedenstiftenden Verhaltens sind. Die negative Seite der Waage ist ihre Tendenz zur Unentschlossenheit.

Das grafische Symbol (unten) repräsentiert den tiefen Stand der Sonne, wenn im Jahreslauf die Nächte länger werden. Die obere Linie symbolisiert die geistige, die untere die materielle Existenz.

Steinbock

Zeit: 22. Dezember – 20. Januar

Symbol: Steinbock

Planet: Saturn

Steinbock ist die Substanz der Erde und mit Stabilität und Struktur verbunden. Daher ist der Steinbock-Mensch vorsichtig, praktisch und ordnungsliebend. Der Steinbock symbolisiert jedoch auch Starrköpfigkeit oder – in seinen positiveren Aspekten – Entschlossenheit und Selbstdisziplin.

Die Gegenwart Saturns bringt einen beruhigenden Einfluß mit sich und gibt dem Steinbock-Menschen seinen überlegten, ernsthaften Charakter – die Basis für Gelehrsamkeit. Auf Saturn geht die Liebe des Steinbocks zur Einsamkeit und seine gelegentlich dunkle, depressive Seite zurück. Die mystische Veranlagung des Steinbocks kommt meist in seinem Interesse an den Geheimnissen der Erde und den verborgenen Kräften der Natur zum Ausdruck. Das ursprüngliche Symbol des Steinbocks – ein Mischwesen aus Fisch und Ziege – war ein mythisches Wesen, das Zugang zu großer Weisheit hatte, da ihm Land und Meer vertraut waren. Das grafische Zeichen (unten) stellt beides (Meer und Land) dar.

In der Zeit des Steinbocks schreitet der Winter fort, und alles Leben ist nach innen gerichtet, um sich auf den Frühling vorzubereiten. Es ist auch die Zeit der Wintersonnenwende, und der Steinbock ist das »Tor der Götter«, da die Sonne am Himmel wieder steigt.

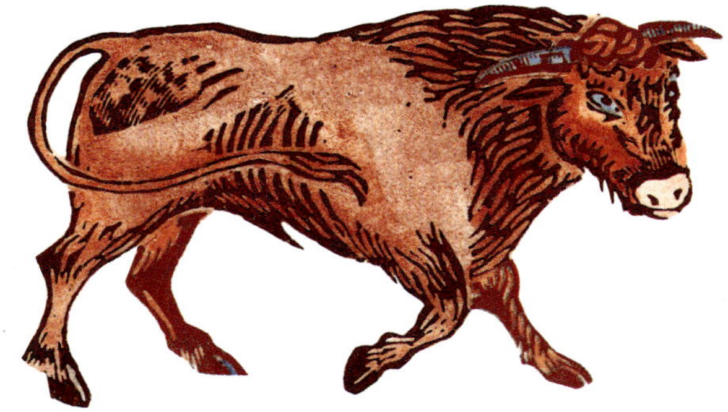

Stier
Zeit: 21. April – 20. Mai
Symbol: Stier
Planet: Venus

Der Stier ist die Erde in ihrem sichtbaren Aspekt. Die Starrköpfigkeit des Steinbocks äußert sich hier nicht als Abwehr, sondern als Mut und Stärke. Der Stier ist feurig, schwierig und entschlossen, doch manchmal kommt auch die zuverlässige, tüchtige Seite seines Wesens zum Vorschein.

Der Einfluß der Venus bringt es mit sich, daß der Stier einen guten Blick für natürliche Schönheit besitzt. Auch wird der Venus seine starke sexuelle Begierde zugeschrieben; zusammen mit dem Erdaspekt und der Fruchtbarkeit des Stiers führt dies zu einer starken Sinnlichkeit, die nur durch die mit diesem Zeichen verbundene Vorsicht im Zaum gehalten wird. Der Stier hat eine eifersüchtige, besitzergreifende, aber auch eine großzügige, freundliche Seite.

Das grafische Symbol (unten) hat die Form eines Voll- und eines Halbmonds. Der Vollmond repräsentiert die himmlische Mutter mit den ihr eigenen Prinzipien Wachstum und Fruchtbarkeit, während der nach oben offene Halbmond auf das Sammeln materieller Besitztümer hinweist. Der Stier symbolisiert den an die Erde gebundenen Menschen. Da zu dieser Zeit der Frühling seinen Höhepunkt erreicht hat, repräsentiert der Stier die schöpferischen Kräfte der Natur.

Jungfrau
Zeit: 24. August – 23. September
Symbol: Jungfrau
Planet: Merkur

Jungfrau ist das Zeichen für Hingabe und Fleiß. Während der Steinbock mit dem Innern der Erde und der Stier mit deren Oberfläche in Zusammenhang steht, ist das Interesse der Jungfrau mehr darauf gerichtet, wie und zu welchem Zweck die Erde gemacht ist. Die Jungfrau steht für Wandlung; sie erforscht das Wesen der Erde und formt und verändert ihre Gestalt, um sie den Bedürfnissen der Menschen anzupassen.

Der Jungfrau-Mensch ist analytisch und häufig allzu kritisch. Das Symbol Jungfrau steht für einen Hang zu überkritischem Urteil und die Neigung, alle, die um sie werben, als ungeeignet zurückzuweisen. Dies kann dazu führen, daß der Jungfrau-Mensch schwierig im Umgang ist, insbesondere da der Planet Merkur zu Rastlosigkeit und nervöser Spannung beiträgt. Auf der positiven Seite wird der Jungfrau Zuverlässigkeit und Ernsthaftigkeit zugeschrieben; in ihr vereinigt sich die Stärke, die aus der Tiefe der Erde kommt, mit der Fruchtbarkeit und Fülle an deren Oberfläche. Das Jungfrau-Zeichen steht für große Tatkraft bei der Bestellung der Felder und für die Ernte, mit der die Arbeit des Menschen belohnt wird.

Das grafische Symbol (unten) symbolisiert die weiblichen Fortpflanzungsorgane oder Kopf und Schlangenkörper eines Mischwesens.

Tarot

Die Tarotkarten bestehen eigentlich aus zwei Teilen: den *Großen Arkana*, zweiundzwanzig verschiedenen Trumpfkarten, und den *Kleinen Arkana*, die sich von den modernen Spielkarten nur dadurch unterscheiden, daß es in jeder Farbe vier Bilder (König, Königin, Ritter und Page oder Prinzessin) anstatt drei gibt und daß die Farben selbst Fünfstern (oder Münze), Kelch, Stab und Schwert sind. Wahrscheinlich handelte es sich ursprünglich um zwei getrennte Teile, die kombiniert wurden, weil sie einen gemeinsamen Zweck erfüllten – von dem gleich ausführlicher die Rede sein wird.

Die Ursprünge des Tarot liegen im dunkeln. Es gab Versuche, die Spuren bis zu den alten Kulturen Ägyptens, Chinas und Indiens zurückzuverfolgen, und die Einführung in Europa wurde sowohl den Arabern als auch den Zigeunern (Roma) zugeschrieben. Einer anderen Theorie zufolge beruhen die Kleinen Arkana zumindest teilweise auf Kartenspielen, die von venezianischen Händlern vor dem 15. Jahrhundert aus dem Fernen Osten mitgebracht wurden und mit dem hinduistischen Gott Vishnu in Zusammenhang standen. Vishnu wird traditionell mit vier Armen dargestellt, die das Rad, den Lotos, das Zepter und die Muschel halten; diese symbolisieren die göttlichen Kräfte Bewahrung (*karma yoga*), Liebe (*bhakti yoga*), Weisheit (*gnana yoga*) und Innenschau (*raja yoga*). Diese vier Symbole sind vielleicht der Ursprung der vier Farben der Kleinen Arkana.

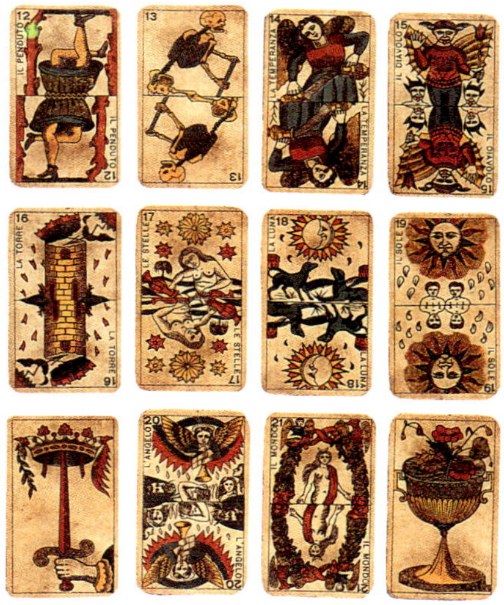

Spielkarten
»Les Tarots« hieß ein französisches Kartenspiel, Vorläufer der Bridgekarten. Das italienische Spiel hieß entsprechend »Tarocchi«. Die hier abgebildeten Tarocchi-Karten mit den Großen Arkana (die Karten 12–21) stammen alle aus dem späten 19. Jahrhundert.

Wenn dem so ist, dienten die Karten der Kleinen Arkana nicht als Spielkarten, sondern als Allegorien für die Reise der Seele auf den vier parallelen Pfaden zur Erleuchtung. Im Verlauf dieser Reise durchschreitet der Suchende verschiedene Stufen, die jeweils durch die numerierten und Trumpfkarten dargestellt werden, und erreicht schließlich die Stufe der Königschaft. Die Großen Arkana, die wahrscheinlich ebenfalls aus dem Fernen Osten nach Venedig gelangten, dienten vielleicht der Darstellung eines mehr esoterischen und spirituellen Wegs, in den die vier Pfade der Kleinen Arkana münden. Es ist jedoch unklar, wie die beiden Spiele vereinigt wurden. Vielleicht haben norditalienische Okkultisten erkannt, daß beide einem ähnlichen Zweck dienten, und sie alternativ benutzt, so daß sie im Laufe der Zeit mehr und mehr gleichgesetzt wurden und der Unterschied zwischen ihnen vollends verwischt wurde. Sicherlich haben die Karten dabei zahlreiche Veränderungen erfahren, bis sie ihre gegenwärtige Gestalt annahmen.

Das erste überlieferte Spiel, das Ähnlichkeit mit den modernen Karten aufweist, wurde 1415 für den Herzog von Mailand hergestellt. Andere wiederum behaupten, daß die siebzehn Tarotkarten, die in der Pariser Bibliothèque Nationale archiviert sind, zu einem Spiel gehörten, das schon 1392 für Karl VI. von Frankreich angefertigt wurde. Auf jeden Fall waren die Karten von Beginn des 15. Jahrhunderts an sowohl in Italien als auch in Frankreich in Gebrauch und verbreiteten sich vermutlich von hier aus über ganz Europa. Im Laufe der Zeit wurde ihr ursprünglich esoterischer und spiritueller Gebrauchszusammenhang überlagert von dem Verwendungszweck als Spielkarten; und da sich die Großen Arkana hierfür als zu kompliziert erwiesen, verschwanden sie ganz aus dem heutigen Kartenspiel.

Einer einflußreichen Überlieferung zufolge liegen die Ursprünge des Tarot in jenem universellen Wissen, das der ägyptische Gott Thoth für die Schüler der Magie niedergeschrieben hatte. Von dieser Geschichte

Die Waite-Karten
Die aus dem 20. Jahrhundert stammenden Waite-Karten veränderten das Tarot von Grund auf. Sie wurden von Arthur Edward Waite, einem Mitglied des hermetischen Order of the Golden Dawn (siehe S. 144), entworfen und von Pamela Colman gezeichnet. Die Waite- (oder »Rider«-)Karten waren das Vorbild für zahlreiche spätere Kartenspiele. Die Karten der Kleinen Arkana stellen Szenen dar statt bloß die Symbole der jeweiligen Farbe, so daß der Wahrsager mehr Möglichkeiten der Interpretation hat. Dies ist einer der Gründe für die weltweite Beliebtheit dieser Karten, obwohl in den letzten fünfundzwanzig Jahren zahlreiche weitere Varianten entstanden sind.

angeregt, ersann ein Pariser Perückenmacher, der sich Etteilla nannte (sein richtiger Name war dasselbe Wort rückwärts gelesen) ein eigenes Tarotspiel zum Wahrsagen. Dieses wiederum wurde Mitte des 19. Jahrhunderts von Eliphas Lévi (das okkulte Pseudonym für Alphonse Louis Constant) aufgegriffen und zu einem vollständigen System erweitert, das auf ägyptischen Darstellungen beruhte, aber auch mit der jüdischen Mystik und Geheimlehre der Kabbala (siehe S. 152)in Zusammenhang stand.

Obwohl Lévis Deutung auf fragwürdigen Prämissen beruht, gibt es im Tarot unleugbar kabbalistische Elemente. Die zweiundzwanzig Buchstaben des hebräischen Alphabets beispielsweise entsprechen den zweiundzwanzig Großen Arkana des Tarot; und die vier Farben der Kleinen Arkana spiegeln die vier kabbalistischen »Welten« wider, jene vier Stufen, durch die Gott den Kosmos schuf. Lévis Theorien hatten großen Einfluß auf Arthur Edward Waite (siehe oben), der eins der am meisten verbreiteten und bis heute gebräuchlichen Spiele ersann.

Die Großen Arkana stellen ein faszinierendes Symbolsystem dar, eine Verbindung von altem Geheimwissen und einer komplexen und effizienten Lehre des inneren Wachstums. Sich mit dem Tarot zu beschäftigen und mit seinen Bildern zu identifizieren heißt, eine Reise in das eigene Selbst anzutreten, die tiefgreifende Veränderungen hervorrufen kann. Die zweiundzwanzig Karten der Großen Arkana sind ein symbolischer Abriß des menschlichen Wesens. Man könnte auch sagen, es handle sich um den Versuch, jene Faktoren darzustellen, die unsere Persönlichkeit ausmachen – ein Versuch, der den Bemühungen der modernen Psychologie um mehr als fünfhundert Jahre vorausgeht.

Die Handhabung der Tarotkarten

Will man mit Hilfe der Großen Arkana zur Selbsterkenntnis gelangen, so muß man einige Zeit darauf verwenden, die Bedeutung jeder einzelnen der zweiundzwanzig Karten zu erkunden. Lesen Sie die Beschreibungen auf den folgenden Seiten und wählen Sie dann eine Karte aus. Kehren Sie mehrere Tage hintereinander in Gedanken so oft wie möglich zu dem Bild zurück. Legen Sie die Karte an eine gut sichtbare Stelle und sehen Sie sie sich immer wieder an. Das Bild sollte sich Ihnen gut einprägen, so daß Sie jedes Detail erinnern können. Fragen Sie die Hauptfigur (oder die -figuren) im Bild, was sie Ihnen sagen will. Machen Sie sich keine Gedanken darüber, ob Sie es mit einem Bild der objektiven Realität oder mit einem Aspekt Ihres Unbewußten zu tun haben. Bei jeder Beschäftigung mit Symbolen stellen sich nur dann Ergebnisse ein, wenn man aufhört, sich mit der Suche nach einer logischen Erklärung zu quälen. Lassen Sie das Bild für sich arbeiten.

Gehen Sie auf diese Weise mit allen zweiundzwanzig Karten nacheinander vor. Nehmen Sie sie in der Reihenfolge zur Hand, wie sie im Stapel erscheinen, vom Narren bis zur Welt. Notieren Sie sich Vorlieben. Betrachten Sie nicht bestimmte Karten als »gut« und andere als »schlecht«. Jede Karte ist von Bedeutung.

Vielleicht müssen Sie bei einigen Karten länger verweilen als bei anderen, doch nach einer gewissen Zeit wird jede Karte die Selbsterkenntnis stimulieren. Einige dieser Einsichten werden sehr klar sein und Ihnen Aspekte Ihres Selbst zeigen, die Sie bereits kennen und akzeptiert haben. Andere werden Ihnen eher verschwommen erscheinen. Notieren Sie sich, wenn dies der Fall ist; es handelt sich um eine wichtige Entdeckung. Wenn Sie das Gefühl haben, daß eine Karte Ihnen im Augenblick alles enthüllt hat, gehen Sie weiter, aber überstürzen Sie nichts. Betrachten Sie jede Karte so lange, bis sie überzeugt sind, daß Sie ihre Botschaft verstanden haben. Zeichnen oder malen Sie die Karte; es trägt dazu bei, daß Sie direkt zu Ihrem Unbewußten spricht.

Sobald Sie das Bild klar und deutlich bei geschlossenen Augen visualisieren können, setzen sie sich entspannt, aber aufrecht hin und meditieren Sie darüber, indem Sie das Bild in Ihrem Bewußtsein halten.

Wenn Ihre Konzentration so weit fortgeschritten ist, daß alle Nebengedanken entfallen sind, stellen Sie sich vor, daß der Rand um das Bild ein Türrahmen ist und Sie die Szene direkt vor sich haben. Dann gehen Sie durch die Tür und werden Teil der Szene. Beobachten Sie, wie sich nun die Ereignisse verselbständigen wie im Traum. Lassen Sie zu, daß das Geschehen sich entfaltet, und warten Sie, was passiert.

Wenn Sie alle zweiundzwanzig Karten durchgearbeitet haben, werden Sie ein tieferes und differenzierteres Bewußtsein von den einzelnen Aspekten Ihres Selbst haben. Analysieren Sie diese Bewußtheit. Gibt es Aspekte, die erkennbar unentwickelt sind und mehr Freiheit benötigen? Gibt es andere Aspekte, die Scham in Ihnen hervorrufen? Oder Aspekte, die offensichtlich Ihre Stärken sind? Können Sie ihnen mehr Raum gewähren?

Vielleicht haben Sie im Laufe dieses Prozesses festgestellt, daß Einsichten aus früheren Karten hinübergetragen werden in die Beschäftigung mit später gezogenen. Jede Karte spielt eine bestimmte Rolle, doch die Reihenfolge, in der Sie sie ansehen, ist wichtig. Sie können nicht zur Karte mit der Nummer Eins, dem Magier, weitergehen, bevor Sie in sich nicht die Unschuld, den »Geist des Ich-weiß-nicht« (wie es im Zen-Buddhismus heißt) erkannt haben, der in der ersten, nicht numerierten Karte, dem Narren, symbolisiert wird. Und Sie können nicht in adäquater Weise zur Karte Nummer zwei, der Hohepriesterin, fortschreiten, solange Sie nicht den Magier in sich erkannt haben, die Ihnen innewohnende Kraft zur Veränderung.

Wahrsagung

Die Karten werden gemischt, auf eine bestimmte Weise verdeckt ausgelegt und dann eine nach der anderen umgedreht, um so etwas über die Persönlichkeit eines Anwesenden zu enthüllen, Rat bei Problemen zu erteilen oder Einsicht in die Zukunft zu ermöglichen. Doch man tut gut daran, sich zu erinnern, daß die okkulte Tradition den Tarotkarten einen anderen, höheren Zweck zuschreibt. Bei der Wahrsagung wird jede Karte vom Wahrsager interpretiert, anstatt daß ihre Bedeutung durch Meditation und Innenschau enthüllt wird. Am Ende der folgenden Beschreibungen der einzelnen Karten werden einige Bedeutungen erwähnt, die den Karten für die Wahrsagung zugeschrieben werden; doch wenn Sie die Karten zu diesem Zweck benutzen, sollten Sie zunächst den oben beschriebenen Prozeß durchlaufen, damit jede Karte in der Ihnen entsprechenden Weise für Sie lebendig wird. Es ist wohl überflüssig zu erwähnen, daß man die Wahrsagung am besten selbst durchführt und nicht eine andere Person heranzieht.

Wenn Sie die Karten zur Wahrsagung benutzen, müssen Sie einige umdrehen, indem Sie jedesmals, wenn Sie abheben, den Stoß, den Sie in der Hand halten, um neunzig Grad drehen. Wenn Sie die Karten auslegen und mit dem Wahrsagen beginnen, repräsentieren die Karten, die beim Umdrehen auf dem Kopf stehen, negative Aspekte der betreffenden Eigenschaften. Innerhalb der ausgelegten Kartenkonstellation wird außerdem jede Karte von den ihr benachbarten beeinflußt. So kann eine positive Karte durch eine negative (umgekehrt liegende) Karte beeinträchtigt werden; genauso kann die Wirkung einer negativen Karte durch eine positive abgeschwächt werden. Doch zwei positive Karten können sich gegenseitig neutralisieren, wenn sie sich widersprechende Botschaften vermitteln; dasselbe gilt für negative Karten. Denken Sie immer daran, daß die Karten bei der Antwort auf Fragen nach der Zukunft Rat erteilen, aber nicht sagen, was passieren wird.

O. Der Narr

Im Mittelalter galt der Narr nicht immer als Einfaltspinsel. Den Hofnarren glaubte man im Besitz einer naiven Weisheit, die ihn bisweilen klüger machte als seine Umgebung. Außerdem durfte er die Regeln der Hofetikette überschreiten. Er stand außerhalb der Gesellschaft, wurde verlacht, war jedoch auf seltsame Weise privilegiert. Wie Sokrates war der Narr so klug zu wissen, daß er nichts wußte. Sein Geist war nicht mit Vorurteilen und Klassifizierungen überfrachtet. Er sah die Dinge, wie sie waren. Im Tarot stellt der Narr denjenigen Teil unseres Selbst dar, der sich in seiner Weisheit die Ehrfurcht vor dem Geheimnis der Schöpfung bewahrt hat, der aber gleichzeitig den Mut besitzt, es zu erforschen. Der Narr ist die einzige Karte in den Großen Arkana, die nicht numeriert ist, und er hat keine festgelegte Stellung in der Reihenfolge der Karten. Er symbolisiert den Teil von uns, der auf die Gedanken, Gefühle und Träume blickt, welche das Schattentheater unseres Geistes beherrschen. Er besitzt wenig, trägt den Pilgerstab, und ein seltsames Tier (manchmal eine Katze oder ein Hund) schnappt nach seinen Beinen. Damit symbolisiert er die innere Triebkraft, die uns packt, sobald wir nach dem Wesen der Wirklichkeit fragen. Der Narr geht auf das Unbekannte – das innere Selbst – zu.

Divinatorische Bedeutung: ungeplantes Ereignis oder Bestreben; unerwarteter Neubeginn; kann gut ausgehen, wenn von Glückskarten umgeben, sonst vielleicht ein Hinweis auf einen unklugen Schritt. *Umgekehrt:* impulsives Handeln, Dummheit.

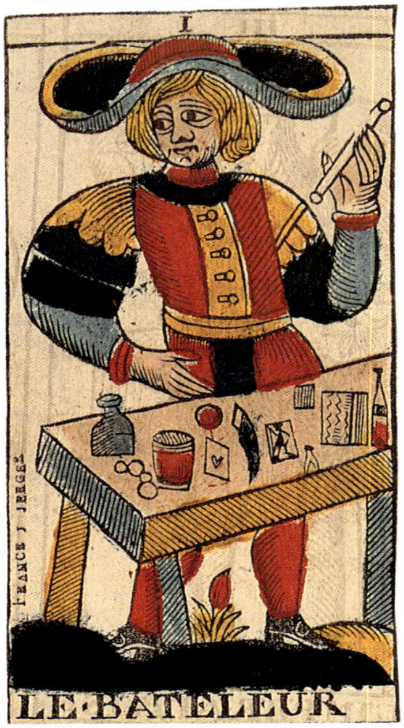

I. Der Magier
Der Prozeß der Verwandlung ist seinem Wesen nach magisch. Ohne innere Magie ist unser wahres Wesen dazu verdammt, für immer unter der verworrenen Welt der Gefühle, physischen Bedürfnisse und sozialen Abhängigkeiten verborgen zu bleiben. Der Magier (auch Jongleur genannt) ist der Teil von uns, der diese Verwandlung einleitet. Auf dem Tisch vor dem Magier befindet sich eine Reihe von Werkzeugen: bei einigen Kartenspielen sind dies Pentagramm, Becher, Stab und Schwert, die Existenz, Liebe, Weisheit beziehungsweise innere Erkenntnis symbolisieren sowie die vier Elemente, aus denen nicht nur die Welt, sondern auch unser Körper besteht. Das Pentagramm und der Kelch repräsentieren auch die weibliche, innere, empfangende Seite des Seins: Stab und Schwert die männliche, äußere, durchdringende. Ohne die Vereinigung von männlich und weiblich ist keine Schöpfung denkbar.

Divinatorische Bedeutung: geplanter oder vorhergesehener Neubeginn. Selbstvertrauen, Willensstärke, Bereitschaft zum Risiko. *Umgekehrt:* Willensschwäche, Unfähigkeit, neue Chancen wahrzunehmen.

II. Die Hohepriesterin
Jedes ernstzunehmende Symbolsystem ruft uns in Erinnerung, daß männlich und weiblich gleichwertige, komplementäre Aspekte eines universellen Ganzen sind. Nur wenn uns dies bewußt ist, können wir ein Gleichgewicht in der Gesellschaft und in uns selbst erreichen.
Die Hohepriesterin verkörpert das verborgene, geheimnisvolle, empfangende weibliche Prinzip, das durch die Energie des offenen, aktiven männlichen Prinzips ergänzt werden muß.
In alter Zeit entsprach die Hohepriesterin dem Priesterkönig, dem Herrscher der sichtbaren Welt. Wir können die Reise ins Innere durch die Großen Arkana nur dann vollziehen, wenn wir erkennen, was die Hohepriesterin in uns symbolisiert. Geheimnisvoll und schön sitzt sie da und hält das Buch der Weisheit auf ihrem Knie. Sie ist das Orakel und kennt die Antwort auf alle Fragen.

Divinatorische Bedeutung: intuitive Erkenntnis, kreative Fähigkeiten, Enthüllung verborgener Dinge. *Umgekehrt:* gefühlsmäßige Instabilität, sklavische Bindung an eine Frau, Mangel an Einsicht.

III. Die Herrscherin
Die Hohepriesterin verkörpert einen Aspekt weiblicher Macht. Einen anderen zeigt die Herrscherin, die Bringerin mütterlicher Fruchtbarkeit und die Erdmutter, die über Entstehung und Schicksal von Söhnen und Töchtern herrscht. Auf ihrem Kopf trägt sie ein Diadem, welches die Gaben symbolisiert, die wir bei Geburt mitbekommen; der Adler auf ihrem Schild repräsentiert Himmel und Sonne sowie eine Reihe positiver Eigenschaften wie Mut und Klarsicht.
Die Herrscherin ist nicht geheimnisvoll, sondern offen und wendet sich jenen zu, die die Wahrheit suchen. Sie steht für das Bewußtsein und vereinigt Materie und Geist. Ihr Zepter weist darauf hin, daß sie Himmel, Erde und die Zwischenwelt beherrscht, ist aber nur ein Symbol: nur durch die Vereinigung mit dem Männlichen kann das Geheimnis der Macht der Herrscherin in seiner Ganzheit enthüllt werden.

Divinatorische Bedeutung: Fruchtbarkeit, Fülle, Wachstum, Stärke, die aus der natürlichen Welt kommt, Wohlbehagen und Sicherheit. *Umgekehrt:* Verarmung, Stillstand, Umwälzungen im eigenen Haus.

IIII. Der Herrscher
Die beiden folgenden Karten stehen für die männliche Seite unseres Wesens. Der Herrscher ist der Archetyp der männlichen Macht. In den Händen hält er die phallischen Symbole der männlichen Energie, den Reichsapfel und das Zepter, die auch auf seine Fähigkeit zu führen hinweisen. In der materiellen Welt, über die der Herrscher regiert, gibt es eine verborgene spirituelle Welt, die nur durch die Vereinigung des Männlichen mit dem Weiblichen zugänglich ist – symbolisiert durch den Ring am Schaft des Zepters. Die Herrscherin und der Herrscher stellen komplementäre Aspekte der göttlichen Einheit dar.
Im Gegensatz zur Herrscherin trägt der Herrscher in manchen Kartenspielen eine Rüstung, die ihn schützt, aber gleichzeitig daran hindert, seine Verwundbarkeit, seine Gefühle, seine Schwächen zu zeigen. Ohne die Offenlegung dieser Seiten jedoch bleibt das männliche Prinzip innerlich defensiv.

Divinatorische Bedeutung: Tapferkeit, Selbstkontrolle, Ehrgeiz, Führerschaft, Stärke. *Umgekehrt:* Mangel an Ehrgeiz, Schwäche, Unterwürfigkeit, Verlust von Einfluß.

V. Der Hohepriester
Der Hohepriester, manchmal auch als Papst bezeichnet, ist die männliche Energie, die in spiritueller Macht zum Ausdruck kommt, das Weibliche im Männlichen. Wie der Herrscher sitzt er auf einem Thron, doch die Macht über sein Gefolge gründet sich auf Autorität und nicht auf Gewalt. Die männliche Seite äußert sich in einer nach außen gerichteten, exoterischen Spiritualität im Gegensatz zur weiblichen Seite, die nach innen gerichtete und esoterische Spiritualität beinhaltet. Der Hohepriester trägt das rote Gewand zum Zeichen äußerer Macht; darunter kommt jedoch ein blaues Kleid zum Vorschein (Symbol der inneren Macht).
Auf dem Kopf trägt der Hohepriester eine dreistufige Krone, da er auf drei Ebenen herrscht: auf der physischen, der intellektuellen und der göttlichen. Die Symbolik der Dreizahl wiederholt sich in dem dreifachen Kreuz in seiner linken Hand; es weist auf die sich in der Dreifaltigkeit offenbarende Göttlichkeit hin.

Divinatorische Bedeutung: Wissen, Weisheit, inspirierende Kraft. *Umgekehrt:* falsche Auskunft, Verleumdung, schlechter Rat.

VI. Die Liebenden
In vielen Tarotspielen ist auf dieser Karte ein Mann mit zwei Frauen zu sehen. Die Figur über ihren Köpfen stellt Cupido dar, dessen Pfeil je nach Spiel verschieden auf eine der drei Personen unter ihm gerichtet ist. Der Symbolgehalt ist klar: Nachdem man die Notwendigkeit erkannt hat, in sich selbst das Weibliche mit dem Männlichen zu vereinigen, muß man nun zwischen zwei Möglichkeiten des Weiblichen wählen; dem jungfräulichen und heiligen (Hohepriesterin) auf der einen, dem fruchtbaren und materiellen auf der anderen Seite (Herrscherin). Die Waite-Karten zeigen einen Mann und eine Frau, die nackt sind und über deren Köpfen eine androgyne, geflügelte Gestalt schwebt. Sie symbolisiert das ganzheitliche Männliche in Vereinigung mit dem ganzheitlichen Weiblichen. Die geflügelte Gestalt ist jener Teil des inneren Selbst, der die Vereinigung der einander entgegengesetzten Pole bewirkt und aus ihnen entsteht.

Divinatorische Bedeutung: Anziehungskraft, Liebe, Partnerschaft, nahe bevorstehende Entscheidung. *Umgekehrt:* Unentschlossenheit, Beziehungsprobleme, Abneigung.

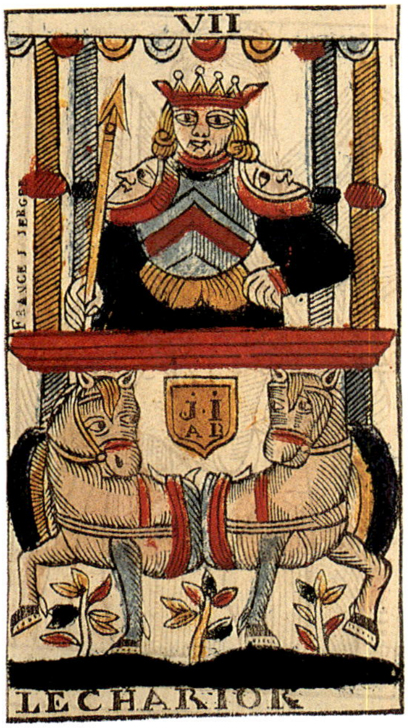

VII. Der Wagen
Die Figur des Wagenlenkers (in älteren Kartenspielen häuifg als weiblich dargestellt) trägt androgyne Züge. Die Brustplatte ist die Rüstung der Männlichkeit, doch auf den Schultern sind die weiblichen Mondsymbole zu erkennen. Der Wagenlenker ist an die Sterne, den Makrokosmos, gebunden; dies wird in einigen Karten durch Sternsymbole auf und um seinen Kopf sowie durch Flügel deutlich gemacht, die den vorderen Teil des Wagens schmücken. In den Waite-Karten befindet sich im Hintergrund eine mit Mauern und Türmen befestigte Stadt, doch der Wagenlenker hat den Blick davon abgewendet: Er dreht der materiellen Welt und der irdischen Macht den Rücken zu.
Der Wagen wird in manchen Spielen von zwei Pferden gezogen, in anderen von zwei Sphinxen. Immer aber ist der eine Teil männlich, der andere weiblich – ein Symbol für Allwissenheit und umfassende Weisheit.

Divinatorische Bedeutung: verdienter Erfolg, Fortschritt, Belohnung. *Umgekehrt:* Egozentrik, mangelnde Sensibilität, Skrupellosigkeit, Fortschritt auf Kosten anderer.

VIII. Gerechtigkeit
MacGregor Mathers, von dem die Geheimlehre des Order of the Golden Dawn (siehe S. 144) stammt, vertauschte die Position dieser Karte mit der der Karte XI (siehe S. 175).
Es besteht eine klare Beziehung zwischen der Gerechtigkeit, die in allen Spielen als Frau dargestellt wird, und der Stärke. Stärke zeigt die Bezwingung äußerer Kräfte (symbolisiert durch den Löwen), Gerechtigkeit hingegen deren Aneignung. Gerechtigkeit trägt das rote Kleid der weltlichen Macht und hält ein Schwert und Waagschalen in den Händen. Im Tarot symbolisiert das Schwert spirituelle Erkenntnis und nicht Vergeltung. Gerechtigkeit benutzt ihre Macht nur dazu, Dinge, die diese Erkenntnis behindern, in Stücke zu schneiden. Mit der Waage kann sie den Wert der Dinge bemessen und das Gleichgewicht zwischen außen und innen halten.

Divinatorische Bedeutung: Schiedsspruch, Verhandlung, Übereinkunft, begründetes Urteil. *Umgekehrt:* Ungerechtigkeit, Vorurteil, Zwietracht.

VIIII. Der Eremit
Auf der einen Seite repräsentiert der Eremit die Einsamkeit der spirituellen Suche. Die Gestalt ist greisenhaft, denn die Jugend – oder besser das jugendliche Streben – ist geopfert worden. Doch das Alter symbolisiert auch Weisheit, Erkenntnis, die auf Erfahrung beruht, Leiden und Selbstverleugnung. Auf einer anderen Ebene symbolisiert der Eremit Beharrlichkeit und die Tatsache, daß jeder aus eigener Kraft zur Erleuchtung, zum wahren Selbst, zur inneren Wahrheit finden muß.
In der rechten Hand hält der Eremit eine Laterne, und das Licht darin hat bisweilen die Form eines Sterns – als Wegweiser durch die Finsternis. In der linken Hand hält er den Pilgerstab, der gleichzeitig die Rute ist, mit der die Unwissenheit ausgetrieben wird.

Divinatorische Bedeutung: Diskretion, Ruhe, Bedürfnis nach einem Refugium oder nach Einsamkeit, Unabhängigkeit bei der Lösung von Problemen, Selbstvertrauen. *Umgekehrt:* Zurückweisung anderer und Ablehnung von Ratschlägen, Neigung, sich zu isolieren, Eigensinn.

X. Rad des Schicksals

Das Rad steht für Bewegung, und obwohl wir meinen, diese Bewegung bringe uns weiter, kehrt doch jeder Punkt des Rades zu sich selbst zurück. Dennoch sind wir möglicherweise jedesmal, wenn wir zu einem bestimmten Punkt zurückkehren, um Erfahrungen reicher geworden. Eines Tages werden es uns diese Erfahrungen ermöglichen, aus dem Rad auszusteigen und in die umfassendere Wirklichkeit einzutreten.

Oft befinden sich auf dem Rad des Schicksals drei mythische Wesen: links eine von seinen Trieben beherrschte Figur (meist zur Hälfte Affe), die sich nach unten bewegt; das Tier auf der rechten Seite (manchmal zur Hälfte Hase) ist intelligent und klettert hinauf; das Wesen auf dem Rad (häufig zur Hälfte Sphinx) symbolisiert spirituelles Wissen. Waite fügt in seinem Spiel in den Ecken der Karte noch die vier Geschöpfe hinzu, die Ezechiel in einer Vision offenbart wurden.

Divinatorische Bedeutung: Glück, bedeutende Ereignisse, große Veränderung der Lebensumstände. *Umgekehrt:* Ende einer Glücksphase, Wandel zum Schlimmsten.

XI. Stärke

In einigen Spielen wird die Stärke nicht als weiblich, sondern als männlich dargestellt, doch der Kampf gegen den Löwen mit dem aufgerissenen Maul fehlt fast nie. Die Botschaft dieser Karte lautet, daß Stärke zwar durch die rohe Kraft des Löwen symbolisiert werden kann, es aber eine höhere Stärke gibt. Die höhere Stärke ist spiritueller Art, das Bewußtsein von der unsterblichen, unzerstörbaren Kraft des Menschen, die das Materielle transzendiert und von dessen Zerfall nicht beeinträchtigt wird. In den Waite-Karten trägt die Frau Blumengirlanden und erinnert damit an die Symbolik des Magiers und das Blühen des schöpferischen Geistes; wie beim Magier schwebt auch über ihr das Symbol des Lebens. In anderen Spielen tragen beide Figuren einen Hut in Form einer liegenden Acht, ein Symbol der Unendlichkeit und des grenzenlosen Wissens.

Divinatorische Bedeutung: zu Recht erworbener Triumph über andere und über sich selbst, Versöhnung, ergriffene Gelegenheit. *Umgekehrt:* Niederlage, Unterwerfung unter niedere Triebe oder andere Menschen, verpaßte Chance.

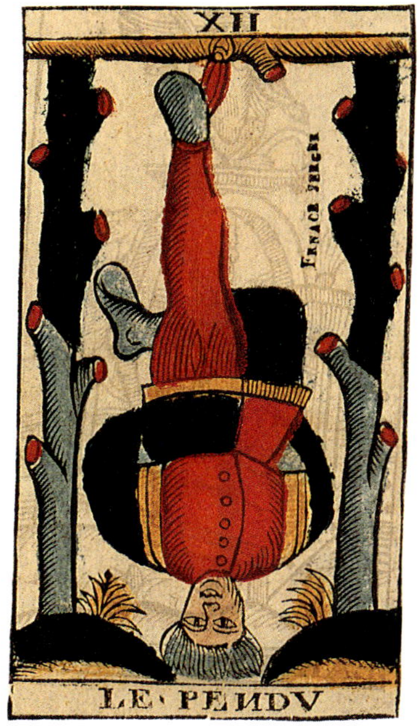

XII. Der Gehängte

Der Gehängte baumelt mit dem Kopf nach unten am Galgen – einstmals die Strafe für Schuldner –, doch sein Gesichtsausdruck ist unbeschwert. In einigen Spielen trägt der Galgen Blätter des Lebens. Die Streben des Galgens ergeben die Zahl Drei, die Zahl der Schöpfung; doch die Beine des Gehängten sind zu einer Vier gekreuzt, die Zahl der Vervollkommnung.

Der Gehängte symbolisiert Übereinstimmung mit den Gesetzen des Universums und Rebellion gegen die Gesetze der Menschen. Wer Erleuchtung erlangen will, muß auf der Reise zwischen Erschaffung und Vervollkommung seinen Weg finden, koste es, was es wolle. Da jedoch der Tod am Kreuz das christliche Opfer symbolisiert, steht der Gehängte auch für selbstlose Liebe.

Divinatorische Bedeutung: Flexibilität, Selbstaufopferung im guten Sinne, Rücksicht auf innere Wahrnehmung, Aufgeben von unerwünschten Verhaltensweisen und Aspekten des Ichs. *Umgekehrt:* erfolgloser innerer Kampf, Weigerung, der Intuition zu folgen oder unerwünschte Eigenschaften abzulegen.

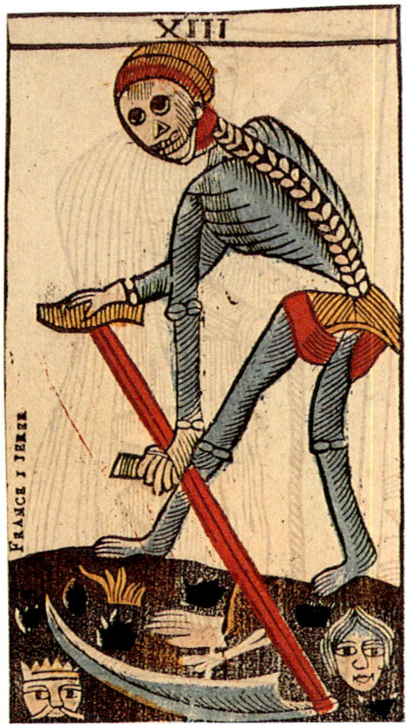

XIII. Tod
Der Tod ist keine endgültige Vernichtung, die man fürchten müßte, sondern ein notwendiger Bestandteil im Kreislauf des Seins: ohne Tod gäbe es kein Leben. Daher ist der Tod nicht die letzte Karte, sondern markiert, zusammen mit dem Gehängten, den Übergang von der ersten Hälfte der Karten zur zweiten. Die Opferung des Ich, symbolisiert durch den Gehängten, ermöglicht es uns, den Styx, den Fluß der Finsternis, zu überschreiten, der die materielle Welt von der spirituellen trennt.
Das Bild des Todes, eines Skeletts mit Sense, die die Abtrennung und Befreiung des Selbst vom Körper symbolisiert, trägt die bedrohliche Zahl Dreizehn. Doch der Tod gehört zum Eintritt in die Welt des Spirituellen. In allen Geheimlehren und schamanistischen Überlieferungen mußte sich der Adept einer Geheimzeremonie unterziehen, in deren Verlauf er »starb«, um in ein dahinter liegendes Reich zu gelangen.

Divinatorische Bedeutung: unerwartetes Glück, Ende eines negativen Zustands, grundlegende innere Wandlung. *Umgekehrt:* Trägheit, Lethargie, Stillstand.

XIIII. Mäßigung
Nach den beiden letzten negativen Karten (der Gehängte und der Tod) kommen wir nun zu einem Symbol des Friedens und der Ruhe. Mäßigung füllt das durch den Tod des Ich leer gewordene Gefäß mit dem Wasser des neuen Lebens. Das Ich abzulegen, bedeutet, sich von falschen Vorstellungen, Stolz und den Bindungen und Abneigungen gegenüber den flüchtigen Erfahrungen des materiellen Lebens zu befreien. Doch an die Stelle des geopferten Ich muß etwas Neues treten.
Wir können nicht zu hohlen Menschen werden und uns der Gefahr aussetzen, von einem neuen, dem Stolz erlegenen Ego ergriffen zu werden.
Die wahre Wirklichkeit in uns konnte noch nicht unser ganzes Sein ausfüllen. Die Mäßigung verleiht uns daher die Ausdauer, die wir benötigen, um auf dem eigenen Weg weiterzukommen.

Divinatorische Bedeutung: geschickte Gestaltung der Lebensumstände, Umsicht, Mäßigung. *Umgekehrt:* ungünstige Fügung der Umstände, konkurrierende Interessen, Ausschweifung.

XV. Der Teufel
Auch wenn man den Tod des Ich bereits hinter sich und die Ausdauer der Mäßigung erreicht hat, kann es noch Fallen geben. Die Überschreitung des Styx führt uns zwar in die Welt jenseits des Ich, nicht aber ins »Himmelreich«. Sobald uns die »Sicherheit« der körperlichen, aber illusionären Welt der Materie fehlt, sind wir sowohl mit der Unterwelt als auch mit der höheren Welt konfrontiert.
Der Teufel symbolisiert die Unterwelt, steht aber nicht für das Böse, sondern für das Gericht. Der Teufel ist sozusagen die Qualitätskontrolle. Er hebt die Hand, um dem Fortschreiten Einhalt zu gebieten, und fordert uns auf, noch tiefer in uns hineinzublicken. Wenn wir noch nicht in unserem Selbst gereinigt sind und unseren Stolz noch nicht bezähmt haben, besteht die Gefahr, daß wir den Weg der Macht einschlagen.

Divinatorische Bedeutung: Herausforderung, Neuausrichtung oder Umwandlung physischer Energie in geistige oder spirituelle Kraft. *Umgekehrt:* Unterdrückung des inneres Selbst, Verlangen nach persönlicher Macht und persönlichem Gewinn.

XVI. Der Turm
Die Krönung des bisher Erreichten befindet sich auf einem Gebäude, das unter einem Blitzstrahl zusammenbricht. Der Blitz (Teufel) hat jedoch nichts Schreckliches, sondern bedeutet Wohltat und Reinigung. So ist auch der Turm (oder das Haus Gottes) nicht negativ: Er symbolisiert die Beseitigung jener noch verbliebenen Aspekte des Selbst, die die grundlegende Einheit unseres Seins zerbrechen können.
Bei vielen Tarotspielen sieht man auf dieser Karte Tropfen vom Himmel fallen; sie symbolisieren die positive Energie, die die Zerstörung mit sich bringen kann. Es ist kein Zufall, daß diese Karte die Zahl Sechzehn trägt. Eins und Sechs ergeben die Zahl Sieben, und der Turm stellt eine Verbindung zur Karte VII, dem Wagen, her; so kann sie auch Fortschritt bedeuten.

Divinatorische Bedeutung: Herausforderung, plötzliche Veränderung, emotionale Befreiung, Reinigung unterdrückter Gefühle. *Umgekehrt*: vermeidbare Katastrophe; Störung des Gleichgewichts durch unvorhergesehene Ereignisse, schwerwiegende Unterdrückung von Gefühlen.

XVII. Der Stern
In vielen Spielen zeigt der Stern die klaren Verbindungen zwischen dem Stadium der Reise und der Mäßigung auf. Diesmal hat jedoch die weibliche Gestalt keine Flügel nötig, denn sie steigt nicht aus einem höheren Reich zum Reisenden herunter. Der Reisende hat vielmehr ihre Stufe erreicht.
Wie die Mäßigung trägt auch der Stern zwei Krüge, doch er gießt nicht Wasser von einem in den anderen, sondern leert einen in einen Teich mit Wasser (das Unbewußte) und den anderen auf die Erde (das Bewußte). Am klaren Himmel erkennt man einen einzelnen goldenen, von sieben kleineren umgebenen Stern: das Symbol der Wiedergeburt. Nachdem wir durch den Teufel und den Turm von den Überresten des Ich gereinigt wurden, erleben wir nun die Wiedergeburt im höheren Reich des Seins.

Divinatorische Bedeutung: plötzliche Erweiterung des Horizonts, neues Leben und neue Energie, tiefe Einsicht. *Umgekehrt*: Weigerung, über die gewohnten Grenzen hinauszublicken, Mangel an Vertrauen und Offenheit, Selbstzweifel.

XVIII. Der Mond
Der Mond ist das weibliche Symbol par excellence und enthüllt das geheimnisvolle Innere des Menschen. Nun kann die endgültige Versöhnung zwischen den gegensätzlichen Polen unseres Seins stattfinden – zwischen dem Männlichen und dem Weiblichen, dem Bewußten und dem Unbewußten, zwischen außen und innen. Die Hunde, die auf der Karte zu sehen sind, bellen den Mond an, weil sie dessen wahres Wesen nicht kennen; sie symbolisieren ein psychisches Hindernis für diese innere Versöhnung. Der Flußkrebs, das niedere weibliche Element, taucht aus der Tiefe des Unbewußten auf und versucht das Männliche durch Unwissenheit zu schwächen. Doch das Licht des Mondes ist kräftig. Die Türme stellen nur für denjenigen ein Hindernis dar, der so kurz vor dem Ende seiner Reise vor der vollen Erkenntnis zurückschreckt.

Divinatorische Bedeutung: Notwendigkeit, sich eher auf Intuition und Vorstellungskraft zu verlassen als auf den Verstand; Zeit des Selbstvertrauens. *Umgekehrt:* Angst, sichere Grenzen zu überschreiten, Mangel an Nervenstärke, Angst vor dem Unbekannten.

XVIIII. Die Sonne
So wie der Mond das Grundsymbol des Weiblichen ist, so ist die Sonne das Grundsymbol des Männlichen. Auf der hier abgebildeten Karte ist die Sonne in ihrem vollen Glanz zu sehen, und in vielen Tarotspielen fallen ihre Strahlen auf einen Mann und eine Frau (oder die Zwillinge des Tierkreises), die sich umarmen. Die endgültige Vereinigung hat stattgefunden, die beiden sind eins geworden. Alle Entfremdung, Trennung und Teilung, die dem menschlichen Leiden zugrundeliegen, ist schließlich verschwunden.
Doch die Reise des Suchenden ist niemals zu Ende. Die Sonne geht jeden Morgen auf. Der Kreislauf des Lebens ist ewig. Jenseits der Sonne gibt es noch andere Ebenen, die den menschlichen Verstand übersteigen und dennoch bewältigt werden müssen. Im Augenblick aber darf man sich eine Ruhepause gönnen. Wir können den Triumph des Geistes genießen.
Hinter den beiden Gestalten befindet sich – wenn auch nicht in allen Kartenspielen – eine Mauer, die ein wenig Schatten spendet. Die Figuren kehren der Sonne den Rücken zu: wir sind noch nicht bereit, der letzten Wirklichkeit ins Gesicht zu blicken.

Divinatorische Bedeutung: Erfolg, erreichte Ziele, Triumph über Widrigkeiten, Sicherheit nach Gefahr, gerechte Belohnung. *Umgekehrt:* Fehlurteil, eingebildeter Erfolg durch zweifelhafte Mittel.

XX. Das Gericht
Ist nun, da wir so weit gekommen sind, ein Gericht, das uns zum Anfang zurückschicken könnte, alles, was uns erwartet? Die Karte zeigt eine Engelsgestalt, die eine Trompete ertönen läßt, und ein offenes Grab, dem die Toten entsteigen. Stellt diese Karte das Jüngste Gericht dar, bei dem die Menschheit zur Rechenschaft gezogen wird? Oder ist sie ein Symbol der Auferstehung, bei der alle gerettet werden? Und wie steht sie dann mit den vorhergehenden Karten in Zusammenhang? Soll sie zeigen, daß die Erkenntnis eines Einzelnen die ganze Menschheit rettet, so wie die Christen glauben?
Letztere Erklärung besitzt die größte Symbolkraft, und sie fügt sich am besten ein in viele große spirituelle Lehren und ergänzt die anderen Tarotkarten in geeigneter Weise. Die Engelsgestalt repräsentiert folglich das nächste Stadium der spirituellen Reise. Nachdem wir den Zustand der höchsten Erkenntnis erreicht haben, müssen wir uns nun zurückwenden und unsere Mitmenschen wachrütteln. Dies ist auch die Aufgabe der buddhistischen Bodhisattvas, die das Nirwana erreicht haben, jedoch nicht eher in dieses eintreten, bevor die ganze Menschheit Erleuchtung erlangt hat.

Divinatorische Bedeutung: wiedererlangte Gesundheit, berechtigter Stolz auf das Erreichte, ein neues Leben. *Umgekehrt:* Strafe für Vergehen, Bedauern über viele verpaßte Gelegenheiten.

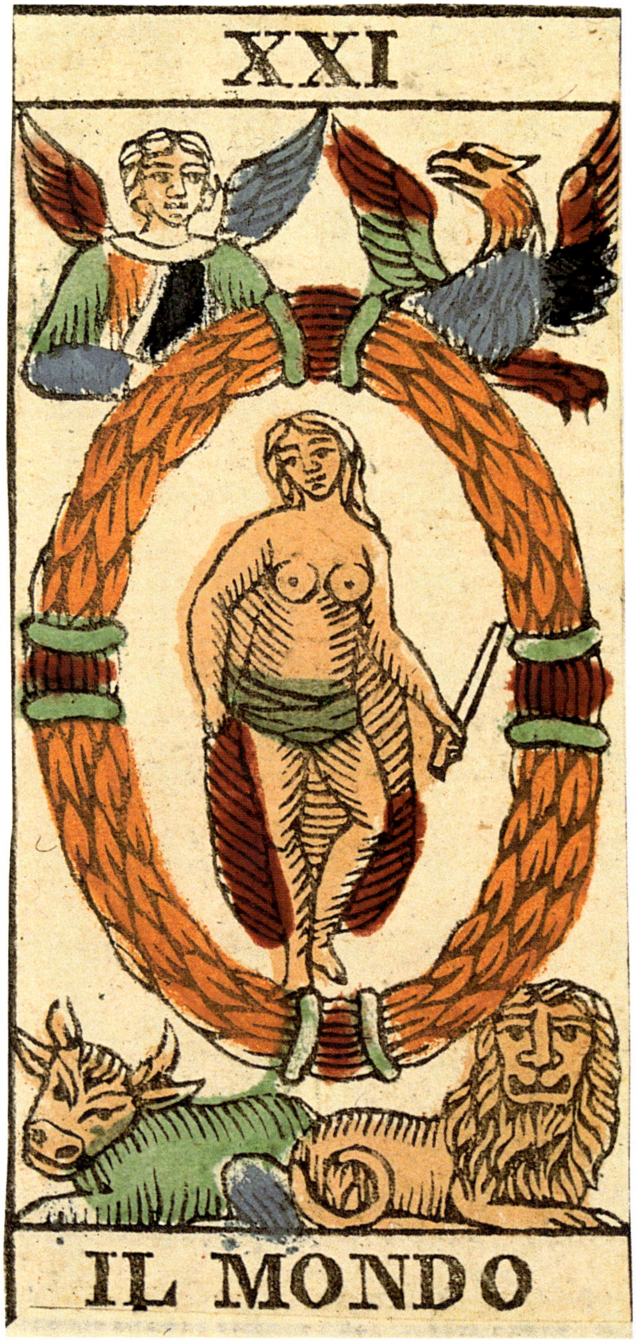

XXI. Die Welt
Auf dieser Karte ist das höchste Symbol der Ganzheit dargestellt. Eine unbekleidete Frau im Siegeskranz hält eine Kerze oder einen Zauberstab in der Hand. Oben und unten, Makrokosmos und Mikrokosmos, ja sogar rechts und links, sind eins geworden. Die Gestalt ist nicht mehr durch Land oder Wasser eingeschränkt, sondern steht in der höchsten Freiheit des reinen Seins.
Um den Lorbeerkranz herum, in den vier Ecken der Karten, sind die vier Visionen Ezechiels dargestellt. Die Tarotreise ist vollendet. Ob er sein Wissen an andere weitergibt oder zu Bereichen jenseits des Verstandes fortschreitet: Der Praktizierende ist nun frei und wird nie mehr in das Gefängnis der Unwissenheit zurückkehren.
Die nackte Gestalt ist nicht mehr vollständig nackt. Ein Tuch ist um ihren Körper geschlungen und verbirgt die Genitalien, das Symbol der Schöpferkraft. Das Tuch erinnert uns daran, daß noch weitere Geheimnisse vor uns liegen. Und die Zahl 21 ist zwar die Geheimzahl der Vervollkommnung (3 mal 7, zwei Zahlen von magischer Bedeutung), jedoch nicht die Ziffer für absolute Einheit, Unendlichkeit und unbegrenzte Möglichkeiten. Dies ist vielmehr die Null, die Zahl des Narren, die Ausgangskarte, die uns während der ganzen Reise begleitet hat. Der Narr ist die Null, derjenige, der die Vorstellungen über die Wirklichkeit zugunsten der unmittelbaren Erfahrung ablegt.

Tantra

Tantrismus ist keine Religion, sondern ein System okkulter Praktiken, das auf Hinduismus, Buddhismus und Jainismus Einfluß gewann. Der Praktizierende oder *Tantriker* erkundet seine inneren Energien und verwandelt sie in die feineren Energien des Geistes. Tantra macht sich die überbordenden Energieströme des Lebens zunutze und steht damit im Gegensatz zum gängigeren, rein spirituellen Weg der Entsagung. Der Tantrismus geht davon aus, daß die kreativen Energien des Menschen sich in spirituelle Kräfte verwandeln, wenn sie nur richtig genutzt werden. Erst wenn alle diese Energien erkannt sind und sie sich mit den anderen Elementen des Geistes vereinen können, gelingt es dem Menschen, in den höchsten Seinszustand aufzusteigen.

Zu der äußerst reichhaltigen tantrischen Symbolik zählt das große kosmische Diagramm des Sri-Yantra (siehe S. 60). Es dient als Meditationsmedium, in dem der *Tantriker* den unaufhörlichen Prozeß der Schöpfung betrachten kann. Die göttlichen Gestalten Mahakala (Große Zeit) und Kali, die weibliche Verkörperung der Zeit, sind schöpferische Versinnbildlichungen der Höchsten Wahrheit. Kali ist eine monströse weibliche Gottheit, deren abstoßenden Aspekt der Praktizierende annehmen muß.

Die beeindruckendsten tantrischen Symbole jedoch sind mit der Sexualität verbunden. Im Westen werden sie häufig als Beweis für Verderbtheit und Ausschweifung betrachtet, doch bringen sie die Auffassung zum Ausdruck, daß sexuelle Energie dem geistigen Wachstum dienen kann. Im Tantrismus wird sexuelle Erregung genutzt, um den Praktizierenden für längere Zeit im Zustand der höchsten Wonne zu halten, die der Körper erfahren kann. Dieser Glückszustand wird nicht im Orgasmus verschwendet, sondern in einer subtileren Form im Körper bewahrt und hilft dem Praktizierenden, auf der Stufenleiter der Spiritualität aufzusteigen.

Erotische Energie
Die erotische Symbolik durchdringt die gesamte tantrische Kunst, angefangen von Tempelskulpturen bis zu Yoga-Diagrammen. Diese Abbildung aus einem Manuskript zur Unterweisung in sexuellen Praktiken veranschaulicht die Bedeutung der sexuellen Energie als Mittel zu spirituellem Wachstum.

Die Yoni (Vulva) ist ein häufig wiederkehrendes Symbol tantrischer Ikonographie. In ihr drückt sich das Sein der Welt als unablässiges Gebären aus. Parallel dazu steht der männliche Samen für die beständige und ekstatische Befruchtung. Das männliche Geschlechtsorgan wird als Linga, das weibliche als Vulva in verschiedener Gestalt, etwa als Lotosblüte, dargestellt. Die Schöpfung ist die sexuelle Vereinigung Shivas mit Shakti; dieser Geschlechtsakt mündet in einen Tanz, in dem Shakti das feine Gewebe der Welt webt, wobei Shiva ihr zuschaut.

Ein weiteres zentrales Motiv im Tantrismus ist die Vorstellung des feinstofflichen Körpers, eine Grundlage der Yogapraxis. Der Übende stellt sich das Universum bildhaft inmitten des mythischen Bergs Meru und seine eigene Wirbelsäule als die Zentralachse des Berges vor, so daß er zum kosmischen Wesen wird. Jeden einzelnen Aspekt der Welt siedelt er in einem Strom an, der aus seinem eigenen Wesen hervorsprudelt. Diese Ströme wiederum haben ihr Zentrum in den Chakren (siehe S. 182) oder in der Lotosblüte – den Kraftzentren im Feinleib. Für den hinduistische Tantrismus ist insbesondere der unterste Lotos wichtig, wo die Kundalini-Schlange wohnt. Wird diese Schlange durch spirituelle Übungen erweckt wird, aktiviert sie die Energie der Wirbelsäule (Sushumna). Dann steigt Kundalini in die nächsthöheren Lotosbüten auf, bis die Zeit transzendiert und die Wirklichkeit jenseits der Zeit für den Menschen erfahrbar wird.

Tantrische Ikonographie
Dieser tibetische Wandbehang aus dem 18. Jahrhundert ist reich an tantrischer Symbolik und faßt das Repertoire an geometrischen Formen (oftmals auch der spirituellen Figuren) der Meditation zusammen. Auf diesem vielgestaltigen Wandbehang sind die Mandalas der Zornvollen Buddhas, der Friedvollen Buddhas und des Wissenshalters dargestellt.

Chakren

Chakra bedeutet im Sanskrit »Rad«. Gewöhnlich sieben an der Zahl, symbolisieren die Chakren im Tantrismus und im Yoga die Zentren des *prana* – jener Energie, die uns neben der Nahrung und der Luft am Leben erhält. Die moderne Medizin hat keinen Beweis für die Existenz von Chakren gefunden; doch kann dies kaum verwundern, da sie nicht im physischen, sondern im ätherischen Leib angesiedelt sind. Jeder Mensch, so heißt es, besitzt außer dem physischen noch einen ätherischen und einen Astralleib. Der ätherische Leib durchdringt den physischen und ist das Vehikel für den *prana*. Der Astralleib umhüllt die Seele und ist der Sitz des Bewußtseins. Im Augenblick des Todes verlassen der ätherische und der Astralleib den physischen Körper; der ätherische Leib löst sich nach drei Tagen auf, während der Astralleib sich auf die nächsthöhere Stufe der Lebensreise begibt.

Besonders begabte Menschen sind fähig, den ätherischen Leib als feinen Nebel zu sehen, der den physischen Körper umgibt; die Chakren erscheinen in geistig unentwickelten Menschen als kleine Scheiben von etwa fünf Zentimeter Durchmesser, die sich langsam drehen; bei erweckten Menschen sind sie als grell leuchtende, weitaus größere und sich schnell drehende Miniatursonnen sichtbar. Aus der Lebenskraft strömt gerade so viel *prana*-Energie in die Chakren unentwickelter Menschen, daß deren Existenz gewährleistet ist. Der Erweckte hingegen empfängt größere Energieströme, die ihm weiterreichende Fähigkeiten und Möglichkeiten geben. Die Rotation der Chakren setzt zusätzliche Energieströme frei, die den physischen Körper als Ganzes bestimmten, in durch die Akupunktur genutzten Meridianen zirkulieren, die von der abendländischen Wissenschaft in gewissem Maß nachgewiesen wurden.

Symbole für die Chakren
Das Chakra wird herkömmlicherweise als Lotos oder Rad dargestellt. Im Zentrum befindet sich ein Sanskrit-Zeichen für die grundlegende meditative Bedeutung, darunter ist jenes Tier dargestellt, welches die Kräfte des jeweiligen Chakra symbolisiert (im Falle des hier dargestellten Anahata – des Herz-Chakra – eine Antilope).

Zusätzlich zu der Energie, die aus der höheren Lebenskraft in die Chakren strömt, gibt es nach tantrischer Vorstellung auch eine Erdenergie, die im untersten Chakra einströmt. Diese entstammt jenem Teil der höheren Energie, die direkt in die Erde geströmt ist und dann, nachdem sie den niedrigsten Punkt der Schöpfung berührt hat, wieder nach oben strebt (alle Energie ist zyklischer Natur) und zu ihrem Ursprung zurückkehrt. Doch bei ihrem Eintritt in den menschlichen Körper wird sie gewöhnlich von dem unentwickelten untersten Chakra aufgehalten und schlummert dort als Kundalini-Schlange oder Kundalini-Energie. In weiterentwickelten Menschen kann diese Energie erweckt werden, so daß sie aufwärts durch die Chakren strömen kann. Dabei verschmilzt sie mit den höheren Energien, bis sie schließlich das oberste Chakra erreicht hat, wo sie explosionsartig zum tausendblättrigen Lotos des Lichts aufbricht, der dem Individuum direkten Zugang zu den höheren Welten verschafft.

Da die Kundalini-Energie als weiblich und die höheren Energien als männlich betrachtet werden, besitzt deren Vereinigung Parallelen zu den männlichen und weiblichen Kräften des Tarot und zu der chemischen Hochzeit der Alchemisten. Im Unterschied zum stufenweisen Pfad des Tarot kann die Kundalini-Energie relativ schnell erweckt werden, wenn man die Vorschriften für die Meditation richtig befolgt. Wenn dies aber geschieht, bevor sich durch moralische und spirituelle Entwicklung und durch die Beherrschung des Willens und Denkens die Chakren selbst richtig geöffnet haben,

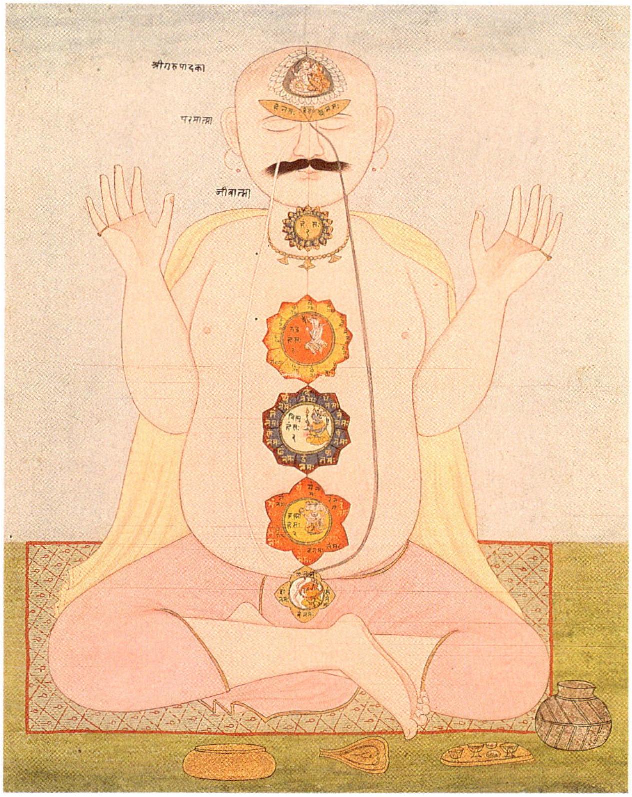

Chakren im Feinleib
Dieses indische Diagramm aus dem frühen 19. Jahrhundert zeigt die Bahnen des Energiestroms und der Chakren im ätherischen Leib. Die Position der Chakren im ätherischen Leib entspricht in etwa der Position bestimmter innerer Organe: Anfang der Wirbelsäule, Genitalien, Nabel, Herz, Hals, Augenbrauen (Hypophyse) und Kopf (Zirbeldrüse). Die beiden ersten sind die niederen oder physiologischen Zentren, die primitive triebhafte Funktionen ausüben; die folgenden drei sind die mittleren oder personalen Zentren, denen die Gefühle und die geistigen Funktionen entstammen, die zusammen die Persönlichkeit ausmachen; die beiden obersten sind die höheren oder spirituellen Zentren, die bei den meisten Menschen kaum entwickelt sind. Jedem Chakra ist eine andere Farbe zugeordnet: rot ist die Farbe der groben Energie im untersten Chakra; die Farben werden zunehmend spiritueller; und weiß ist schließlich die Farbe für das Chakra der Augenbrauen. Der Kopf wird in manchen Darstellungen als hellstrahlende Flamme in leuchtenden Farben dargestellt.

werden, so heißt es, fürchterliche körperliche Folgen eintreten; es kann zu physischen Verletzungen und zum Tod kommen, ja sogar zu einer schweren Schädigung des ätherischen und des Astralleibs. Deshalb ist es besser, mit der unerweckten Kundalini-Energie zu leben und zu sterben, als sie vorzeitig zu erwecken.

Jedes Chakra stellt ein Element des Selbst dar – von sexuellem Verlangen am untersten bis zu spiritueller Erfüllung am höchsten Punkt. Die Chakren entsprechen genau der Rangfolge der von der modernen Psychologie erkannten Entwicklungsphasen des Menschen. Die bekannteste Darstellung dieser Stufen stammt von dem amerikanischen Psychologen Abraham Maslow (1908–1970). Das erste Chakra symbolisiert das, was Maslow grundlegende physiologische Bedürfnisse nennt, das zweite das Sicherheitsbedürfnis, die nächsten drei das soziale, das ichbezogene bzw. das Autonomiebedürfnis, und die obersten beiden die Bedürfnisse der Selbstverwirklichung und Transzendenz. Die Yogis früherer Zeiten scheinen also auf verblüffende Weise die Ergebnisse der modernen Psychologie vorweggenommen zu haben.

Doch die Yogis entwickelten darüber hinaus eine Meditationspraxis, die es dem Individuum erleichtert, die Chakren nacheinander zu öffnen und in hierarchischer Reihenfolge aufzusteigen, um seine physische, psychische und spirituelle Gesundheit verbessern zu können. Eine der Übungen besteht darin, daß der Yogi anfangs über das unterste Chakra meditiert und seine Aufmerksamkeit auf den entsprechenden Teil des physischen Körpers konzentriert. Er stellt sich vor, wie sich das Chakra durch einen Zustrom roten Lichts ausdehnt, und beobachtet, wie es durch den physischen Körper strömt, neue Lebenskraft bringt und bei seinem Aufstieg zugleich gereinigt wird. Wenn diese Visualisierung fest verankert ist, wird die Aufmerksamkeit auf das nächste Chakra gelenkt und der gleiche Vorgang wiederholt. Die Wirksamkeit dieser Meditation wird durch eine moralische Lebensführung unterstützt, wobei der Praktizierende durch Aufmerksamkeit und Selbstdisziplin seinen Willen stärkt.

I Ging

Sind in der Welt, in der wir leben, die Dinge und Ereignisse isoliert und unverbunden, oder ist alles, was geschieht, Teil eines einzigen, großen Ganzen, ein ausgedehntes Beziehungsgeflecht, das sich von ersten Ursachen bis in die ferne Zukunft erstreckt? Die Tendenz unserer Zeit zur Analyse und zur Vereinfachung scheint eher das erstere nahezulegen; die Mystik und die Weltsicht früherer Epochen sowie die Erkenntnisse der modernen theoretischen Physik das letztere. Wenn die ganzheitliche Sicht richtig ist, gibt es keinen Zufall im eigentlichen Sinn des Wortes. Jedes Ereignis, auch das Umwenden einer Karte oder das Zubodenfallen einer Münze ist durch eine Kette vorangehender Ereignisse verursacht, ob sie unserer Wahrnehmung zugänglich sind oder nicht.

Dem *I Ging* oder *Buch der Wandlungen*, einem der ältesten Orakelbücher der Menschheit, liegt diese Philosophie der Verbundenheit aller Dinge zugrunde. Zu diesem Buch, das zwischen 1122 und 770 v. Chr. entstanden ist, gibt es unzählige Kommentare, einer davon stammt vermutlich von Konfuzius. Vereinfacht ausgedrückt, besteht es aus einer Vielzahl von Strichen, wobei die ganzen »ja« (*Yang*), die gebrochenen »nein« (*Yin*) bedeuten. Jede Kombination von drei (*Trigramm*) oder sechs Strichen (*Hexagramm*) ist an bestimmte Bedeutungen geknüpft. Das Werfen von Münzen oder das Teilen von Schafgarbenstengeln entscheidet darüber, welche dieser Kombinationen die Antwort auf die gestellte Frage liefert.

Das I Ging symbolisiert die universelle Präsenz der Gegensätze: Tag und Nacht, Gutes und Böses, Glück und Unglück usw. Dahinter steht die Vorstellung, daß unsere Wahrnehmung der Wirklichkeit auf diesen Gegensätzen beruht, diese jedoch veränderbar sind; denn nichts ist von Dauer. In den Trigrammen nimmt jede der beiden gegensätzlichen Kombinationen von drei ganzen Strichen (*Ch'ien*) und drei gebrochenen Strichen (*K'un*) jeweils einen Aspekt der anderen an (rechts dargestellt), und zwar so weit, bis die Unterschiede zwischen ihnen verschwinden; und so wie die Trigramme ineinander übergehen, so auch ihre Bedeutung.

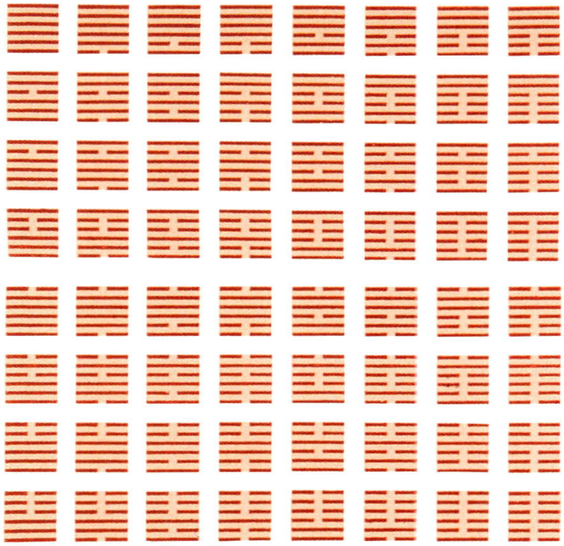

Die vierundsechzig Hexagramme
Diese Darstellung aus dem 19. Jahrhundert zeigt die 64 symbolischen Hexagramme des I Ging in quadratischer Form.

Später wurden die acht Trigramme zu den 64 Hexagrammen zusammengestellt, die alle grundlegenden Situationen des Menschen repräsentieren. Um herauszufinden, welches der 64 Hexagramme die Antwort auf eine bestimmte Frage enthält, nimmt man drei kleine Münzen (leichter zugänglich als Schafgarbenstengel) und wirft sie alle gleichzeitig sechsmal nacheinander hoch. Die Kombination von Kopf und Schrift entscheidet jeweils, ob ein durchgehender oder ein gebrochener Strich gewählt werden soll: dreimal Kopf oder einmal Kopf und zweimal Schrift ergeben einen durchgezogenen Strich; dreimal Schrift oder einmal Schrift und zweimal Kopf ergeben einen gebrochenen Strich. Man beginnt ganz unten und zeichnet den entsprechenden Strich nach jedem Wurf, bis man schließlich sechs Linien und somit ein vollständiges Hexagramm vor sich hat. Die Striche, die aus dreimal Kopf oder dreimal Schrift entstanden sind, heißen *bewegte Linien* und werden zu einem zweiten Hexagramm zusammengesetzt. Die Bedeutung dieser beiden Hexagramme kann dann im Buch *I Ging* nachgeschlagen werden und liefert die gewünschte Auskunft über den Verlauf der Zukunft.

Die Theorie des I Ging
Die Zukunft entwickelt sich aus der Gegenwart. Wenn wir davon ausgehen, daß alle Teile des Universums miteinander verbunden sind, so folgt daraus, daß die Kenntnis der Gegenwart bereits die Kenntnis der Zukunft bedeutet. Doch unser Wissen über die Gegenwart ist unvollständig, und bei der Wahrsagung wissen wir nicht, welche Teile der Gegenwart wir mit welchen Teilen der Vergangenheit verbinden müssen. Wir können nur Aspekte der Gegenwart in Form von Zahlen symbolisieren. Wenn wir diese Zahlen kennen, können wir zukünftige Ereignisse daraus nach festgelegten Gesetzen berechnen. Im I Ging erfährt man diese Zahlen, indem man Münzen hochwirft; denn in einem Universum, in dem alles miteinander verwoben ist, hat alles eine Bedeutung.

Die Trigramme
Wer die Antworten des I Ging ausschöpfen möchte, benötigt die 64 Hexagramme und die dazugehörigen Erläuterungen; anfangs jedoch genügen die acht Trigramme. Wer mit ihnen vertraut ist, ist geistig gut auf die Beschäftigung mit den Hexagrammen vorbereitet. Wenn man die Trigramme verwendet, wirft man die Münzen nur dreimal hoch und läßt die bewegten Linien außer acht. Die acht Trigramme sowie ihre Namen und Bedeutungen sind rechts wiedergegeben.
Die Symbole sollen suggestive Hinweise, nicht aber Anweisungen sein. Man wäge sie in Gedanken sorgfältig ab.

Ch'ien: das Schöpferische, Himmel, Vater, aktiv

K'un: das Empfangende, Erde, Mutter, passiv

Chen: das Erregende, Bewegung, Risiko, Donner

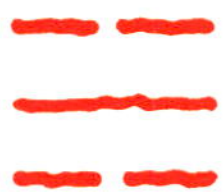

K'an: das Abgründige, Wasser, Abgrund, Gefahr

Ken: das Stillhalten, Berg, ruhender Fortschritt

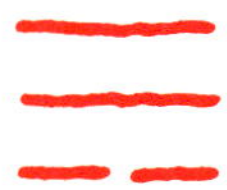

Sun: das Sanfte, Holz, Wind, eindringend

Li: das Haftende, Feuer, Schönheit, leuchtend

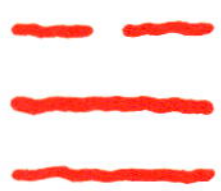

Tui: das Heitere, Fröhlichkeit, See, Zufriedenheit

Glossar

Ätherischer Leib Feinstofflicher Körper, der äußerlich dem physischen Körper gleicht und durch den die Lebensenergie strömt. Der ätherische Leib durchdringt alle Atome des physischen Körpers und ist Menschen mit hellseherischen Fähigkeiten als Geflecht von Energieströmen sichtbar.

Alchemie Mittelalterliche Vorläuferin der modernen Chemie, die die Umwandlung von Metallen in Gold, zugleich aber den symbolischen Prozeß der Verwandlung des spirituellen Ich zum Ziel hatte; die Alchemisten suchten den »Stein der Weisen«, der, wie sie meinten, die physische und spirituelle Verwandlung bewirkt.

Amulett Talisman zur Abwehr böser Geister.

Animus In der Jungschen Theorie der *Archetypen* der männliche Aspekt der weiblichen Psyche.

Anima In der Jungschen Theorie der *Archetypen* der weibliche Aspekt der männlichen Psyche.

Anch Kreuz mit einer Art Henkel über dem horizontalen Balken; besonders bedeutsam als Lebenssymbol im alten Ägypten.

Archetypen In der Theorie C.G. Jungs universell bedeutsame symbolische Vorstellungen und Ideen, die dem kollektiven Unbewußten entstammen. Archetypische Bilder sind zeit-, kultur- und traditionsübergreifend, können aber in Einzelheiten je nach Individuum variieren.

Astrologie Wahrsagekunst, die auf der Konstellation der Planeten beruht.

Bodhisattva Im Buddhismus ein Weiser, der das Nirwana erreicht hat, seinen Eintritt in diesen Zustand aber hinauszögert, um den weniger Glücklichen zu helfen.

Chakren Psychische und physische Energiezentren des *ätherischen Leibs,* die bestimmten Organen des Körpers entsprechen. Die Chakren symbolisieren die Stufen der spirituellen Entwicklung des Menschen und bilden die Grundlage für ein Meditationssystem.

Glyphe Zeichen oder Symbol.

Große Arkana Die zweiundzwanzig Bildkarten des Tarot, die allegorische Szenen darstellen. Die Großen Arkana werden häufig zur *Wahrsagung* sowie als Anleitung für die spirituelle Reise zur Erleuchtung verwendet.

Guru Geistiger Lehrer.

Heroldsstab oder Merkurstab Geflügelter Stab, um den sich zwei Schlangen winden; er war das Zeichen des Götterboten Hermes und symbolisiert Frieden und Schutz.

I Ging Chinesische *Weissagungslehre*, in der die linearen Muster von Schafgarbenstengeln oder Münzen die Grundlage der Deutung darstellen. Das I Ging geht davon aus, daß alle Ereignisse in Gegenwart, Vergangenheit und Zukunft miteinander verknüpft sind. Es basiert auf 64 Hexagrammen, die sämtliche menschlichen Grundsituationen beinhalten.

Kabbala Theoretische und praktische Weisheitslehre des Judentums als Mittel zu geistigem und spirituellem Wachstum; außerdem die symbolische Deutung der Schöpfung. Die Kabbala kann durch die göttliche Offenbarung der Schrift verstanden werden. Siehe auch *Sefirot.*

Kardinalrichtungen Die vier Himmelsrichtungen des Kompaß: Norden, Osten, Süden, Westen.

Karma Im Buddhismus und Hinduismus das moralische Gesetz von Ursache und Wirkung, nach dem alle Handlungen eines Menschen im Verlauf eines Lebens durch die darauffolgenden Inkarnationen belohnt oder bestraft werden.

Kleine Arkana Die vier Serien (Stäbe, Kelche, Schwerter und Münzen), die den vierzehn Karten des *Tarot* zugeordnet sind.

Makrokosmos Die »Welt im großen«, das gesamte Universum. Siehe auch *Mikrokosmos.*

Mandala Diagramm aus geometrischen Formen, teils mit figürlichen Darstellungen (Mensch oder Gott); es wird in der östlichen Mystik als Meditationshilfe verwendet. Der Kreis symbolisiert den *Makrokosmos* und umschließt meist ein in vier Dreiecke geteiltes Quadrat oder andere geometrische Formen.

Mantra In Buddhismus und Hinduismus ein mystischer Laut, der eine bestimmte göttliche Energie symbolisiert; das Mantra wird während der Meditation laut gesungen oder still rezitiert.

Mikrokosmos Ein Miniaturmodell des *Makrokosmos.* Philosophen betrachteten den menschlichen Körper als Spiegelbild des Universums.

Nirwana In der buddhistischen Philosophie der erstrebte glückselige Zustand der Vollendung. Das Nirwana ist erreicht, wenn es dem Buddhisten gelingt, sich aus dem Kreislauf der Wiedergeburten zu befreien, indem er das individuelle Bewußtsein und dessen Wünsche ablegt.

Okkultismus Mystische Weisheitslehre, die von ihren Anhängern geheimgehalten wird.

Pentagramm (oder Fünfstern) Ein fünfeckiger, mit fünf Strichen in einem Zug gezeichneter Stern, der als heiliges oder magisches Zeichen gilt. Ein aufwärtsweisendes Pentagramm wird mit positiver, ein nach unten weisendes mit negativer Energie assoziiert.

Schamane Spiritueller Wanderer zwischen unserer Welt und der Welt der Geister, mit der er in Kontakt treten kann.

Sefira Jeder der zehn Aspekte Gottes, die während der Schöpfungszeit des Universums enthüllt wurden und in den kabbalistischen *Sefirot*, dem Lebensbaum, dargestellt sind.

Sefirot (oder Lebensbaum) Das bekannteste Symbol der *Kabbala*. Die Sefirot stellen die Sphären der Manifestation Gottes sowie die Beziehungen, die dem Sein und der Schöpfung zugrundeliegen, graphisch dar.

Sigel Graphisches Symbol oder magisches Zeichen.

Stupa Im Buddhismus ein kuppelförmiger Bau, der zur Aufnahme der Reliquien von weltlichen Herrschern oder spirituellen Lehrern bestimmt ist.

Symbolsystem Eine symbolische »Landkarte« der Wirklichkeit, die die grundlegenden Aspekte der emotionalen und spirituellen Erfahrungen des Menschen darstellt und als Hilfsmittel zur Erforschung und Entwicklung des spirituellen Selbst dienen.

Talisman Ein Gegenstand, häufig die Darstellung eines Gottes oder einer Göttin, dem die Kraft der dargestellten Gottheit zugeschrieben wird.

Tantrismus Indischer Kult, in dem der Praktizierende die (oftmals sexuellen) Energien des eigenen Wesens erforscht und sie in subtilere, geistige Energien umwandelt.

Tarot Kartenspiel, das zur *Wahrsagung* verwendet wird. Siehe auch *Große Arkana* und *Kleine Arkana*.

Tierkreis Begriff aus der Astrologie, der die Zone beiderseits der Ekliptik bezeichnet, innerhalb derer sich Sonne, Mond und die Planeten in ihren scheinbaren Bahnen bewegen, und in dem die zwölf Tierkreiszeichen angesiedelt sind.

Yantra Symbolisches geometrisches Diagramm, das auch in der östlichen Mystik als Meditationshilfe dient. Es besteht aus oft kompliziert ineinandergefügten Dreiecken, die von Lotosblättern umgeben sind; der Meditierende betrachtet im Yantra die Einheit, in der die Polarität der Gegensätze aufgehoben sind. Siehe auch *Mandala*.

Yin und Yang Die entgegengesetzten Prinzipien der chinesischen Philosophie, die den Verlauf des Universums bestimmen. Yin ist weiblich, negativ und dunkel; Yang ist männlich, positiv und hell.

Wahrsagung Das Streben nach Kenntnis der Gegenwart und – noch mehr – der Zukunft mit okkulten Mitteln.

Weitere Literatur

Becker, Udo, *Lexikon der Astrologie,* München (Goldmann) 1984.
Biedermann, Hans, *Dämonen, Geister, dunkle Götter,* Graz, Stuttgart (Leopold Stocker) 1989.
Campbell, Joseph, *The Hero with a Thousand Faces,* Princeton (Princeton University Press) 1949 und London (Paladin) 1988.
Campbell, Joseph, *The Power of Myths,* New York (Doubleday) 1988.
Clarus, Ingeborg, Keltische Mythen. *Der Mensch und seine Anderswelt,* Olten und Freiburg i.Br. (Walter) 1991.
Cooper, J.C., *Illustriertes Lexikon der traditionellen Symbole,* Wiesbaden (Drei Lilien) 1986.
Banzhaf, Hajo, *Das Tarot-Handbuch,* 4. Aufl. München (Hugendubel) 1990.
Eliade, Mircea, *Schmiede und Alchemisten,* Stuttgart 1960.
Eliade, Mircea, *Yoga. Unsterblichkeit und Freiheit,* Frankfurt/M. (Suhrkamp) 1985.
Filbey, J. u. Filbey, P., *The Astrologer's Companion,* Wellingborough, UK (Aquarian Press) 1986.
Fontana, David, Dreamlife: *Understanding and Using Your Dreams,* Shaftesbury, UK, und Rockport, MA (Element Books) 1990.
Fontana, David, *The Meditator's Handbook,* Shaftesbury, UK, und Rockport, MA (Element Books) 1992.
Gaskell, G.A., *Dictionary of Symbols and Myth,* New York (Dorset Press) 1988.
Grant, Michael und Hazel, John, *Lexikon der antiken Mythen und Gestalten,* München (Deutscher Taschenbuch Verlag) 9. Aufl. 1993.
Holroyd, S. und Powell, N., *Mysteries of Magic,* London (Bloomsbury Books) 1991.
Huxley, F., *The Way of the Sacred,* London (Bloomsbury Books) 1989.
Jung, Carl Gustav (Hg.), *Der Mensch und seine Symbole,* Olten und Freiburg i.Br.(Walter) 1968.
Jung, Carl Gustav, *Analytische Psychologie: Theorie und Praxis,* Olten und Freiburg i.Br. (Walter) 1975.
Lurker, Manfred, *Wörterbuch der Symbolik,* Stuttgart (Kröner) 1979.
Lurker, Manfred, *Götter und Symbole im alten Ägypten,* München (W. Barth) 1976.
Merrifield, Ralph, *The Archaeology of Ritual and Magic,* London (Batsford) 1987.
Rawson, Philip, *Tantra: The Indian Cult of Ecstasy,* London (Thames and Hudson) 1984.
Scholem, Gershom, *Zur Kabbala und ihrer Symbolik,* Zürich (Rhein Verlag) 1960.
Spence, L., *North American Indians: Myths and Legends,* London (Bracken Books) 1986.
Thompson, C.J.S., *The Lure and Romance of Alchemy,* New York (Bell Publications) 1990.
Tucci, Guiseppe, *Geheimnis des Mandala.* Der asiatische Weg zur Meditation, Düsseldorf (Econ) 1989.
Wilhelm, Richard, *I Ging. Text und Materialien,* Köln (Eugen Diederichs) 8. Aufl. 1982.
Willis, Roy (Hg.), *World Mythology,* New York (Henry Holt) und London (Simon and Schuster) 1993.

Abbildungsnachweis

Illustrationen von Hannah Firmin/Sharp Practice

Autor und Verlag danken den folgenden Museen und Fotoagenturen für die Abdruckerlaubnis:

7 Doppeldrache, nach Norton
The Charles Walker Collection, London
9 Franz I. führt das Schiff Frankreich, das vom Weißen Hirsch gezogen wird, 1515, Codex Guelf. 86.4
Herzog-August-Bibliothek, Wolfenbüttel/Weidenfeld & Nicolson Archive, London
10 Tournierkämpfer, Ausschnitt aus dem Buch von Sir Thomas Holme, 1448, Harley 4205 f.37
British Library, London/Weidenfeld & Nicolson Archive
11 Brennendes Herz, Stich, George Wither Private Collection, Lamberhurst, Kent
12 König und Königin im Brunnen der Liebe, Holzschnitt aus *Rosarium Philosophorum*, 1550
The Charles Walker Collection
14 Held mit Dame
Jan Croot Collection, London
15 Martorelli: *Die Enthauptung Johannes des Täufers*, um 1450
Museo Diocesano de Barcelona/The Bridgeman Art Library, London
16 Puvis de Chavannes: *Sommer*, Mitte 19. Jh.
Musée des Beaux Arts, Chartres/Fabbri-Bridgeman Art Library
17 Zamurrad, Mogul-Miniatur, 1570
Michael Holford Photographs, London
19 Drache, 19. Jh., chinesische Seidenstickerei
Privatsammlung, Hong Kong/The Charles Walker Collection
20 Die Göttin Amaterasu, japanischer Holzschnitt
The Japanese Gallery, London
22 Bison, aus den Höhlen von Lascaux, Frankreich
Hans Hinz, Allschwill-Basel
23 Afrikanische Maske eines Kongo-Stammes
British Museum, London/The Bridgeman Art Library
24 oben Ibis, aus dem *Totenbuch des Neferronpet*, Theben, 19. Dynastie
Werner Forman Archive, London
24 unten Arche Noah, aus *Biblia Sacra Germanica* (Nürnberger Bibel), 1483
Victoria and Albert Museum, London/The Bridgeman Art Library
25 Totempfahl, Alaska
Hans Schmied, Z.E.F.A.
26 Tezcatlipoca und Quetzalcoatl aus *Codex Borbonicus 3*
Bibliothèque de l'Assemblée Nationale Française, Paris
27 Vishnu als Fisch, aus einem Kaschmir-Text des 17. Jh.
British Library, London/The Bridgeman Art Library
29 Ma-Ku läßt einen Obstgarten aus dem Meer entstehen, Gemälde von Hsiang Kun, 2. Jh. n. Chr.
British Library, London/Michael Holford Photographs
30 Gericht Anis, Ausschnitt aus einem ägyptischen Papyrus, um 1250 v.Chr.
British Museum, London/Michael Holford Photographs
31 Allegorie der Passion, aus dem Playfair-Stundenbuch, französisch, spätes 16. Jh.
Victoria and Albert Museum, London/E.T. Archive, London
32 Golem, aus *Anatomica Auri* von J.D. Mylius, 1628
The Charles Walker Collection
33 Krishna und Rhada, Kangra-Miniatur, 1780
Victoria and Albert Museum, London/Michael Holford Photographs
34 Die Symbole der Alchemie, nach *Opus Medicochymicum* von J.D. Mylius, 1618
The Charles Walker Collection
35 Blake: *Der gute und der böse Engel*, 1795
The Tate Gallery, London
36 Zwei ägyptische Göttinnen und ein heiliges Krokodil, Fresco in der Villa dei Misteri, Pompeji, 1. Jh. n.Chr.
Werner Forman Archive
37 Anon: *Madonna und Kind mit Mondsichel*, 13. Jh., flämisch
Huis Bergh Collection/The Charles Walker Collection
38 Point: *Die Sirene*, 1897
Barry Friedman, New York/The Bridgeman Art Library
40 Domenico Veneziano: *Die Verkündigung*, Fitzwilliam Museum, Cambridge
41 Die Symbole der vier Evangelisten, 8. Jh., Handschrift
Kathedrale von Trier/E.T. Archive
42 Utewael: Perseus befreit Andromeda
Louvre, Paris/Giraudon-Bridgeman Art Library
43 Kali auf Shiva, indische Miniatur, 18. Jh.
Victoria and Albert Museum, London/E.T. Archive
45 Bardomandala, Tibet, 19. Jh.
Victoria and Albert Museum, London/E.T. Archive
47 Magritte: *Le Jouer Secret*, 1927
© ADAGP, Paris und DACS, London 1993
Privatsammlung/The Bridgeman Art Library
49 Füssli: Die Nachtmahr, 1790/91
Goethe-Museum Frankfurt/M./Hans Hinz
50 Adler und Schlange, Tibetischer Thangka
Privatsammlung
54 Darstellung des Universums aus: *The Fine Flower of Histories* von Logman, 1583
Museum für Türkische und Islamische Kunst, Istanbul/E.T. Archive
56 Das Rad des Lebens, Thangka aus Osttibet, um 1930
Robert Bere, Oxford
58 oben Leonardo da Vinci: Goldener Schnitt
Ancient Art and Architecture Collection, London
58 unten Auge, 18. Jh., arabische Handschrift
Dar al Athar al Islammiya, Kuwait/The Charles Walker Collection
60 Sri-Yantra, Nepal, um 1700
John Dugger und David Medalla/London/John Webb, Surrey
61 Avalokiteshvara, nepalesischer Thangka
Michael Holford Photographs
62 oben Tanzplatz oder Labyrinth, Boden der Kathedrale von Chartres, Frankreich, 13. Jh.
The Charles Walker Collection
62 unten Labyrinth an der Decke der Sala del Labirinto, Palazzo Ducale, Mantua, Italien, 16. Jh.
Ancient Art and Architecture Collection
64 Die drei Weisen aus: *Goelum Stellatum Christianum* von J. Schiller, 1627
The Charles Walker Collection
65 Astronomisches Diagramm, Kangra, Himachal Pradesh, 18. Jh.
Ajit Mookerjee, Neu-Delhi/Thames and Hudson, London
69 Die Ritter der Tafelrunde und der Gral, aus dem Tristram-Buch III, f.1
Musée Condé, Chantilly/The Bridgeman Art Library
71 Waffen von Robert Devereux, 3. Earl of Essex, gestorben 1646, Hs.E16f.18v
The College of Arms, London
72 Mars in seinem Kriegswagen nach: *Mythologiae sine explicationis Fabularum* von Natalis Comites, 1616
The Charles Walker Collection
73 Dürer: *Tod, Hungersnot, Krieg und Seuche – Die apokalytischen Reiter*, 1497/98
Privatsammlung/The Bridgeman Art Library
74 Orpheus und die Tiere, Mosaik, Tarsus, 3. Jh. n. Chr.
Museum von Hatay, Türkei/Sonia Halliday Photographs, Buckinghamshire
75 oben Bossenwerk der Kathedrale von Southwark
Ancient Art and Architecture Collection
75 unten *Die drei Faten*, 19. Jh., Stich
Mary Evans Picture Library, London
76 Ritter und Drache, aus: *Discorides Tractatus de Herbis*, französisch, Handschrift, 15. Jh.
Biblioteca Estense, Modena/E.T. Archive
77 Affenbrücke, Druck von Hokuju, spätes 18. Jh.
Victoria and Albert Museum, London/The Bridgeman Art Library
79 Initial A aus *Historia Naturalis* von Plinius dem Älteren, Siena, um 1460
Victoria and Albert Museum, London/E.T. Archive
80 Der heilige Georg mit dem Drachen, syrische (melchitische) Ikone, Frühzeit, um 800
Richardson and Kailas Icons, London/The Bridgeman Art Library
83 oben Lord Oliphant, Ausschnitt aus *Seton's Armorial Crests*
National Library of Scotland, Edinburgh/The Bridgeman Art Library
83 unten Marco Forzata Capodalista aus *De Viris Illustribus*, 15. Jh.
Civic Library, Padua/E.T. Archive
84 oben Bewick: Fuchs, Holzschnitt, um 1785
Privatsammlung, London
84 unten Canis Major, Ausschnitt aus dem südlichen Sternbild Argo Navis aus *Atlas Coelestis* von G.Doppelmayer, 1742
Ann Ronan Picture Library, London
85 Drei Katzen und eine Ratte, englisch, 13C Harley-Handschrift, 4751 f.30v.
British Library, London
86 Dürer: *Spiegel der Rhetorik* (Ikaros und Daidalos), Holzschnitt, 1493
Mary Evans Picture Library
87 Melzi: *Leda mit dem Schwan*, Mitte 16. Jh.
Galleria degli Uffizi, Florenz/The Bridgeman Art Library
88 Botticelli: *Die Geburt der Venus*, um 1480
Galleria degli Uffizi, Florenz/The Bridgeman Art Library
89 Oktopus, 19. Jh., Holzschnitt
Mary Evans Picture Library
90 links Rama, Sita, Lakshmana und Hanuman, Ausschnitt aus einer indischen Malerei
Victoria and Albert Museum, London/The Bridgeman Art Library

90 rechts Ganesha, Votivbild 20. Jh., Bombay
The Charles Walker Collection
92 oben de Vos: *Der Raub der Europa*, spätes 16. Jh.
Mueio de Bellas Artes, Bilbao/Index-Bridgeman Art Library
92 unten Bewick: Hirsch, Holzschnitt, um 1785
Privatsammlung
93 Bewick: Sau, Holzschnitt, um 1785
Privatsammlung
94 Bewick: Hase, Holzschnitt, um 1785
Privatsammlung
96-97 Meerjungfrau von Aboine, 1717
British Library, London/The Bridgeman Art Library
99 Palmers: *In einem Garten in Shoreham*
Mit freundlicher Genehmigung des Kuratoriums des Victoria and Albert Museum, London
103 Adam und Eva, Escorial Beatus Bd. 18
Real Bibloteca de El Escorial, Madrid/Oronez, Madrid
104 Männliche und weibliche Alraune, Handschrift 15. Jh.
The Charles Walker Collection
105 Kräuter, Handschrift 12. Jh., Esche 1462, f.17 und 18
The Bodleian Library, Oxford/The Bridgeman Art Library
106 Bienen und Bienenkörbe, aus einem Bestiarium, Handschrift, englisch 12. Jh. 24, f.63
Aberdeen University Library/The Bridgeman Art Library
107 Das Letzte Abendmahl, 1105/6 n.Chr., aus der Kirche Unserer Lieben Frau von den Weiden, Asinow
Sonia Halliday Photographs
109 Schiffsgravur von George Wither
Privatsammlung, Lamberhurst, Kent
111 Cossier: Prometheus bringt das Feuer, Mitte des 17. Jh.
Prado, Madrid/Index-Bridgeman Art Library
113 Bewick: Neptun, Holzschnitt
Privatsammlung, London
114 Vulcanus, Radierung von George Wither
Privatsammlung, Lamberhurst, Kent
118 links Gürtelschnalle aus Lapislazuli, Badachstan
The Natural History Museum, London
118 rechts Achat/**119 oben links** Perlen
The Judy Garlick Curio Collection, London
119 oben Mitte Goldmünze
Mit freundlicher Genehmigung Spinks and Son, London
119 oben rechts Jade
Privatsammlung
119 Mitte Silberdollar
Mit freundlicher Genehmigung Spinks and Son, London
123 Die Schöpfung, aus der *Lutherbibel*
The Bible Society, London/The Bridgeman Art Library
125 Aufstellung des Maibaums, Stich von Alfred Crowquill für Chambers` Book of Days
Mary Evans Picture Library, London
126 Bewick: Elegante Dame, Holzschnitt, um 1790
Privatsammlung, London
127 Rubens: *Das Urteil des Paris*, um 1634
Prado, Madrid/The Bridgeman Art Library
128 links Tod, Handschrift, englisch, 15. Jh
Bodleian Library, Oxford/E.T. Archiv
128 rechts Bewick: *Der Schnitter Tod*, Holzschnitt
Privatsammlung, London
129 links Ausschnitt aus *Die Schöpfung* von Josephe und Fouquet, Handschrift, französisch, Bibliothèque Nationale, Paris/Giraudon-Bridgeman Art Library
129 oben rechts Luzifer in der Hölle verschlingt Judas Ischariot. Holzschnitt aus *Opere del divino Dante*, Ausgabe von 1512, Venedig
The Charles Walker Collection
129 unten rechts Mönch, Radierung von George Wither
Privatsammlung, Lamberhurst, Kent
130 oben Der segnende Christus, aus der Nonantola-Schule, 9. Jh.
Biblioteca Capitolare, Vercelli/E.T. Archive
130 unten Christus auf dem Thron, romanisches Evangelienbuch, 12. Jh.
Städtische Bibliothek, Mantua/E.T. Archive
131 Goldmaske. Küste Perus, 400 n. Chr.
Tony Morrison South American Pictures
133 François I. zieht in Lyon ein, Ausschnitt, Handschrift *Codex Guelf*, 1515, 86 f.4
Herzog-August-Bibliothek, Wolfenbüttel/ Weidenfeld & Nicholson Archive
134 Quetzalcoatl, Zeichnung auf der Grundlage des *Codex Magliabechiano*
Privatsammlung, London
135 Saturn, aus Solensis Acatus *Phaenomena et Progostica*, 1569, Köln
Ann Ronan Picture Library
136 Hexe auf einem Besenstiel, nach dem Pendle-Hexentraktat, um 1659
The Charles Walker Collection
137 van Kessel: Der Garten Eden, 1659
Johnny van Haeften Gallery, London/The Bridgeman Art Library
138 links Jakobs Traum, Handschrift, deutsch, 12. Jh.
Mary Evans Picture Library
138 rechts Hölle, japanisches Gemälde, 19. Jh.
Horniman Museum, London/E.T. Archive
139 Patenier: *Charon überquert den Styx*, Anfang 16. Jh.
Prado, Madrid/The Bridgeman Art Library
140 Cellarius: Umlaufbahnen der Planeten, 1668
Mit Genehm. der British Library (Karten C.6.c.2)
141 Der Mensch und die Tierkreiszeichen
Privatsammlung, London
143 Vishnu Visvapura, indisches Gemälde, Jaipur, Anfang 19. Jh.
Victoria and Albert Museum, London/E.T. Archive
144 Der kosmische Mensch, aus Agrippas *De Occulta Philosophia*, 1532
The Charles Walker Collection
145 oben Henoch-Schrift, von Dr. John Dee. Ausschnitt aus Meric Casaubons *A True and Faithful Relation...*, 1657
The Charles Walker Collection
145 unten links Symbol der Geheimbruderschaft vom Rosenkreuz
Ancient Art and Architecture Collection
145 unten rechts Werkzeug des Magiers, Stich von Eliphas Lévi, *Transzendentale Magie*, 1896
Privatsammlung, London
146 oben Stein der Weisen, aus der Rosenkreuzer-Schrift *Die Hehren der Rosenkreuzer*, 1785, Altona
The Charles Walker Collection
146 unten Alchemist, Ausschnitt aus der Ripley-Bildrolle
The Charles Walker Collection
147 Das kalte Feuer, aus Michael Maiers *Tripus Aureus*, 1618
The Charles Walker Collection
148 Stein der Weisen, aus *Mutus Liber*, 1677
The Charles Walker Collection
150 Androgyne auf Monddämon, Handschrift, 15. Jh.
The Charles Walker Collection
151 Mitte Der Vogel des Hermes, Ausschnitt aus der Ripley-Bildrolle
The Charles Walker Collection
151 rechts König und Königin in geschlechtlicher Vereinigung, Holzschnitt aus dem *Rosarium Philosophorum*, 1550
The Charles Walker Collection
152 Kabbala, makrokosmische Beziehung, Holzschnitt
The Charles Walker Collection
153 Kabbala, Sefirot, aus einem Buch der Bruderschaft vom Goldenen Kreuz, um 1903
The Charles Walker Collection
154 Illustration von Caroline Church/Garden Studio
155 Kabbala, der Körper des Menschen und das Haus, aus Tobias Cohns *Ma`aseh Tobiyyah*, 1721, Venedig
The Charles Walker Collection
156 Tierkreiszeichen, aus *Astrorum Scienta*, 1489
The Charles Walker Collection
157 Zodiac, Handschrift, französisch, 15. Jh.
Victoria and Albert Museum, London/ E.T. Archive
158 Merkurius aus *The Shephard`s Kalendar*, englisch, 16. Jh.
Ann Ronan Picture Library
159 Der Mond und die Seefahrer. *De Sphaera*, Handschrift, 15. Jh.
Biblioteca Estense, Modena/E.T. Archive
160 Sternenkarte, aus einer Sanskrit-Handschrift
British Library, London/E.T. Archive
161 Die Göttin Nut, von Tierkreiszeichen umgeben. Holzsarg Soter, Anfang 2. Jh. n. Chr.
British Museum, London/Michael Holford Photographs
168 Tarotkarten, Große Arkana. Italienisch, Ende 19. Jh.
The Charles Walker Collection
169 Tarotkarten, zwei Waite-Karten, Ende 19. Jh.
The Charles Walker Collection
171 Tarotkarte, Der Narr. Französisch, 18. Jh.
British Museum, London
172-178 Tarotkarten. Französisch und italienisch, 18. und 19. Jh.
179 Tarotkarte, Die Welt. Italienisch, Anfang 19. Jh.
British Museum, London
180 Seite aus einer tantrischen Handschrift auf Palmblättern, Khajuraho, Anfang 19. Jh.
The Charles Walker Collection
181 Tantrische Ikonographie, tibetisches Gemälde, 18. Jh.
Gulbenkian Museum, Durham/John Webb
182 Das Anahata. Tafel 5 aus Sir John Woodroffes *The Serpent Power*, 1928
The Charles Walker Collection
183 Darstellung des ätherischen Leibes. Kangra, Himachal Pradesh, um 1820
Swen Gahlin, London/John Webb
184 I Ging, die 64 Hexagramme in Quadratform, Zeichnung auf der Grundlage eines Drucks aus dem 19. Jh.
The Charles Walker Collection
185 Fu Hsi, der erste der Fünf Legendären Herrscher (bis 2838 v. Chr.)
The Charles Walker Collection

Register

Abbildungen von Symbolen im Kapitel »Die Welt der Symbole« sind mit **fett** gedruckten, die Abbildungen in den anderen Kapiteln mit *kursiv* gedruckten Seitenzahlen versehen.

Achat **118**
Adam Kadmon *154*
Adam und Eva *32*, *139*
Adler **83**, 95, 110, *164*
Affe **90**, *175*
Agni **110**
Ahriman *17*, 114
Ahura Mazda 117
Aiolos *109*
Akupunktur 109, 122
Alchemie 12, 32, *32*, 86, 108, 119, 128, 146-151
alchemistische Hochzeit 32
Alraune **104**
Amme der Götter **117**
Ammit 26, 30
Amulett 18, 68
Anch **57**
Androgyne 32, 32, 150
Anima/Animus (Archetypen) 13f, *14*, *15*, *32*
siehe auch männlich und weiblich
Ansteckungsgefahr *67*
Antilope *182*
Anubis *30*, **84**
Apfel **107**, 127
Aphrodite 36, 107, 127
Apokalypse **73**
Apollon 36, 64, 74, 100
Aranrhod 98
Architektur 76
Artemis 36, 91, **124**, 136
Asphodill (Vorhölle) 137
Astrologie 119, 156-167
und Sternkarten 160
siehe auch Stern
Athene 127
Auge
und Geometrie **58**
der Großen Göttin *77*
des Horus 57
Augen des Jaguars **85**
Aurora 121
Avalokiteshvara **61**, 133

Ba **87**
Baal 82
Babylon 64, 91
Bacchus 36, 74, 100
Bär *16*, **92**
Bärin *16*
Basilisk **96**
Bastet **85**
Bauch 18
Baum 32, *37*, 86, 98, 100f
Lebensbaum 87, 92, 112, 153f, *153*
Beelzebub 94
Bellerophon 109
Berg **114**
Beschwörung 144
Besenstiel 136
Bestattungsriten, altägyptische 30
Bhagavadgita 122
Blake, William *35*
blau **66**
Kleid 173
Blitz **116**
Blume 98, 104f, *174*, *175*
Schwertlilie **71**
Blumen und Pflanzen 104, **105**
Blut 52
Christi *31*
Bodhidharma 112
Bodhisattvas 19, 60, 61, 120, 133, *138*, *178*
Boot **112**
böser Blick 58
Botticelli, Sandro 88
Brahma 26, *43*, 75, 88, 117
Brot *31*, 106
Brücke *77*
Brunnen **112**
Buch 129
Ägyptisches Totenbuch 28
Büffel 92

Canis Major **84**
Ceres 93
Chakren 122, 182f
Charon 36, **139**
Chimäre 95, **96**
Chiron 97
Christus 13, 30, 31, 64, 66, 69, 107, 119, 126, 152
Chrysantheme **98**
Cupido *173*

Daidalos 86
Dalai Lama 61
Dämon **129**
Dampf **112**
Dee, John *145*
Demeter 93
Diamant **119**
Diana 36, 92
Dionysos 36, 96, 97, 100, **107**
Dolch 73, *145*
Donnervogel 116
Dorje **116**
Drache 19, 80-82, 118, 150
Drache als Bewacher des Schatzes 118
Drei 54, 58, **64**, *175*
dreifaches keltisches Quadrat **59**
Türen *77*
Schicksalsgöttinnen 75
Fische 10, **88**
Magier 64
mystische Affen **90**
Nägel *31*
Reiche **55**
dreifaches Kreuz *173*
dreifache Lilie 71
Dreieck 52, **54**, 55, *59*, 60
Dreifaltigkeit 88
Dreiheit 64
Dreizack 73
Dreizehn *176*
Durga **134**

Ea (Onnes) **91**
Eber **93**
Echo 67
Edelsteine 118f
Efeu 100
Ehe 30f, 122, **125**
Eiche 100
Eifersucht 67
Einhorn **83**
Eis **113**, 138
Elefant **90**
Elemente *24*, *28*, *58*, 108-115, 146, *150*
Eleusinische Mysterien 106
Elixir 146
Elysium 137
Emma-o 138
Eos *28*
Erdbeben 113
Erde 32, **34**, **55**, 59, 108, 114f
und Tierkreiszeichen 158, *166f*
Eremit (Tarot) *174*
Eris *127*
Erzengel **129**
Espe 100
Eucharistie 30, *31*
Eule 136
Europa und der Stier **92**
Ezechiel *41*, *179*

Fabre, Pierre-Jean *148*
Faden des Lebens **75**
Falke 26, 83
Falke *87*
Farbe *52*, 66f, 149, *183*
Fasan 110
Faust *17*
Feder *30*, **86**
Feen 118
Fenster **77**
Feuer 54, 58, 83, 108, 110f, 138, *147*
und Tierkreiszeichen 158, 162f
siehe auch Flamme
Feuerwerk **111**
Fisch *10*, **88**, 89, *163*
Fische (Astrologie) *163*
Fischfang **89**
Flamme 44, 59, 135
Flammenkelch **117**
flammendes Schwert **139**
siehe auch Feuer
Fledermaus **94**
Fliege 94
fliegen 86f
Floß **112**
Flöte *33*
Fluß **112**, 139
Flußkrebs *177*
Flut *24*, *27*, 113
Flut *24*, *27*, 113
Formen 52
Freud, Sigmund *11*, 12, 28, 46
Freyja 107
Frieden 72
Frosch 26
Fruchtbarkeit 104, 124f
und Riten 25, 30
Fuchs **84**
Füllhorn **124**
Füssli, Heinrich 49
Fuß **128**
Fußabdruck **128**

Gaia 98
Galgen *175*
Ganesha 18, **90**
Ganges 112
Garten 99, **105**, 137
Gartenraute 105
Garuda **95**
Geb 32
Gebet 31
Gebetsmühle 68
Geburt der Venus **88**
geflügelte Sonnenscheibe **120**
Gegensätze 28, **34**, **184**
Gehängte, Der (Tarot) *175*
Geheimlehren 144f
Geist und Materie 121
Gelb 18, **67**
geometrische Formen 54-59
Gerechtigkeit (Tarot) *174*
Gericht (Tarot) *178*
Gesang 74
Getreide 28, **106**
Getreidegarben **106**
Getreidepuppe **124**
Giftpilz **106**
Glück 66
Gnade 54
Gnom **108**
Gold (Farbe) **66**
Stern *177*
Gold (Metall) 118, **119**, 146
Krone 71
Golden Dawn, Order of the 144, *174*
goldener Apfel 107, 127
Goldenes Vlies (Mythos) 66
Gott 26, 27, 54, 55, 116, 120, 122
in der Kabbala 152, 153, 154, *154*
und Mensch 122
Gott Vater 57, 130, **132**
Götter 18, 26, 36, 132-135, 137
aztekische *26*, 134
chinesische 107
ägyptische 24, 26, *30*, 57, 62, 66, 104, 109, 120, 126, 139, 144, 169
griechische 14, 32, 64, 74, 82, 91, 92, 93, 96, 97, 100, **107**, 113, 116, 121, 124, 128, 135, 151
indische 18, 26, 27, *33*, 57, 75, 88, 89, 93, 95, 117, 125, **135**, 168, 180
altnordische 16, 91, 115, **116**
römische 66, **72**, 74
Göttinnen 18, 26, 36, 77, 98, 132-135
babylonische 64
chinesische 116, **133**
ägyptische 32, 36, 37, 62, **85**, 93, 98, **109**, 121, 136, 161
griechische **28**, 91, 92, 100, 107, 115, 117, 121, **124**, 127, 136, *164*
indische 67, 74, **90**, 93, **134**, 180
der amerikanischen Ureinwohner **98**
altnordische 107
Grab **76**
Gral **69**
Granatapfel **106**
Greif **83**
grimoire 144
Großer Bär **120**
Grün **67**
Smaragd 119
Löwe *151*
Gurdjeff, Georgi Iwanowitsch 141
gut und böse 129
Guter Hirte **91**

Haar 75, **127**
Hades 137
Hahn 56, 78, **83**
Halbmond **56**, 121
Hammer 116
Hand **128**
Handwerker, Riten der 68
Hanuman **90**
Harfe **74**
Harpyie **97**
Hase **94**
Haselnuß 100
Hathor 26
Haus *155*
Haus Gottes (Tarot) *177*
Heiligenschein **130**
Heiliger Geist 52, 72
heiliger Gral **69**
Heket 26
Held 29
Helena von Troja 127
Helios 121
Helm 93
Helmbusch 71
Hera 127, *164*

Herkules 36
Hermaphrodit 32, *32*, 150
Hermes 36, 82, *151*
Hermetika 144
Heroldsstab *siehe* Merkurstab
Herrscher (Tarot) *173*
Herrscherin (Tarot) *172*
Herz *30*, **128**, *182*, *183*
Hexe 94, **136**
Hieroglyphen *10*
Himmel 32, 34, *55*, 66, 137f
  siehe auch Tod; Hölle
Himmelsdrachen 115
himmlische Zwillinge 165
Hirsch **92**
hl. Christophorus 36
hl. Georg 126
hl. Katharina von Alexandria 36
hl. Nikolaus 109
hl. Patrick 113
Hochzeitskuchen **125**
Höhle 23, **114**
  Höhlenmalerei *22*, 23
Hölle *55*, 89, 137f
  japanische **138**
  siehe auch Tod; Himmel
Honig **106**
Horn **74**
Horoskop 158
Horus 26, 126, 144
Hund 84, *177*
Hunger 73
Hypnos 117

I Ging 184f
Ibis *24*
Ikarus **86**
Inari 84
ineinander verschlungene Schlangen **82**
Insekt 94, 137
Insel der Seligen (keltisch) 67
Ischtar 64
Isis 36, *36*, *37*, *57*, 62, 93, **109**, 121, 136

Jade **119**
Jaguar **85**
Jakobsleiter **138**
Jason und das goldene Vlies 66
Jehova 55
Jekyll und Hyde 17
Jonas und der Wal **89**
Jung, Carl Gustav 8-12, *11*, 44, 46, 51, 130, 132, *151*
  und Alchemie *12*
  und die Archetypen 11-17, 19, 30, 31, 32
  Götter und Mythen 26, 29
Jungfrau (Astrologie) *167*
Jungfrau Maria *37*, 98, 118
  als Mutter 104
  als Königin des Himmels 66, 71

Juno 100
Jupiter
  in der Astrologie 119, *163*
  als Gott 36, *66*

Kabbala 31, 152-155, 169
kabbalistischer Lebensbaum 122, 153, *153*
Käfer *18*
Kali 67, 180
Kammuschel *88*
Karma 129
Kathedrale *77*
Katze 67, **85**, 136
Kelch *31*, *172*
keltisches Kreuz **57**
keltisches Quadrat *59*
Kentaur *97*, 163
Kerze *179*
Kirche 76, *122*
Klänge 64, *65*
Kleidund 52, **126**, 174
Knoblauch **105**
Knoten 75
Kohlebecken, hölzernes *147*
kollektives Unbewußtes 11, *11*, *12*, 26, 30, 44, 46
Komet **121**
König 31, *32*, 92, 136, 149, *151*
  siehe auch Königtum; Königin
Königin *32*, 149, *151*
  siehe auch König; Königtum
Königswürde 70, 71
  siehe auch König; Königin
Kordel 75
Körper *siehe* Leib
Kosmos 53, 54
Krankheit 67, 117
Kranz **104**
Kräuter 105
Krebs (Astrologie) 89, 164
Kreis 34, **54**, 55, 58, 60, 82
  Steinkreis **77**
Kreuz 51, 52, 54, 71, 128
  keltisches **57**
  umgekehrtes **57**
  Rosenkreuz *44*, **57**, *145*
  Swastika *57*
  dreifaches *173*
Kreuzzüge 76
Krieg 66, 72f
Kriegswaffen 68, **73**, 82
Krishna 33, 126
Krokodil 26, *30*, 36
Krone **71**, *150*, *173*, *183*
Kronos 14, 93, 128, 135
Kröte **94**, 136, 137
Krug *177*
Kuan Yin **133**
Kuh *16*, *26*
Kundalini 180, 182f

Labyrinth *22*, 62
  und Minotauros **63**
Labyrinth 62f
Lachs **88**
Lakshmi 74
Lamm als Opfertier **91**
Lampe **71**, *145*
Lao Tzu 92
Lapislazuli **118**
Lascaux, Höhlenmalerei *22*, 23
Laterne **111**, *174*
Leda und der Schwan **87**
Lei Kung 116
Leib 58, 76, 104, **108**, 126
  und Chakren im ätherischen Leib 183
  siehe auch Körper
Leier **74**
Leiter **138**
Letztes Abendmahl **107**
Lévi, Eliphas 144, *145*, 169
Lévi-Strauss, Claude 28
Libelle **78**
Liebende (Tarot) *173*
Lilie 71, 129
Linga **125**, 180
Loki 16
Lorbeerbaum 100
Lorbeer 100, *179*
Lotan 82
Lotos 60, **105**, 180
Löwe (Astrologie) *162*
Löwe 30, **83**, 95, 134, 147, *151*, *162*, *174*, *175*
Luft *55*, **58**, 108, 109
  und Tierkreiszeichen 158, *165f*
Lukasevangelium 89
Luzifer 118

M **65**
Ma-Ku 29
Magier 31, 136, 145
  und Tarot *172*
Magritte, René *47*
Maibaum **125**
mala, islamisches 68
Mandala 11, 34, 58, 60f, *65*, *181*
  und Meditation *45*
Mandorla ***130***
männlich und weiblich 32, *178*
  Ehe 30f, **125**
  Sexualität 12, 117, 122, 124f, 180, *180*
  siehe auch Anima/Animus (Archetypen)
Mantra **65**, 68
Manu *27*
Mars (Astrologie) 119, *162*, *164*
  Gott 66, **72**
Maske *23*, **116**, 130, **131**
Maslow, Abraham H. 183
Mäßigung (Tarot) *176*, *177*
Materie und Geist 122
Mathers, L. »MacGregor« *174*
Maus **78**
Medaillon mit Haarlocke **127**
Meditation 44, *44*
Medizin 82
Medusa 58, **82**, 109
Meer 27, 96, 97, 113, 159
Meerjungfrau **97**
Mensch 55, 122, 175
  Zeitalter des Menschen 126, *174*
  und Tierkreiszeichen *157*
menschlicher Körper *58*, 76, 104, **108**, 124, 126
  siehe auch Leib
Merkur
  in der Astrologie 148, 165, 167
  als griechischer Gott 36
Merkurstab 82, 91
Meru (Berg) 67, 114, 180
Milch 36, 106
Minos, König von Kreta 92
Minotaurus **63**
Mirandola, Giovanni Pico della 152
Mischwesen *30*, 95f
Mistel *37*, **107**
Mönch **129**
Mond *56*, 94, 120, **121**, *147*
  in der Astrologie *159*, *164*, *167*
  und Tarot *177*
Morgendämmerung **121**
Moros 117
mudras 128
Muschel 88, 89
Muschel **89**
Musik 74
Mutter (Archetyp) 14, *16*
Mutterschaft 93
Mythos 26-29

Nacht 117, 149
Nacktheit 126, *179*
Nadelbäume 100
Narr (Tarot) *171*, *179*
Narziß 67
Natur *67*, 98
Nebel **113**
Nechbet 98
neolithische Symbolik 25
Nephthys 36
Neptun
  in der Astrologie *163*
  als Gott 113
Netz 89
Neues Jerusalem 137
Neumond **121**
Neun **65**
Nigredo 128, 149
Nilpferd *30*
Nimbus **130**
Nirwana *56*, 61, 121, **139**
Noah *72*, 115
Nokomis 98
Null *179*
Nut (Göttin) 32, *161*
Nyx 117

Oberpriester (Tarot) *173*
Oberpriesterin (Tarot) *172*
Ochse **92**
Ödipus 29
Ofen des Alchemisten *148*, 149
Oktopus **89**
Olivenzweig **72**
Öllampe **71**
Om **65**
Om Mani Padme Hum **60**
Opfer 31
Opferlamm **91**
Orpheus 74
Osiris *30*, *57*, 62, 104, 109, 139
Ouroboros **82**
Oval **57**, 58

Pagode **114**
paläolitische Symbolik 23-25
Palme 100
Pan 91, 100
Paradies 104, **137**
Paris 107, 127
Pelikan **86**
Pentagramm **59**, *172*
Perle *19*, **119**
Perle 68
Persephone 106
Perseus 109
Petrus *89*
Pfad *siehe* Weg
Pfau **87**
Pfeil und Bogen 73, *163*
Pfeil, 73, 128, *163*
Pferd 73, **83**, *174*
Pfirsich **107**
Pflanzen 104-105
Pflanzen *siehe* Blumen und Pflanzen
Phallus 73, 88, 124
phallischer Riese **125**
Phönix 82, **110**
Pilgerschaft 88
Pilgerstab 129
Pilz **106**
Pinienzapfen **100**
Planeten in der Astrologie 158-160
Pluto *164*
Poseidon **113**
Prähistorie, Symbole in der 23-25
prana **109**, 182
Priester 136
Prometheus **111**
Psychoanalyse, Jungsche *siehe* Jung, Carl Gustav
Ptolemäus 156, 158
Pyramide **59**

Quadrat **54**, *55*, *59*, 60
Quarz 118
Quecksilber *147*
Quetzalcoatl 51, **134**

Rabe 86, 87
Rad
  (Chakra) 182
  Schicksalsrad (Tarot) *175*
  Lebensrad, buddhistisches **56**, 68
Radha 33
Ratte 117
Rauch **110**
Re 66, 120
Regen 25, 85, **113**
Regenbogen **52**, 115, **115**, 149
  Regenbogenleib **115**
Reichsapfel **71**, *173*
Reinigung 30
Rigveda 132
Ring **75**, 104
Ripley-Bildrolle *151*
Ritual 30f
Romulus und Remus 84
Rosa 52
Rose **104**, 147
Rosenkranz 68
Rosenkreuz 44, **57**, 145
Rosmarin 105
Rot 52, **66**, 149, *175*
  Achat 118
  Kleid 174
  Rose 147
  Rubin 118, **119**
Rubin 118, **119**
Rüstung *173*, *174*

Salamander **108**
Salome *15*
Sand 18
Saphir **119**
Satan *17*, *19*, *55*, 85, 91, 94, 96, 117, 129
Saturn
  in der Astrologie *165*, *166*
  als Gott 126, **135**
Satyr **96**
Sau 93 und ihr Wurf **93**
Schaf 91
Schakal 84
Schale 34
Schamane 32, 92, **126**
Schamanenmaske **116**, 130
Schatten *14*, 16, *17*, **130**
Schatz 76
Schiff *15*
Schiffsbestattung **110**
Schild 71, 82, 83
Schildkröte 98
Schlaf **117**
Schlangen 78, 95, 98, 118, *147*, *153*, *165*, *167*
  Chimären 95
  eherne 152
  grüne 56
  ineinander geschlungene **82**
  Kundalini 153, 180
  Quetzalcoatl **134**
  Ouroboros **82**
  siebenköpfige **82**
  und Vögel 86
Schloß und Schloßgraben **76**
Schmetterling **78**
Schmuck 94, 118f
Schnee **113**
Schöpfungsmythos 28, **123**
Schriftzeichen, magische *145*
Schütze (Astrologie) 163, *163*
Schwan **87**
schwarz **66**, **67**, 149
  Achat 118
  Pferd 83
Schwein (Neues Testament) 93
Schwein 78, 93
  schwarzes *56*, 93
  als Symbol der Unersättlichkeit **93**
Schwert 73, 129, *145*, *172*, *174*
  Damoklesschwert 75
  flammendes **139**
Schwertlilie **71**
Schwitzhauszeremonie 112
sechzehn Regionen der japanischen Hölle **138**
Segelschiff **109**
Seidenschnur **75**
Selene 121
Semele **116**
Sense **176**
Set **93**
Sexualität *siehe* männlich und weiblich
Shakti 124, 180
Shen Yeh 18
Shiva 26, 117, 124, 125, 134, **135**, 180
Shou-lao 107
Sieben 25, *58*, **64**, 177
  Chakren 182
  -köpfige Schlange **82**
  Zungen 110
Siegel Salomos **58**
Silber 118, **119**
  -krone 71
Sirene **97**
Skarabäus *18*
Skelett *48*, **128**, *176*
Skorpion (Astrologie) *164*
Skulptur 68
Smaragd **119**
Sonne 120, *147*
  in der Astrologie 158, *159*, *162*, *166*
  geflügelte Sonnenscheibe **120**
  als Gott *57*, *66*
  Tarot *178*
Sonnenschirm *48*, 120
Sonnenschirm, buddhistischer **120**
Speise und Trank 106, 107
Sphinx **95**, *174*, *175*
Spinne **94**
Spirale **75**
Sri-Yantra **60**, 180
Stadt *174*
Stärke (Tarot) 175
Stein 149
  Steinkreis **77**
Stein der Weisen *146*, *148*
Steinbock *166*
Stern *55*, 84, 120, 174
  Sternenkrone *71*
  Davids 58
  Tarot 177
  siehe auch Astrologie
Stier 92, *167*
  und Europa **92**
Ströme **112**
Stufen des Menschenlebens **126**
Stundenglas **68**, 128
Stupa **59**
Styx **139**, *176*
Swastika **57**
Sylphe **108**

Tafelrunde, der Gral und die **69**
Tag und Nacht 117
Tai-Chi 32, **129**
Tal **114**
Talisman 68
Tamariske 100
Tantra 180f
Tanz **74**, 128
Tarot 168-179
Tarot *176 siehe auch* Himmel; Hölle
Tartaros **137**
Tau **57**
Taube **72**
Taufbecken **70**
Taurus 167
Tempel 76, **77**
Tetragramm **133**, 145
Teufel (Tarot) *176*, *177*
Thanatos 117
Theseus 63, 126
Thor 91, **116**
Thoth *24*, *30*, 144, 169
Thron **70**, *152*, 154
Thymian 105
Tien Mu 116
Tiere 22-25, 26, 78-97, **79**
Tierkreis 156-167, *172*
Tiger **85**
Tir Nan Og (keltische Insel der Seligen) 67
Tod 25, 28, *30*, 34, 67, 73, 74, 83, 110, 117, 120, 121, *175*, 182
Totempfahl 25
Trancezustände 25
Trank 106, 107
Trauer 67
Träume 8, 46-49, *46*, *47*, *48*, *49*, 63
Trickster (Archetyp) 14
Tristan und Isolde 32
Trommel **74**
Trompete *178*
Tsitigarbharaja **138**
Tür **77**
Turm (Tarot) *177*

Uhr im Zentrum des Labyrinths **62**
Umhang 126
Undine **108**
Unersättlichkeit **93**
Unheilsvogel **87**
Universalmensch **58**
Upanishaden 120
Uranus
  in der Astrologie *165*
  als Gott 88
Urteil des Paris **127**

Vajravarahi 93
Vampire 117
Vater (Archetyp) 14
Vater Zeit **128**
Venus
  in der Astrologie 166, *167*
  als Göttin 36, 66, **88**, **92**
  und Skulpturen 25, 68
Vier 58, **64**, *175*
  Visionen Ezechiels **41**, *179*
  apokalyptische Reiter **73**
  Welten (Kabbala) 153f
Violett **67**
Vishnu 26, *27*, 33, *57*, 88, 89, 95, 168
Vogel 86f, 98, 151
Vollmond **121**
Vulkan **114**

Waage *166*
Waage 73, *166*, *174*
Wagen *28*, 72, 154
  im Tarot *174*, *177*
Wahrsagen 144, 170, 184f
Waite-Karten (Tarot) 169, *169*
Wal **89**
Wald 100, **101**
Walhalla 137, 139
Wappen *10*, *66*, **71**
  Wappentiere 83
Wasser 54, *55*, 58, 59, 66, 106, 108, 112f
  und Tierkreiszeichen 158, *163f*
Wassermann *165*
Wasserträger *165*
Weg **63**, 153, *153*
Weg der Wahrheit **62**
Weihnachtsbaum 37, **100**
Weihrauch **110**
Wein *31*, 106, 107
Weiß 52, **67**, 87, 149
  Stier 92
  Elefant **90**
  Rose *147*
  Sau **93**
Werwolf **84**, 117
Widder 110
  in der Astrologie *162*
Wiedergeburt 137
Wissenschaft und Astrologie 160f
Wolf 16, 84, *177*
  im Tarot *179*
Wölfin *16*, 84
Wolke **113**

Yama, Herr des Todes 56
Yantra 34, 60f
Yin und Yang 113, **129**
Yoga **122**
Yoni 180

Zahlen 64f, 184f
  in der Kabbala **152**
Zammurrad *17*
Zauberin Ma-Ku 29
Zauberstab *179*
Zehn
  Arme Durgas 134
  Sefirot (Kabbala) 153f
Zepter 71, 138, *172*, *173*
Zeus 32, 36, **91**, 92, 93, 113, 116
Ziege **91**, 95, *166*
zunehmender Mond **121**
Zungen, sieben 110
Zwei
  himmlische Zwillinge *165*
  Reiche *34*
Zwillinge *165*